Arbeitskräfteressourcen
und wissenschaftlich-technische Revolution

AKADEMIE DER WISSENSCHAFTEN DER DDR
Schriften des Zentralinstituts für Wirtschaftswissenschaften
Nr. 12

AKADEMIE DER WISSENSCHAFTEN DER UDSSR
Institut für Ökonomie des sozialistischen Weltsystems

Gemeinschaftsausgabe der Verlage Mysl', Moskau,
und des Akademie-Verlages, Berlin

Arbeitskräfteressourcen und wissenschaftlich-technische Revolution

Die Nutzung der Arbeitskräfteressourcen der RGW-Länder unter den Bedingungen der wissenschaftlich-technischen Revolution und der Vervollkommnung der Methoden der sozialistischen Wirtschaftsführung

Herausgegeben in deutscher Sprache
durch Alfred Tomm

AKADEMIE-VERLAG · BERLIN
1976

Titel der russischen Ausgabe:
Трудовые ресурсы и научно-техническая революция
Verantwortlicher Redakteur der russischen Ausgabe: K. I. Mikul'skij

Die russischsprachigen Beiträge wurden übersetzt von K.-D. Goll, Eberswalde

Erschienen im Akademie-Verlag, 108 Berlin, Leipziger Straße 3–4

Lizenznummer: 202 · 100/60/76
Gesamtherstellung: IV/2/14 VEB Druckerei »Gottfried Wilhelm Leibniz«,
445 Gräfenhainichen/DDR · 4489
Einbandgestaltung: Nina Striewski
Bestellnummer: 752 716 8 (2158/12) · LSV 0325
Printed in GDR
EVP 16,–

Inhaltsverzeichnis

Vorwort

In der brüderlichen Zusammenarbeit der RGW-Länder nimmt auch die gemeinsame Ausarbeitung aktueller Fragen von Theorie und Praxis der sozialistischen Wirtschaftsführung einen wichtigen Platz ein. Diese Zusammenarbeit bildet einen wichtigen Beitrag zum Erfolg der gesamten Arbeit zur Entwicklung der Produktivkräfte und zur Lösung anderer Aufgaben bei der allseitigen Vervollkommnung der sozialistischen Gesellschaft.

Die RGW-Länder, die ihre Erfahrungen auf dem Gebiet des sozialökonomischen Aufbaus austauschen und gemeinsam theoretische Probleme erörtern, schenken den Schlüsselfragen von perspektivischer Bedeutung besondere Beachtung. Dazu gehören heute mehr denn je die Fragen des rationellen Einsatzes der Arbeitskräfteressourcen. Jene Charakteristika der gegenwärtigen Etappe der sozialökonomischen Entwicklung der RGW-Länder, die zu einer wachsenden Bedeutung der Probleme der Arbeitskräfteressourcen für die Praxis des sozialistischen und kommunistischen Aufbaus führen, sind in den letzten Jahren noch deutlicher hervorgetreten. Bei der Ausarbeitung der Wege zur Gewährleistung optimal hoher Tempi und rationeller Proportionen der erweiterten Reproduktion schenken Wissenschaftler und Praktiker den Problemen der Arbeitskräftebilanz in der Gegenwart und in der langfristigen Perspektive sowie den neuen Anforderungen an die Nutzung der Arbeitskräfteressourcen, die durch die Bedürfnisse der Effektivitätssteigerung und Intensivierung der gesellschaftlichen Produktion sowie der allseitigen Entwicklung des Menschen der sozialistischen Gesellschaft diktiert werden, große Beachtung. In der gegenwärtigen Etappe stellen sich komplizierte Aufgaben und eröffnen sich zugleich neue große Möglichkeiten auf dem Gebiet des effektivsten Einsatzes der Arbeitskräfteressourcen der RGW-Länder.

Um diese Aufgaben zu lösen und die vorhandenen Möglichkeiten vollständig zu realisieren, bedarf es vereinter Anstrengungen der Praktiker und der Wissenschaftler der RGW-Länder zur Erforschung der neuen Tendenzen, durch die die gegenwärtige Etappe der Reproduktion der Arbeitskräfteressourcen und der Nutzung der gesellschaftlichen Arbeit gekennzeichnet ist. Austausch von Forschungsergebnissen, gemeinsame wissenschaftliche Ausarbeitungen und die Verallgemeinerung der kollektiven Erfahrungen der Länder der sozialistischen Staatengemeinschaft – dies alles ermöglicht es, die günstigsten Bedingungen für eine bessere wissenschaftliche Fundierung der praktischen Maßnahmen zur weiteren Entwicklung der sozialistischen Wirtschaft und Vervollkommnung des Wirtschaftsmechanismus zu schaffen.

Jedes der volkswirtschaftlichen Probleme, die von den RGW-Ländern gelöst werden, ist eng verknüpft mit den Fragen der Nutzung der Arbeitskräfteressourcen. So setzt die Verwirklichung der wissenschaftlich-technischen Revolution vor allem die wissenschaftliche Prognostizierung der perspektivischen Wandlungen im Charakter der Arbeit, in den Bedingungen ihrer Organisation, in der Verteilung der Werktätigen auf die Sphären und Zweige der gesellschaftlichen Produktion sowie in der Berufs- und Qualifikationsstruktur der Werktätigen voraus. Zu den aktuellsten Aufgaben gehört die Vervollkommnung der Kaderausbildung und -weiterbildung, die Feststellung des perspektivischen Bedarfs der Volkswirtschaft an den verschiedenen Gruppen von Berufstätigen sowie die Ausarbeitung der theoretischen und praktischen Fragen der Berufsorientierung und Berufswahl unter Berücksichtigung der Perspektiven der Wirtschaftsentwicklung der sozialistischen Länder.

Vorausgesehen werden muß auch das weitere Wachstum der Bedeutung der Planungs- und Wirtschaftsorgane bei der Gewährleistung der Übereinstimmung zwischen der Anzahl und der Struktur der Werktätigen in den Betrieben und Zweigen einerseits und den progressiven Normativen, die durch die neueste Technik und das hohe Niveau der wissenschaftlichen Arbeitsorganisation diktiert werden, andererseits. Die in Zukunft erforderlichen Maßstäbe der Umverteilung der Arbeitskräfte, die rationellen Formen einer solchen Umverteilung unter Berücksichtigung der Erfordernisse der Sozialpolitik der sozialistischen Gesellschaft, darunter der Prinzipien der Vollbeschäftigung und des ständigen Wachstums der Qualifikation der Werktätigen: dies alles sind Probleme, die bereits heute höchste Beachtung verdienen.

Eine große Rolle bei der Lösung der Aufgaben des rationellen Einsatzes der Arbeitskräfteressourcen kommt zweifellos der Vervollkommnung der Methoden der sozialistischen Wirtschaftsführung zu, an der die kommunistischen und Arbeiterparteien der sozialistischen Länder arbeiten. Dank dieser Arbeit kommen die Vorzüge des sozialistischen Wirtschaftssystems noch vollständiger zur Geltung und ergeben sich neue Möglichkeiten für das Wirtschaftswachstum, die sich aus der konsequenten Verwirklichung des Prinzips des demokratischen Zentralismus und aus der Erhöhung der Wirksamkeit der moralischen und materiellen Stimuli zur Arbeit herleiten. Die Ausarbeitung von Formen und Methoden zur planmäßigen Regulierung der komplizierten Prozesse der Bildung und Nutzung der Arbeitskräfteressourcen, zur wirksamen Stimulierung des Wachstums der Arbeitsproduktivität und der Einsparung von Arbeitskräften, die der gegenwärtigen Etappe am besten entsprechen, ist zu einer Hauptrichtung in der wissenschaftlichen Forschung und der praktischen Tätigkeit der Ökonomen in den RGW-Ländern geworden. Es werden die Bedingungen für die weitere Steigerung der Produktivität der gesellschaftlichen Arbeit, für die bessere Nutzung der Arbeitskräfteressourcen der Gesellschaft, für die allseitige Intensivierung des Wirtschaftswachstums geschaffen. Und das bedeutet seinerseits, daß immer günstigere Voraussetzungen für das Wachstum des Volkswohlstandes und die allseitige Entwicklung aller Mitglieder der Gesellschaft verwirklicht werden.

Mit vollem Recht betrachten die RGW-Länder die weitere Vertiefung der sozialistischen ökonomischen Integration als eine der wichtigsten Voraussetzungen für den erfolgreichen gesellschaftlichen Fortschritt. Das im Jahre 1971 von den RGW-Ländern einmütig beschlossene Komplexprogramm der sozialistischen ökonomischen Integration wird schrittweise in die Wirklichkeit umgesetzt. Die Integrationsmaßnahmen werden zu einem immer wichtigeren Faktor in der Entwicklung der nationalen Wirtschaften dieser Länder. Die sich entwickelnde Kooperation der Arbeit der Völker der sozialistischen Länder vervielfacht ihre Kräfte. Sie ermöglicht es, gewaltige Reserven für das Wachstum der Produktion und die Effektivitätssteigerung der Produktion zu erschließen.

Wissenschaftler und Mitarbeiter der Planungs- und Wirtschaftsorgane sind aufgerufen, alle vorhandenen Möglichkeiten für das beschleunigte Wachstum der Produktivkräfte und der Arbeitsproduktivität, die sich im Prozeß der Vertiefung der wirtschaftlichen Zusammenarbeit der RGW-Länder ergeben, in der Praxis voll zu nutzen. Die gegenseitige Information über die Probleme der Arbeitskräfteressourcen der Bruderländer ist zu einer wichtigen Voraussetzung für die erfolgreiche Entwicklung der internationalen Spezialisierung und Kooperation der Produktion, für die gemeinsame Errichtung volkswirtschaftlicher Objekte und für die Lösung anderer Aufgaben der ökonomischen Zusammenarbeit geworden.

Es gibt aber noch eine andere, noch wichtigere Seite der Wechselbeziehung zwischen den Problemen der Arbeitskräfteressourcen und den vielfältigen Formen der wirtschaftlichen Zusammenarbeit der sozialistischen Länder. Diese Zusammenarbeit bedeutet bekanntlich nicht eine einfache Anpassung des Austauschs von Waren und Dienstleistungen an die Produktionsbedingungen in den einzelnen Ländern. Die Wirtschaftsbeziehungen zwischen den sozialistischen Ländern bilden insbesondere in der gegenwärtigen Etappe der Zusammenarbeit, der Etappe der Integration, einen mächtigen Hebel für die Vervollkommnung der nationalen Produktionsbedingungen. Darum ist die sozialistische Integration der richtige Weg für die Verbesserung der Proportionen der Arbeitskräftebilanz in jedem Land, für die progressive Umgestaltung der Berufs- und Qualifikationsstruktur der Arbeitskräfte, für die Erhöhung des Nutzeffekts der gesellschaftlichen Arbeit. Dieser Aspekt der sozialistischen ökonomischen Integration muß einen besonderen Platz in den theoretischen Forschungen und der praktischen Arbeit der Ökonomen der RGW-Länder einnehmen.

Die schöpferische Ausarbeitung der Probleme der rationellen Nutzung der Arbeitskräfteressourcen in den RGW-Ländern wird zur Lösung wichtiger Aufgaben des sozialistischen und kommunistischen Aufbaus beitragen.

A. V. Bacurin
Stellvertretender Vorsitzender
der Staatlichen Plankommission
der UdSSR

Vorwort zur deutschen Ausgabe

Das vorliegende Buch, das in enger Zusammenarbeit mit Autoren der sozialistischen Länder abgefaßt wurde, vermittelt eine Übersicht über aktuelle Probleme, die bei der rationellen Entwicklung des Arbeitsvermögens als wichtigster gesellschaftlicher Produktivkraft herangereift sind. Aus der Sicht der Intensivierung – des Hauptweges für das rasche Wachstum der Volkswirtschaften der sozialistischen Länder –, die auf den Errungenschaften der wissenschaftlich-technischen Revolution und ihrer engen Verbindung mit der vollen Nutzung der Vorzüge des Sozialismus beruht, werden grundlegende Erscheinungen, Prozesse und Tendenzen der Entwicklung des Arbeitsvermögens erörtert. Es wir ddabei ausgegangen von den vielschichtigen Wechselwirkungen mit den Hauptentwicklungslinien der materiellen Produktivkräfte, die charakteristisch für die umfassende Anwendung des wissenschaftlich-technischen Fortschritts im Sozialismus sind.

Ein wesentlicher Vorzug besteht darin, daß einerseits Fragen des Einsatzes, der Struktur, der Bildung und Qualifizierung, der Nutzung und der Erhöhung des Wirkungsgrades des Arbeitsvermögens unter dem Aspekt der weiteren Vertiefung der sozialistischen ökonomischen Integration umrissen und andererseits spezifische Probleme der einzelnen sozialistischen Länder dargestellt werden. Die vorgenommene Auswertung und Verallgemeinerung von Erkenntnissen und Erfahrungen aus der Sicht der UdSSR und der anderen sozialistischen Länder vermitteln wichtige Hinweise und zahlreiche Anregungen für die Theorie und Praxis. Sie sind als eine Hilfe für den Entscheidungsprozeß zum Beispiel der Betriebe, der staatlichen und wirtschaftsleitenden Organe in Fragen der Entwicklung und weiteren Vervollkommnung der Nutzung des gesellschaftlichen Arbeitsvermögens gedacht.

Auch ist hervorzuheben, daß den Beziehungen und Wechselwirkungen zwischen den demographischen Prozessen und der rationellen Nutzung der Arbeitskräfteressourcen in den einzelnen sozialistischen Ländern ein wichtiger Platz eingeräumt wird. Die sich auf diesem Gebiet abzeichnenden mittel- und langfristigen Tendenzen haben einen nachhaltigen Einfluß auf das Tempo der planmäßigen Erschließung der produktiven Potenzen der Produktivkräfte und der sozialistischen Produktionsverhältnisse, insbesondere auf die effektive Gestaltung der Volkswirtschaftsstruktur im Zuge der weiteren Vertiefung der sozialistischen ökonomischen Integration sowie auf die Optimierung der Entwicklung der Akkumulationskraft und der Konsumtionsfähigkeit der Werktätigen in den sozialistischen Ländern für künftige Zeiträume. In diesem Zusammenhang soll nicht unerwähnt bleiben, daß auch bisher wenig erforschte Fragen der Migration von Arbeitskräften innerhalb der sozialistischen Länder und zwischen den sozialistischen Ländern in ihren differenzierten sozialökonomischen Wirkungen Beachtung finden.

Besondere Aufmerksamkeit der Wirtschaftspraxis – aber auch der Forschung und Lehre – verdienen die Probleme, die mit der weiteren Vervollkommnung der Leitung, Planung und Stimulierung des Arbeitskräfteeinsatzes sowie der Erhöhung der Effektivität der Produktion und Produktivität der gesellschaftlichen Arbeit verbunden sind. So wird versucht, die Analyse abgelaufener Entwicklungstendenzen zu vertiefen, die Bedeutung verschiedener Experimente darzulegen sowie grundlegende Prozesse und deren Ursachen aus prognostischer Sicht bis zum Jahre 1990 und darüber hinaus darzustellen.

Von wesentlichem Belang ist der Umstand, daß von Autoren der sozialistischen Länder den komplexen und differenzierten Auswirkungen der Grundprozesse der Intensivierung auf die Einsparung gesellschaftlicher Arbeit Aufmerksamkeit beigemessen wird. Dies betrifft zum Beispiel Erkenntnisse und Erfahrungen über die relative und absolute Freisetzung von Arbeitskräften, ihre Qualifizierung bzw. Umschulung und ihres Wiedereinsatzes unter den Bedingungen der Vollbeschäftigung in den sozialistischen Ländern. Beachtenswert sind unter anderem die Fragen der Stimulierung dieses Prozesses für das weitere Wachstum der Volkswirtschaft, um planmäßig die produktiven Potenzen der Arbeiterklasse und der anderen Werktätigen zur schrittweisen Verwirklichung der Hauptaufgabe – das materielle und geistig-kulturelle Lebensniveau der Werktätigen weiter zu erhöhen – erschließen zu können.

Berlin, im Juli 1974 — Der Herausgeber

KAPITEL I

Kernprobleme einer verbesserten Nutzung der Arbeitskräfteressourcen der RGW-Länder in der gegenwärtigen Etappe

Im Verlauf der Errichtung und Festigung der entwickelten sozialistischen Gesellschaft sowie der Schaffung der Voraussetzungen für den Übergang zum Kommunismus wächst die Bedeutung der weiteren Vervollkommnung des Einsatzes der Arbeitskräfteressourcen. Der XXIV. Parteitag der KPdSU, der die Entwicklungswege der sowjetischen Gesellschaft im laufenden Planjahrfünft und für eine längere Perspektive ausgearbeitet hat, hat einen Komplex von sozialen und ökonomischen Maßnahmen vorgesehen, die eine höhere Effektivität der gesellschaftlichen Arbeit und eine bessere Nutzung der Arbeitskräfteressourcen gewährleisten. Auch die kommunistischen und Arbeiterparteien der anderen RGW-Länder schenken der Lösung dieser Aufgabe große Beachtung.

Die Gemeinschaft der RGW-Länder verfügt über Arbeitskräfteressourcen im Umfang von mehr als 200 Millionen Menschen im arbeitsfähigen Alter. Die Notwendigkeit, die Prozesse der Verteilung der Arbeitskräfte auf die verschiedenen Bereiche der gesellschaftlich nützlichen Arbeit auf einem neuen, höheren Niveau zur effektiven Funktion der Arbeitskräfte in der Volkswirtschaft zu bringen, wird von der Gesamtheit der Entwicklungsbedürfnisse der RGW-Länder diktiert; dazu gehören sowohl die Bedürfnisse hinsichtlich der Effektivitätssteigerung der sozialistischen Wirtschaft und des Wachstums des Bevölkerungsverbrauchs als auch die Bedürfnisse der Vervollkommnung der sozialen Verhältnisse.

In den bevorstehenden zwei bis drei Jahrzehnten wird die Aufgabe gelöst werden, solche Produktivkräfte zu schaffen, die es erlauben, das Produktionsvolumen und dann auch den Nationalreichtum auf ein Niveau zu heben, das für alle Mitglieder der Gesellschaft die Erreichung wissenschaftlich begründeter Verbrauchsnormen bei den Hauptarten der materiellen Güter gewährleistet. Die Lösung dieser historischen Aufgabe ist verbunden mit erhöhten Anforderungen an den Umfang und die Effektivität der Nutzung aller Ressourcen für die Erweiterung der Produktion und Leistungen.

Auch die Problematik des Einsatzes der Arbeitskräfteressourcen der RGW-Länder hat heute viele neue Züge angenommen. Das ist bedingt durch:

– die gegenwärtigen und die erwarteten Veränderungen in der demographischen Situation sowie in der Arbeitskräftebilanz;

– die neuen Aufgaben auf dem Gebiet der Vervollkommnung der sozialistischen erweiterten Reproduktion und insbesondere durch die sich verstärkende Notwendigkeit, die Rolle der intensiven Faktoren des Wirtschaftswachstums zu vergrößern;

– die Vervollkommnung der Methoden der sozialistischen Wirtschaftsführung und den Übergang des Gesamtsystems der sozialistischen Produktionsverhältnisse zu einem neuen, höheren Reifegrad, der der entwickelten sozialistischen Gesellschaft entspricht;

– durch den laufenden Prozeß der Herausbildung von qualitativ neuen Produktivkräften in der Epoche der wissenschaftlich-technischen Revolution;

– durch die sich entfaltende sozialistische ökonomische Integration der RGW-Länder.

Ein spezifisches Charakteristikum der perspektivischen Entwicklung der RGW-Länder liegt vor allem darin, daß sich die Möglichkeiten zur Steigerung der Beschäftigtenzahl verringern werden. Unsere Überschlagsrechnungen zeigen, daß die arbeitsfähige Bevölkerung aller Mitgliedsländer des RGW zusammengenommen im laufenden Fünfjahrplan etwa um 8 Prozent und in den Jahren 1976 bis 1980 um 6 Prozent zunehmen wird; im Zeitraum von 1981 bis 1985 und von 1986 bis 1990 wird der Zuwachs nur noch die Hälfte oder ein Drittel des gegenwärtigen betragen. Wie sich die Dynamik der Anzahl der arbeitsfähigen Bevölkerung nach 1990 gestalten wird, das hängt vom Charakter der demographischen Prozesse in der nächsten Zukunft ab, hauptsächlich von der Veränderung der Geburtenrate. Es gibt jedoch keinen Grund anzunehmen, daß in der Mehrzahl der RGW-Länder die Anzahl der arbeitsfähigen Bevölkerung im letzten Jahrzehnt des 20. Jahrhunderts wesentlich wachsen wird.

Die schnelle Zunahme des Beschäftigtengrades der arbeitsfähigen Bevölkerung, die in der Vergangenheit, insbesondere in den Jahren 1966 bis 1970 zu beobachten war, schuf die Möglichkeit zu ihrer Nutzung für die Vergrößerung der Beschäftigtenzahl. In einer Reihe von Ländern aber ist diese Möglichkeit nicht mehr gegeben. Welche wichtige Rolle die Zunahme des Beschäftigungsgrades der Bevölkerung für die Sicherung des Wachstums der Anzahl der Werktätigen in der Volkswirtschaft bis jetzt gespielt hat, zeigen die folgenden Zahlen: in den Jahren 1961 bis 1970 machte der Anteil der in die gesellschaftliche Produktion einbezogenen Hausfrauen und anderer bisher nicht berufstätiger Teile der Bevölkerung in der ČSSR 56,8 Prozent der Gesamtzunahme der Beschäftigtenzahl aus, in der VR Polen 63,8 Prozent und in der UdSSR von 1961 bis 1965 75 Prozent sowie von 1966 bis 1970 rund 47 Prozent.[1]

[1] Rocznik statisticzny 1971, S. 85 und 109; Statistická ročenka ČSSR 1971, S. 22 – 23 und 101; Ekonomičeskaja gazeta, Nr. 15/1972.

Dadurch haben sich die Arbeitskräfteressourcen, die fast ausschließlich aus nichtberufstätigen Frauen bestehen, im letzten Jahrzehnt in vielen RGW-Ländern um das 1,5- bis 3fache verringert. Gegenwärtig haben sie sich in der Regel auf 12 bis 8 und noch weniger Prozent an der Gesamtzahl der Arbeitskräfteressourcen verringert. Beachtung verdient dabei die äußerst niedrige relative Größe der Arbeitskräftereserven in der UdSSR, wo die Hauptmasse des Arbeitskräftepotentials der RGW-Länder konzentriert ist (auf die UdSSR entfallen 70 Prozent der arbeitsfähigen Bevölkerung der RGW-Länder). Der Anteil der einzelnen Länder an der im arbeitsfähigen Alter stehenden Gesamtbevölkerung und an der Gesamtzahl der in der Volkswirtschaft Beschäftigten in den RGW-Ländern (ohne Kuba) im Jahre 1970 (in Prozent) soll zur Verdeutlichung in der nachstehenden Aufstellung gezeigt werden:

RGW-Länder	Anteil der im arbeitsfähigen Alter befindlichen Bevölkerung	Anteil der in der Volkswirtschaft Beschäftigten
VR Bulgarien	2,6	2,5
UVR	3,1	3,0
DDR	4,4	5,0
MVR	0,2	0,2
VR Polen	9,6	9,9
SR Rumänien	6,0	6,0
UdSSR	69,9	68,8
ČSSR	4,2	4,6

Insgesamt sind in den RGW-Ländern mehr als 90 Prozent der arbeitsfähigen Bevölkerung in der gesellschaftlichen Produktion und im Studium tätig, davon mehr als 85 Prozent in der gesellschaftlichen Produktion und von diesen annähernd 80 Prozent im Bereich der materiellen Produktion. Das faktische Arbeitskräftepotential (wozu wir die Bevölkerung im Alter von 18 bis 69 Jahren rechnen) wird in der gesellschaftlichen Produktion zu nicht weniger als 80 Prozent genutzt. Das sind sehr hohe Kennziffern für eine Etappe der industriellen Entwicklung. Sie liegen über dem Stand in den ökonomisch entwickelten kapitalistischen Ländern.[2]

Nimmt man theoretisch die Möglichkeit an, das bisherige Wachstumstempo des Anteils der Beschäftigten an der Gesamtzahl der im arbeitsfähigen Alter stehenden Bevölkerung sei aufrechtzuerhalten, dann würde

[2] Unter den Bedingungen einer rückständigen, typischen Agrarwirtschaft gelten andere Gesetzmäßigkeiten für die Formierung und den Einsatz der verfügbaren Arbeitskräfte, und die Kennziffern der Einbeziehung in die gesellschaftliche Produktion können noch höher sein.

in vielen Ländern des RGW die Gesamtreserve an Arbeitskräften noch vor Ende der siebziger Jahre völlig ausgeschöpft sein. Da das letztere praktisch irreal und zudem nicht zweckmäßig ist (wenn man die Funktionen der Frau in der Familie berücksichtigt), so ist es auch unrealistisch, auf die Sicherung des gegenwärtigen Wachstumstempos des Beschäftigungsgrades der arbeitsfähigen Bevölkerung zu orientieren. Auch in anderen RGW-Ländern, in denen in bestimmten Perioden eine Stabilisierung oder Vergrößerung der Arbeitskräftereserven zu beobachten war (vor allem infolge spezifischer „Verluste", die sich daraus ergaben, daß einzelne Familienmitglieder, die vom Land in die Stadt umgezogen waren, ihre Tätigkeit in der Volkswirtschaft einstellten), wird in der gegenwärtigen Etappe die Zunahme des Beschäftigungsgrades der Bevölkerung beachtlich intensiviert.

Insgesamt muß angenommen werden, daß selbst bei größten Anstrengungen zur Nutzung aller Möglichkeiten der Vergrößerung der Zahl der in der Volkswirtschaft tätigen Arbeitskräfte (einschließlich der Heranziehung von Arbeitskräften im Rentenalter) es in den Jahren 1976 bis 1985 nicht nur möglich sein wird, die Zunahme dieser Zahl im Vergleich zum vorhergehenden Fünfjahrplan zu beschleunigen, sondern daß auch eine Tendenz zur Abnahme des Wachstumstempos der Beschäftigtenzahl und in einer Reihe von Ländern die Tendenz zur Stabilisierung dieser Zahl durchaus wahrscheinlich ist. Weiterhin kann sich die in der Perspektive der nächsten drei Fünfjahrpläne wahrscheinliche Verkürzung der Arbeitswoche sowie die Verlängerung des Jahresurlaubs wesentlich auf die Dynamik des gesamtgesellschaftlichen Arbeitszeitfonds auswirken. So würde zum Beispiel die Verkürzung der Arbeitswoche um eine Stunde fast ein Siebentel des Gesamtzuwachses der Beschäftigtenzahl der Bevölkerung in den RGW-Ländern, der von 1971 bis 1985 erreicht werden wird, beanspruchen. Berücksichtigt man schließlich die in der Perspektive zu erwartende Zunahme des Anteils der nichtproduktiven Sphäre an der Gesamtzahl der Beschäftigten, so wird offensichtlich, daß sich diese Tendenzen im Bereich der materiellen Produktion noch deutlicher auswirken werden und daß eine absolute Verringerung des Gesamtfonds an Arbeitszeit Mitte der achtziger Jahre auf das Niveau der beginnenden siebziger Jahre, in einigen Ländern möglicherweise noch darunter, erfolgen wird. Das letztere kann vor allem auf solche Länder wie Bulgarien und Ungarn zutreffen.

Diese Tendenzen in der Dynamik der Arbeitskräfteressourcen der RGW-Länder entwickeln sich in einer Situation, in der schon heute in vielen dieser Länder Erscheinungen des Arbeitskräftemangels verbreitet sind. Sie haben nicht selten eine unzureichende Auslastung der Produktionskapazitäten sowie die unvollständige Nutzung von Investitionen zur Folge und schaffen schließlich eine Situation, die der Festigung der Arbeitsdisziplin abträglich ist. In einer Reihe von Ländern, insbesondere in der DDR, der UdSSR und der ČSSR, ist die Arbeitskräftebilanz bereits in der gegenwärtigen Etappe sehr angespannt. Eines der wichtigsten der vor den RGW-Ländern stehenden Probleme ist deshalb die Abwendung des wachsenden Arbeitskräftemangels und die Minderung des einschränkenden Einflusses der angespannten Arbeitszeitbilanz auf das Entwicklungstempo der Volkswirtschaft. Dieses Problem gewinnt besonders dringlichen Charakter in der gegenwärtigen Etappe, in der in einer ganzen Reihe von RGW-Ländern die Möglichkeiten, den Beschäftigungsgrad der im arbeitsfähigen Alter befindlichen Bevölkerung zu erhöhen, nahezu erschöpft sind.

Veränderungen im Versorgungsgrad der Volkswirtschaft mit Arbeitskräften werden bekanntlich nicht nur durch die Dynamik der Zahl der arbeitsfähigen Bevölkerung bestimmt, sondern auch durch Prozesse der Umverteilung der Beschäftigten zwischen der Landwirtschaft (in der die Anzahl der Werktätigen systematisch verringert wird) und den nichtlandwirtschaftlichen Zweigen. Der Anteil der Landwirtschaft an der Gesamtzahl der Berufstätigen ist – wie aus der folgenden Aufstellung ersichtlich – in den Mitgliedsländern des RGW im allgemeinen noch beträchlich. Die Zweigstruktur der Beschäftigten in den RGW-Ländern wird durch folgende Daten charakterisiert (prozentualer Anteil der einzelnen Zweige an der Gesamtzahl der Beschäftigten):

Wirtschaftsbereiche	1960	1970
Sphäre der materiellen Produktion	85,9	81,9
davon: Industrie	25,7	29,6
Bauwesen	6,7	8,0
Land- u. Forstwirtschaft	39,7	28,5
Verkehr u. Nachrichtenwesen	6,0	7,4
Handel	7,8	8,4
Nichtproduzierende Sphäre	14,1	18,1

Wenn man die Bedeutung dieses Umstandes für die Versorgung neuer Arbeitsplätze mit Berufstätigen einschätzt, dann darf die Perspektive der Verminderung der Anzahl der in der Landwirtschaft Tätigen nicht mit den Perspektiven des Zuflusses von Berufstätigen aus diesem Zweig in andere Zweige gleichgesetzt werden, da die ungünstige Altersstruktur der Berufstätigen in der Landwirtschaft einen Rückgang der Beschäftigtenzahl in diesem Zweig erwarten läßt. Unter den in der Landwirtschaft Berufstätigen wächst der Anteil derjenigen, die infolge ihres Alters, ihrer Bildung und ihrer erworbenen Arbeitsgewohnheiten nur schwer und wenig zweckmäßig in andere Zweige umgesetzt werden könnten (mit Ausnahme einiger Nebenproduktionen in ländlichen Gebieten). Zu berücksichtigen ist auch, daß eine forcierte Freisetzung von Werktätigen aus der Landwirtschaft in vielen Fällen ein schnelleres Wachstum des technischen Ausrüstungsgrades der Landwirtschaft voraussetzt, als dies auf Grund der bisher getätigten Investitionen möglich ist.

Voraussetzung für die Wahl der Wege zur Lösung des Problems, dem zunehmenden Arbeitskräftemangel vorzubeugen, ist vor allem die Kenntnis des Charakters der Ursachen dieses Defizits. Unter den letzteren ist in erster Linie die häufig überhöhte Anforderung von Arbeitskräften durch die Betriebe zu nennen, die auf Mängel im Leitungssystem der Volkswirtschaft, auf die ungenügende Wirksamkeit der Hebel zur Einsparung von Arbeitskräften sowie auf Mängel in der Produktions- und Arbeitsorganisation zurückgeht. In vielen Betrieben existiert infolge nicht ausreichend rationellen Einsatzes und unvollständiger Auslastung der Werktätigen faktisch eine verborgene Arbeitskraftreserve. Sie ist dadurch bedingt, daß häufig die Anzahl der Beschäftigten über jener Zahl liegt, die tatsächlich nötig wäre, um bei einer besseren Produktions- und Arbeitsorganisation, geringen Investitionen für Kleinmechanisierung usw. die vorhandenen Produktionskapazitäten zu bedienen. Die verborgene Arbeitskraftreserve in den Betrieben beträgt 15–20 Prozent aller Werktätigen der Industrie. Beträchtlich ist sie auch in anderen Zweigen, darunter in vielen Einrichtungen des nichtproduzierenden Bereichs. Das Defizit entsteht auch durch falsche Beurteilung der Möglichkeiten zur Vergrößerung des Beschäftigungsgrades bei der Planung der Produktionserweiterung, teils durch Nichterfüllung der Pläne zur Steigerung der Arbeitsproduktivität, teils durch eine Verteilung der Investitionen, die nicht immer zur komplexen Mechanisierung der Produktion beiträgt usw.[3]

Die Politik der RGW-Länder auf dem Gebiet der Nutzung der Arbeitskräfte wird gegenwärtig dadurch gekennzeichnet, daß Maßnahmen zur

[3] Daneben ist zu berücksichtigen, daß bestimmte innere Arbeitskräftereserven für die Betriebe manchmal eine erzwungene Notwendigkeit sind, weil die Betriebe gegenwärtig häufig der Landwirtschaft helfen. In einer Reihe von Fällen gibt es die Praxis, im Verlaufe eines Jahres die Planaufgaben zu erhöhen u. dgl. m. Um diese und analoge Ursachen zu beseitigen, bedarf es der Lösung einer ganzen Reihe von komplizierten volkswirtschaftlichen Problemen (zum Beispiel der Entwicklung von nichtlandwirtschaftlicher Produktion auf dem Lande, deren Beschäftigte eine spezifische Saisonreserve für die Landwirtschaft bilden werden, auf die in Zeiträumen angespanntester landwirtschaftlicher Arbeiten zurückgegriffen werden kann, der Verringerung des „Spitzenbedarfs" der Landwirtschaft an Arbeitskräften durch die Einführung der komplexen Mechanisierung usw.).

Heranziehung zusätzlicher Arbeitskräfte – und damit zur Vergrößerung der Beschäftigtenzahl in der Volkswirtschaft und in zahlreichen ihrer einzelnen Bereiche – verbunden werden mit Maßnahmen zur Einsparung von Arbeitskräften, die sich in der Hauptsache darauf richten, die erweiterte Reproduktion bei stabiler Beschäftigtenzahl in den einzelnen Betrieben und in einer Reihe von Zweigen der Industrie und des Transports zu gewährleisten. Zugleich wird der Schaffung von Bedingungen für einen umfassenderen Übergang zu intensiven Methoden der Produktionserweiterung zunehmende Bedeutung beigemessen.

Das Herangehen der kommunistischen und Arbeiterparteien in den RGW-Ländern an die Lösung des Problems, die Volkswirtschaft mit Arbeitskräften zu versorgen, wird in der gegenwärtigen Etappe der umfassenden Intensivierung des wirtschaftlichen Wachstums vor allem dadurch bestimmt, daß heute auf der Basis der bereits geschaffenen sozialen, materiell-technischen und personellen Voraussetzungen die Möglichkeit entsteht, das Gleichgewicht der Arbeitskräftebilanz konsequenter zu gewährleisten, indem der Arbeitskräftebestand der Betriebe bei Aufrechterhaltung der Vollbeschäftigung in Übereinstimmung mit progressiven Normativen gebracht wird.[4] Der Hauptweg zur Erreichung dieses Zieles ist die Steigerung

[4] Das wird eine bedeutende Aktivierung der auf die Einsparung von Arbeitskraft gerichteten Bemühungen bedeuten, die in vielen Betrieben und Zweigen zu einer absoluten Verringerung des Arbeitskräftebedarfs führen werden. Die in den Betrieben und Zweigen sich daraus ergebenden Prozesse der planmäßigen Umverteilung der Werktätigen in der Volkswirtschaft können einen relativen Massencharakter annehmen.

Obgleich diese Verringerung in der Perspektive offensichtlich bedeutende Sektoren der Wirtschaft betreffen wird, ist es jedoch selbst bei schnellem wissenschaftlich-technischen Fortschritt und einer allumfassenden Intensivierung der ökonomischen Entwicklung ausgeschlossen, daß es zu Tendenzen der Anhäufung „überschüssiger" Arbeitskraft kommt. Das ist durch viele Faktoren bedingt: die planmäßige Organisation der sozialistischen Produktion, ihre Orientierung auf die Befriedigung der schnell wachsenden Bedürfnisse der Bevölkerung, die Schaffung neuer Zweige und Produktionsarten im Verlauf der wissenschaftlich-technischen Revolution, die beschleunigte Erweiterung der nichtproduzierenden Sphäre mit dem für sie kennzeichnenden weniger hohen Tempo des Ersatzes der lebendigen Arbeit durch vergegenständlichte usw.

Es ist zu berücksichtigen, daß der wissenschaftlich-technische Fortschritt nicht nur die Möglichkeit schafft, die vorhandenen Bedürfnisse mit geringerem Arbeitsaufwand zu befriedigen, sondern auch neue Bedürfnisse erzeugt. Damit schafft der wissenschaftlich-technische Fortschritt neue Sphären der Anwendung von Arbeit, die sich schnell erweitern. Dabei wachsen die neuen, von der mit der Verwirklichung der wissenschaftlich-technischen Revolution verder Arbeitsproduktivität mit Hilfe von nicht an Investitionen gebundene Faktoren, durch die Vervollkommnung der Leitung und Planung, der Arbeitsorganisation sowie der moralischen und materiellen Stimulierung zur Arbeit.

Die Erfüllung der von den RGW-Ländern geplanten großen Aufgaben zur weiteren Vergrößerung der Produktionsvolumina und zur Effektivitätssteigerung der Produktion setzt die Verwirklichung eines Systems von Maßnahmen voraus, die darauf gerichtet sind, eine optimale Korrelation zwischen dem Umfang der Produktionsfonds und der Anzahl der sie benutzenden Werktätigen herzustellen und aufrechtzuerhalten. Dadurch wird im Verlauf der weiteren Vervollkommnung der Methoden der sozialistischen Wirtschaftsführung schon beim gegenwärtigen technischen Ausrüstungsgrad eine erhebliche Verringerung des Arbeitskräftebedarfs der Betriebe möglich. Die Möglichkeiten zur Verringerung des Arbeitskräftebedarfs der Betriebe wachsen auch im Ergebnis der umfassenden technischen Modernisierung der Produktion, die die Bedingungen für eine weitere Senkung der spezifischen Aufwendungen von lebendiger Arbeit schafft.

Die RGW-Länder suchen nach den zweckmäßigsten Methoden, um die vorhandenen verborgenen, das heißt nicht rationell genutzten Arbeitskräftereserven in der Produktion zu nutzen. In dieser Richtung ist noch vieles zu tun.

Bisher ist bei der Durchführung der Wirtschaftsreformen ein solches Ziel im vollen Umfang im Grunde nicht gestellt worden. Es wird im allgemeinen lediglich an der Lösung einer begrenzteren Aufgabe gearbeitet – den Produktionsausstoß in den Betrieben bei gleicher oder nur geringfügig erhöhter Beschäftigtenzahl beschleunigt zu vergrößern. Die Lösung dieser Aufgabe kann jedoch nicht zur generellen Lösung des Problems der verborgenen Arbeitskräftereserven führen. Die weitere Entfaltung des Kampfes um die Erhöhung der Effektivität der Produktion kann deshalb mit einer manchmal beträchtlichen Verminderung der zahlenmäßigen Stärke der

knüpften neuen Etappe der ökonomischen Entwicklung erzeugten Bedürfnisse häufig schneller, als die Arbeitsproduktivität in jenen Bereichen gesteigert wird, wo diese Bedürfnisse befriedigt werden, ungeachtet der Einführung der modernen Technik. So nimmt zum Beispiel im Verlauf der Verbreitung der EDV die Zahl der mit Rechenarbeiten Beschäftigten zu im Vergleich zu der Zeit, als die Rechenarbeiten ohne elektronische Technik ausgeführt wurden. Das erklärt sich durch die rasche Erweiterung der Anwendungsmöglichkeiten mathematischer Methoden, Abrechnungsmöglichkeiten u. dgl. Die Entstehung solcher Möglichkeiten bedeutet auch die Entstehung entsprechender gesellschaftlicher Bedürfnisse.

Dennoch wird die Bedeutung der planmäßigen Regulierung der Nutzung der Arbeitskräfteressourcen in Zukunft noch weiter wachsen.

Kollektive einzelner Betriebe bei entsprechender planmäßiger Umsetzung der freiwerdenden Arbeitskräfte verbunden sein.

Die Umsetzung von Arbeitskräften ist nicht nur zur Sicherung des Wachstums der Arbeitsproduktivität in den einzelnen Betrieben wichtig. Ihre volkswirtschaftliche Bedeutung geht weit darüber hinaus. Sie spielt eine große Rolle bei der Vervollkommnung der Zweigstruktur des Arbeitskräftebestandes, seiner Qualifikationsstruktur, territorialen Verteilung usw. Es ist daher in den RGW-Ländern vorgesehen, die Maßnahmen zur Freisetzung und Umverteilung von Arbeitskräften aufs engste mit den Programmen zur Optimierung der Zweigstruktur sowie der innerzweiglichen Struktur in der Volkswirtschaft, zur Schaffung neuer Produktionsarten usw. zu verbinden.

Die volkswirtschaftliche Notwendigkeit solcher Maßnahmen wird sich mit der Beschleunigung des wissenschaftlich-technischen Fortschritts sowie der Vervollkommnung der Methoden der sozialistischen Wirtschaftsführung verstärken.

Große Bedeutung gewinnt in diesem Zusammenhang die Analyse einer Reihe von Maßnahmen, die in den RGW-Ländern zur Freisetzung eines Teils der Arbeitskräfte in den Betrieben durchgeführt werden, wozu das „Stschokiner Experiment" gehört. Dies erfolgte in der Sowjetunion, und zwar im Jahre 1973 in 700 Betrieben. Sein Wesen besteht darin, daß die Anstrengungen des Betriebskollektivs zur Vergrößerung des Produktionsausstoßes bei Verringerung der Beschäftigtenzahl materiell stimuliert werden. Große Möglichkeiten bietet auch ein anderes in der Sowjetunion durchgeführtes Experiment – die Einführung der wirtschaftlichen Rechnungsführung für Brigaden im Bauwesen. Dieses Experiment erstreckte sich Mitte 1973 auf etwa 5000 Brigaden. Obwohl im Verlauf dieses Experiments nicht unmittelbar das Ziel gestellt wurde, die zahlenmäßige Stärke der Bauarbeiterkollektive zu verringern, schafft es Voraussetzungen dafür, die Beschäftigtenzahl in diesem Zweig zu senken. Sowohl das Stschokiner Experiment als auch die Erfahrungen der brigadeweisen wirtschaftlichen Rechnungsführung sind vom ZK der KPdSU behandelt und gebilligt worden und wurden zur Popularisierung empfohlen. Erfahrungen bei der Lösung analoger Probleme werden auch in den anderen RGW-Ländern gesammelt.

Die Vervollkommnung des Systems der moralischen und materiellen Stimulierung der Werktätigen in der Produktion wird in den RGW-Ländern als einer der wichtigsten Hebel zur besseren Nutzung der Arbeitskräfteressourcen betrachtet. Dabei reduziert sich die materielle Stimulierung nicht darauf, daß die Werktätigen für zusätzliche Arbeitsanstrengungen zusätzliche finanzielle Leistungen erhalten. Eine solche Form der materiellen Stimulierung ist in manchen Fällen unmöglich oder unzweckmäßig, besonders bei der Automatisierung der Produktion (gründlicheres Studium verdient in diesem Zusammenhang das Problem des Übergangs zu neuen Lohnformen). Immer dringlicher wird die Notwendigkeit, komplexe Formen der materiellen Stimulierung zu gewährleisten, die einen hohen Grad der Interessiertheit des Werktätigen an einem bestimmten Arbeitsplatz garantieren und eine ganze Reihe von Faktoren berücksichtigen (berufliche Eignung, Lohn, Arbeitsbedingungen, soziale Leistungen, Wohnbedingungen, Nähe der Wohnung zum Arbeitsplatz usw.). Mit anderen Worten, es geht darum, das Problem der optimalen Verteilung der Werktätigen auf die Arbeitsplätze zu lösen, und zwar bei Berücksichtigung der gesellschaftlichen wie der persönlichen Interessen. Im gesamtgesellschaftlichen Maßstab kann dieses Problem nur von der sozialistischen Gesellschaft gelöst werden. Eine wichtige Bedingung für die Erhöhung der Interessiertheit der Werktätigen an einem bestimmten Arbeitsplatz bildet dabei die Beseitigung des beträchtlichen Überhangs des Arbeitskräftebedarfs über die rationellen Möglichkeiten zu seiner Deckung sowie die Sicherung einer ausgeglichenen Arbeitskräftebilanz.

Die Vorhaben zur Vervollkommnung der Methoden der sozialistischen Wirtschaftsführung, die mit der Notwendigkeit verknüpft sind, das effektive Funktionieren des gesellschaftlichen Arbeitsvermögens weiter zu verbessern, schließen sowohl die Stärkung der zentralen staatlichen Leitung zur Nutzung der Arbeitskräfteressourcen ein als auch die Erweiterung der Selbständigkeit der Wirtschaftseinheiten in jenen Grenzen, die den objektiven Erfordernissen der gegenwärtigen Entwicklungsetappe der sozialistischen Wirtschaft entsprechen.

Voraussetzung für die Lösung dieser Aufgaben ist vor allem ein hohes wissenschaftliches Niveau der Perspektivplanung. Die Perspektivpläne müssen im besonderen in vollem Maße auf ein dynamisches Gleichgewicht zwischen den Arbeitskräfteressourcen und dem Arbeitskräftebedarf, auf eine progressive Umgestaltung der zwischenzweiglichen und innerzweiglichen Struktur der berufstätigen Bevölkerung, die Erhöhung der Effektivität bei der Nutzung der Arbeitskraft in allen Bereichen der gesellschaftlichen Produktion und ähnliches zielen. Zu den wichtigsten Aufgaben bei der Verstärkung der planmäßigen Regulierung des Arbeitskräfteeinsatzes gehört die Vervollkommnung der Bilanzarbeit. Offensichtlich ist hier insbesondere die Notwendigkeit, detailliertere Arbeitskräftebilanzen nach Zweigen, nach Berufen und Qualifikation, nach Alter und Geschlecht sowie nach territorialen Gesichtspunkten auszuarbeiten. Von großer Bedeutung sind dabei die Lösung der methodologischen Probleme zur Ermittlung des tatsächlichen Arbeitskräftebedarfs, die Entwicklung entsprechender Normative unter Berücksichtigung der Möglichkeiten zur Steigerung der Arbeitsproduktivität, die sich sowohl durch die Entwicklung der Technik und Technologie der Produktion als auch durch die Einführung der wissenschaftlichen Arbeitsorganisation und die Verstärkung der Anreize zur Arbeit ergeben, sowie die richtige Differenzierung dieser Normative unter Berücksichtigung der objektiven Möglichkeiten des Betriebskollektivs und der nicht von ihm abhängenden objektiven Bedingungen der Wirtschaftstätigkeit.

Die Leitung der sozialökonomischen Prozesse in den RGW-Ländern basiert in ständig zunehmendem Maße auf einer komplexen Plankonzeption, den Prognosen zur Entwicklung von Wissenschaft und Technik, der Analyse demographischer Prozesse, der Festigung der gesellschaftlichen Beziehungen usw. In diesem Zusammenhang ist es wichtig, daß die Einschätzungen des perspektivischen Arbeitskräftebedarfs der Volkswirtschaft nicht nur auf dem Studium der Tendenzen des weltweiten wissenschaftlich-technischen Fortschritts beruhen, sondern auch auf dem Studium der Möglichkeiten, das sozialistische System der Wirtschaftsführung weiter zu vervollkommnen.

Zunehmende Effektivität bei der Nutzung der Arbeitskräfteressourcen wird auch dadurch gewährleistet, daß neben der Erhöhung des wissenschaftlichen Niveaus der Planung auch die Formen und Methoden zur Verwirklichung der Pläne bereichert und entwickelt werden, und zwar auf der Grundlage der Verbindung der verschiedenen Hebel der planmäßigen Wirtschaftsleitung, einschließlich der mit Wertkategorien verknüpften Hebel. Auch die Organisationsformen der Wirtschaftstätigkeit sind zu verbessern.

Vervollkommnet werden die Methoden der moralischen und der materiellen Stimulierung hochproduktiver Arbeit, die Formen zur Einbeziehung der Werktätigen in die Wirtschaftsleitung sowie die Wege zur allseitigen Entwicklung der gesellschaftlichen Aktivität der Werktätigen. Damit wird eine vollständigere Verknüpfung der gesamtgesellschaftlichen Interessen mit denen jedes Betriebes und denen jedes einzelnen Werktätigen erreicht. Die systematische Harmonisierung dieser Interessen durch die allseitige Stärkung ihrer prinzipiellen Gemeinsamkeit sowie die effektive Lösung der unter spezielleren Aspekten möglichen Widersprüche zwischen ihnen bildet eine sichere Grundlage für die Erhöhung der Effektivität der sozialistischen Wirtschaft.

Die weitere Vervollkommnung des Einsatzes der Arbeitskräfteressourcen wird zunehmend durch die wissenschaftlich-technische Revolution unter den Bedingungen der entwickelten sozialistischen Gesellschaft bestimmt. Hauptbestandteile der wissenschaftlich-technischen Revolution im weiteren Sinne sind unserer Ansicht nach folgende radikale technische und gesellschaftlich-organisatorische Wandlungen in unserer Volkswirtschaft, die auf den neuesten Errungenschaften der Wissenschaft beruhen:

– die Verwandlung der gesellschaftlichen Produktion in einen Komplex automatischer Produktionssysteme; die Automatisierung nicht nur der Prozesse des Zusammenwirkens von Werkzeugen und Arbeitsgegenständen, sondern auch der Prozesse der Leitung, Planung und Regulierung der Produktion, die bislang zur Sphäre der geistigen Arbeit gehörten; der Übergang zur Ausführung gewisser, mathematisch formulierbarer Denkfunktionen des Menschen durch technische Mittel auch auf anderen Gebieten;

– die Gewährleistung des Funktionierens aller Glieder der Volkswirtschaft in Übereinstimmung mit den Forderungen der Leitungswissenschaft, Anwendung ökonomisch-mathematischer Methoden, tieferes Verständnis und Nutzung sowohl der materiell-stofflichen als auch der wertmäßigen Wechselbeziehungen der gesellschaftlichen Produktion, weitgehende Berücksichtigung aller vielfältigen Gesetzmäßigkeiten der sozialen Entwicklung;

– die Umgestaltung der Gesamtheit der Arbeitsbedingungen entsprechend den Forderungen der wissenschaftlichen Arbeitsorganisation, der Sozialpsychologie usw.

Die wissenschaftlich-technische Revolution stellt also im Sozialismus nicht lediglich eine qualitativ neue Stufe bei der Beherrschung der Naturkräfte durch den Menschen dar, sondern sie hebt die Gesellschaft auch auf eine qualitativ neue Stufe der Erkenntnis und der Vervollkommnung der gesellschaftlichen Wechselbeziehungen, aber auch der Entwicklung und Nutzung der schöpferischen Potenzen der menschlichen Persönlichkeit.

Die Verwirklichung der wissenschaftlich-technischen Revolution eröffnet der sozialistischen Gesellschaft weite Perspektiven für einen Aufschwung der Produktivkräfte und die Befriedigung der höheren und mannigfaltigeren Bedürfnisse der Bevölkerung. Zugleich stellt die sich entfaltende wissenschaftlich-technische Revolution die sozialistischen Länder vor neue komplizierte Probleme. Um einen möglichst vollständigen ökonomischen und sozialen Effekt der revolutionären Veränderungen in Technik, Technologie und Organisation der Produktion sicherzustellen, ist es insbesondere nötig, den Charakter der zukünftigen Wandlungen bei der Nutzung der Arbeitskräfteressourcen der Gesellschaft rechtzeitig vorauszusehen und zu berücksichtigen.

Erstens schließen diese Wandlungen tiefgehende Veränderungen in der gesellschaftlichen und produktionstechnischen Arbeitsteilung ein. Solche Veränderungen schaffen auf vielen Gebieten, die mit den Arbeitskräfteressourcen verbunden sind, eine prinzipiell neue Situation. So wird eine umfassende Wandlung der Berufs- und Qualifikationsstruktur der arbeitenden Bevölkerung erfolgen. Damit sind solche Probleme verknüpft wie die Notwendigkeit, den beschleunigten Verlust einmal erworbener

Kenntnisse und Fertigkeiten zu berücksichtigen, der (möglicherweise mehrfache) Berufswechsel eines beträchtlichen Teils der Bevölkerung während ihrer Arbeitstätigkeit, ökonomische und soziale Fragen der Schaffung und des Funktionierens eines gesamtstaatlichen Systems der Umschulung und Qualifizierung der Kader und anderes mehr.

Zweitens schließen die perspektivischen Veränderungen im Charakter der Nutzung der Arbeitskräfteressourcen eine beträchtlich größere Individualisierung der Entscheidungen als sie zur Zeit statthat ein, wobei hier die Entscheidungen gemeint sind, die die Teilnahme der Werktätigen an der gesellschaftlichen Produktion betreffen (und zwar durch das Studium der individuellen Fähigkeiten und Neigungen, der beruflichen Perspektive, der psychologisch begründeten Zusammenstellung von Kollektiven der Werktätigen usw.). Die wissenschaftlich-technische Revolution vervielfacht die Notwendigkeit eines solchen Vorgehens, da die Funktionen der Werktätigen in der Produktion komplizierter werden, ihre Verantwortlichkeit zunimmt usw. In der Perspektive wird die Bedeutung dieses Faktors für die Schaffung eines besseren Arbeitsklimas durch größere moralische Befriedigung der Werktätigen in ihrer Arbeit, das Verständnis ihrer Teilnahme an der gesellschaftlichen Produktion und dergleichen mehr zunehmen. Damit wird auch die Bedeutung dieses Faktors für die Erhöhung der Effektivität der Tätigkeit der Werktätigen wachsen.

Dabei ist zu berücksichtigen, daß die von der wissenschaftlich-technischen Revolution hervorgerufenen Veränderungen des Platzes und der Rolle der Werktätigen im Produktionsprozeß ziemlich kompliziert, manchmal auch widersprüchlich sind. Der weiteren Ausarbeitung bedürfen zum Beispiel folgende Probleme: das Verhältnis der beruflichen Tendenz zur Spezialisierung und der Tendenz zur künftigen Disponibilität der Werktätigen; die Besonderheit der Dynamik des Qualifikationsniveaus einiger Beschäftigten- und Berufsgruppen in der Etappe der Teilautomatisierung der Produktion und die Notwendigkeit, unter dem Aspekt der Erfordernisse der sozialistischen Gesellschaft die zeitweilig entstehende Tendenz zur Vereinfachung der Arbeitsfunktionen und zur Verarmung des Arbeitsinhalts zu mildern und zu überwinden; die sozialen und ökonomischen Aspekte der ungleichmäßigen technischen Entwicklung der verschiedenen Zweige und Bereiche der Wirtschaft.

Die entscheidende Rolle bei der Erhöhung der Effektivität der sozialistischen Wirtschaft in den nächsten Jahrzehnten wird der Veränderung der technischen und technologischen Grundlagen der Produktion gehören, zu der es entsprechend der Vertiefung der wissenschaftlich-technischen Revolution in den RGW-Ländern kommt. Diese Perspektive der grundlegenden technischen Umgestaltung der Arbeit mindert jedoch nicht die Bedeutung von Maßnahmen, die darauf gerichtet sind, den Prozeß der technischen Ausrüstung der Arbeit in jenen Bereichen der Produktion zu vollenden, die davon bisher nur wenig erfaßt worden sind. Obgleich dies hauptsächlich auf die Hilfsbereiche zutrifft, die die mechanisierte Hauptproduktion bedienen, so ist ihre Bedeutung für die Entwicklung der durchschnittlichen Arbeitsproduktivität in der Industrie doch außerordentlich groß, denn in diesen Bereichen arbeitet annähernd die Hälfte der Industriearbeiter. Daneben ergibt sich die Aufgabe, die Masse der Angestellten, die elementare Verwaltungsarbeiten und sonstige Arbeiten ausführen, mit Technik auszurüsten. Die Mechanisierung der Arbeit in allen diesen Bereichen der Volkswirtschaft kann großen Nutzen bringen und innerhalb kurzer Fristen eine erheblich höhere Effektivität der gesellschaftlichen Arbeit gewährleisten.

Die Erweiterung des Bereichs und die Beschleunigung der technischen Umgestaltung in allen RGW-Ländern macht es besonders notwendig, die praktische Verwirklichung der sich erweiternden Möglichkeiten zur Arbeitskräfteeinsparung streng zu kontrollieren sowie rechtzeitig progressive Normative für die Gesamtzahl der Werktätigen und die Anteile von ingenieurtechnischem Personal, Arbeitern und Angestellten auszuarbeiten und zu beachten. Die technische Umgestaltung der Produktion kann ihren vollen ökonomischen Nutzeffekt nur bei einer entsprechenden Vervollkommnung der Organisation von Produktion und Arbeit, bei einer Festigung der Arbeitsdisziplin usw. erbringen.

Unterstrichen werden muß auch, daß, wie groß auch die perspektivische Bedeutung des weiteren Wachstums des technischen Ausstattungsgrades der Produktion für die Steigerung der Effektivität der gesellschaftlichen Arbeit ist, dieses Wachstum nicht die Anstrengungen ersetzen kann, die auf die Einsparung von Arbeitskräften durch die rationellere Nutzung des Arbeitstages, die Optimierung des Intensitätsgrades der Arbeit, die Festigung der Arbeitsdisziplin und anderes gerichtet sind. Mehr noch, von diesen Anstrengungen hängt weitgehend auch die Effektivität der Maßnahmen zur technischen Umgestaltung der Produktion selbst ab.

Die genannten zwei Wege zur effektiveren Nutzung der Arbeitskräfte sind miteinander verknüpft und ihre Verwirklichung fällt zum Teil zeitlich zusammen. Dabei liegen die größten Möglichkeiten zur Einsparung von Arbeitskräften in der nächsten Zeit in der Meisterung der nicht an Investitionen gebundenen Faktoren zur Produktionserweiterung, in der Ausschöpfung der manchmal an der Oberfläche liegenden Reserven für die effektivere Tätigkeit der Werktätigen auf der Grundlage einer verbesserten Organisation von Produktion und Arbeit und dergleichen mehr.

Je früher – natürlich unter Berücksichtigung der Notwendigkeit, entsprechende Bedingungen zu schaffen – sich der Prozeß der Ausschöpfung verborgener Arbeitskräftereserven in den Betrieben entfaltet, desto erfolgreicher werden die ökonomischen und anderen Voraussetzungen für noch umfassendere Maßnahmen zur effektiveren Nutzung der Arbeitskräfteressourcen geschaffen, die mit der Verwirklichung der Errungenschaften der wissenschaftlich-technischen Revolution unter den Bedingungen der immer umfassenderen und konsequenteren Nutzung der Vorzüge des sozialistischen Wirtschaftssystems verbunden sind.

In den RGW-Ländern steht die komplexe Mechanisierung und Automatisierung der Produktion einschließlich der Hilfsarbeiten auf der Tagesordnung. Der Charakter der Produktion in ganzen Wirtschaftszweigen verändert sich von Grund auf, zum Beispiel im Verlauf der Industrialisierung des Bauwesens, der Einführung industrieller Methoden in der Landwirtschaft usw. Neben der technischen Umgestaltung der physischen Arbeit entfaltet sich der Prozeß der Mechanisierung und Automatisierung vieler Arbeiten, die zur Sphäre der geistigen Arbeit gehören. Auf der Grundlage kybernetischer Prinzipien und unter Berücksichtigung der Möglichkeiten des Einsatzes der elektronischen Rechentechnik wird die Leitungsarbeit umgestaltet. Die Automatisierung der Projektierung und anderer Operationen wird zur Realität. Die RGW-Länder arbeiten an der Schaffung eines Komplexes von automatisierten Leitungssystemen für Betriebe, wirtschaftliche Regionen, Zweige und für die gesamte Volkswirtschaft.

Die Herausbildung einer prinzipiell neuen materiell-technischen Basis der gesellschaftlichen Produktion beinhaltet zugleich grundlegende Veränderungen im Charakter der Arbeit. Es vervielfacht sich die Wirkung der Tendenzen zur vollen Aufhebung der schweren physischen Arbeit und zur Vergrößerung der Rolle der geistigen, insbesondere der schöpferischen Arbeit in der Produktionstätigkeit der Menschen. Alle diese Prozesse schaffen Voraussetzungen für eine bedeutende Effektivitätssteigerung der gesellschaftlichen Arbeit.

Die Effektivität der Maßnahmen zur verbesserten Nutzung der Arbeitskräfteressourcen der RGW-Länder hängt weitgehend davon ab, wie umfassend die Möglichkeiten realisiert werden, die sich durch die sozialistische ökonomische Integration bieten. Die Aufgaben zur Effektivitätssteigerung der gesellschaftlichen Arbeit werden heute von den RGW-Ländern mit vereinten Anstrengungen gelöst.

Die Bedeutung der ökonomischen Zusammenarbeit der Länder der sozialistischen Staatengemeinschaft für die verbesserte Nutzung der Arbeitskräfteressourcen kommt besonders in den neuen Etappen der Integration in folgendem zum Ausdruck:

Erstens entsteht eine zunehmend effektivere Kooperation der Arbeit der RGW-Länder auf der Grundlage sowohl der zwischenzweiglichen als auch der innerzweiglichen internationalen Spezialisierung der Produktion. Das ermöglicht es, die Produktionskapazitäten zu optimieren, den volkswirtschaftlichen Produktionskomplex in jedem Lande zu vervollkommnen usw.

Zweitens verstärken sich auf dieser Grundlage die Wechselbeziehungen der nationalen Verteilungsstrukturen der Arbeitskräfte auf die Zweige und Bereiche der Volkswirtschaft. Im Rahmen der Gemeinschaft der RGW-Länder wird sich eine rationelle zwischenzweigliche und innerzweigliche Beschäftigtenstruktur herausbilden, wodurch die Möglichkeiten zur Schaffung einer hocheffektiven Beschäftigtenstruktur in jedem Lande wesentlich erweitert werden.

Drittens vereinen die RGW-Länder, indem sie bei der Entwicklung von Wissenschaft und Technik, bei der Modernisierung der Produktion usw. eng zusammenarbeiten, ihre Anstrengungen zur Verwirklichung der technischen Umgestaltung der Arbeit auf der fortschrittlichsten Grundlage. Die Beteiligung an der Verwirklichung der wissenschaftlich-technischen Revolution wird für alle zusammenarbeitenden Länder zur Realität, ungeachtet der noch vorhandenen Niveauunterschiede in ihrer ökonomischen Entwicklung.

Viertens erweitert sich die gegenseitige Unterstützung der RGW-Länder bei der Vervollkommnung der Berufs- und Qualifikationsstruktur der Berufstätigen und damit bei der Effektivitätssteigerung des Arbeitskräfteeinsatzes. Das geschieht durch die internationale Arbeitsteilung bei der Kaderausbildung, durch Erfahrungsaustausch und ähnliches, sowie durch die gegenseitige technische Unterstützung bei der Schaffung neuester komplizierter Produktionsarten in den Bruderländern, die Gewährleistung des Absatzes der Produkte und anderes.

Die Zusammenarbeit der RGW-Länder beschleunigt die internationale Angleichung der Produktions- und Arbeitsbedingungen in der sozialistischen Staatengemeinschaft auf der Basis der Intensivierung und Erweiterung des Wirkungsbereichs der progressiven Tendenzen in jedem Lande, die zur Veränderung der Funktionen des Menschen im Arbeitsprozeß, zur Vervollkommnung der gesellschaftlichen und produktionstechnischen Arbeitsteilung usw. führen. Die internationale Angleichung der Produktions- und Arbeitsbedingungen stellt einen Prozeß mit tiefem sozialen Inhalt dar. Als eines der Hauptergebnisse der Herausbildung und Entwicklung eines neuen Typs internationaler Beziehungen erweitert sie nicht nur die materiell-technische Basis der neuen Gesellschaftsordnung im nationalen und internationalen Maßstab, sondern verstärkt auch die Gleichartigkeit der sozialen Struktur der Bevölkerung, die Gemeinsamkeit der Grundzüge der gesamten Lebensweise, festigt die Einheit der Interessen und Ziele der Völker der sozialistischen Länder, erweitert die Möglichkeiten ihrer

Zusammenarbeit und vermehrt die Triebkräfte für die Entwicklung der sozialistischen Gemeinschaft.

Der Prozeß der Verstärkung der rationellen Wechselbeziehungen und Komplementarität der nationalen zwischenzweiglichen und innerzweiglichen Strukturen der Arbeitskräfte auf der Grundlage der internationalen Arbeitsteilung verläuft in Übereinstimmung mit den Prinzipien der vollen Gleichberechtigung der beteiligten Staaten, der strikten Berücksichtigung der nationalen Interessen, der besonderen Beachtung der Aufgaben der beschleunigten Förderung der Volkswirtschaft der ökonomisch weniger entwickelten Staaten, des gegenseitigen Vorteils und der brüderlichen gegenseitigen Hilfe.

Eine Verwirklichung dieser Prinzipien in der Praxis der ökonomischen Zusammenarbeit der RGW-Länder bildet im besonderen die konsequente Annäherung der Zweigstrukturen und besonders der Berufs- und Qualifikationsstruktur der Arbeitskräfte in diesen Ländern. Zugrunde liegt diesem Prozeß die Annäherung der Zweigstrukturen der nationalen Wirtschaften sowie die Angleichung des technisch-ökonomischen Niveaus, ihrer Produktionsausrüstung, die Wirkung solcher vom wissenschaftlich-technischen Fortschritt hervorgerufener Tendenzen in allen Ländern, wie es zum Beispiel die Verstärkung der Gemeinsamkeit der technischen und technologischen Produktionsprinzipien in den verschiedenen Zweigen, die wachsende Zahl der „Querschnittsberufe", die Zunahme des Anteils qualifizierter Werktätiger in allen Berufsgruppen sind.

Die Vertiefung der internationalen sozialistischen Arbeitsteilung bedeutet keine Verstärkung der Unterschiede in der Verteilung der Arbeitskräfte auf die Wirtschaftszweige der einzelnen Länder und führt auch nicht zu einer solchen Differenzierung der Berufs- und Qualifikationsstruktur der Werktätigen der Volkswirtschaft dieser Länder, die mit Unterschieden im Niveau ihrer ökonomischen Entwicklung, im kulturell-technischen Niveau der Werktätigen und in anderen wesentlichen Merkmalen der berufstätigen Bevölkerung verbunden wäre. Im Gegenteil, die internationale sozialistische Arbeitsteilung fördert eine allmähliche Beseitigung dieser Unterschiede. Sie geht von der überwiegenden Rolle der innerzweiglichen internationalen Spezialisierung gegenüber der zwischenzweiglichen aus, sie richtet sich auf die Gewährleistung progressiver Veränderungen in der zwischenzweiglichen und innerzweiglichen Produktionsstruktur in allen zusammenarbeitenden Ländern, auf die Beschleunigung der technischen Umgestaltung der Produktion auf der Grundlage der modernsten Ergebnisse von Wissenschaft und Technik in jedem der Länder usw.

Natürlich setzt die Entwicklung der internationalen sozialistischen Arbeitsteilung sowohl die Berücksichtigung der bestehenden Unterschiede in den natürlichen und ökonomischen Bedingungen der einzelnen Länder als auch die planmäßige Schaffung von ökonomischen Bedingungen voraus, die eine hocheffektive und gegenseitig vorteilhafte internationale Spezialisierung und Kooperation der Produktion begünstigen. Damit verbunden ist die Erhaltung – wenn auch in weitaus geringerem Maße als heute – der Unterschiede in der Zweigstruktur der Volkswirtschaft der einzelnen Länder, das Weiterbestehen derselben in einem gewissen Maße und manchmal sogar die Verstärkung der Unterschiede zwischen den einzelnen Ländern hinsichtlich der Anzahl der in einigen Zweigen bestehenden Industriegruppen sowie eine beträchtliche Vertiefung der Differenzierung der Sortimentsstruktur der Produktion in jeder Industriegruppe.

Und dennoch schließt die Tatsache, daß die wirtschaftliche Entwicklung der Länder der sozialistischen Staatengemeinschaft unter den Bedingungen einer sich verstärkenden internationalen Differenzierung der Produktionsprogramme erfolgen wird, deren Ziel die Vertiefung der internationalen Spezialisierung (vor allem der innerzweiglichen) und die Befriedigung der vielfältigen Bedürfnisse jedes Landes durch gemeinsame Anstrengungen der spezialisierten nationalen Produktionen ist, keineswegs einen Prozeß der wesentlichen Annäherung der Berufs- und Qualifikationsstruktur der Arbeitskräfte in den Volkswirtschaften der einzelnen Länder bei schneller Vervollkommnung dieser Struktur aus. Im Gegenteil, gerade die zunehmende Gleichartigkeit dieser Struktur wird eine Kennziffer für die erweiterten Möglichkeiten einer ökonomisch rationellen gegenseitigen Ergänzung der nationalen Wirtschaften, der Beteiligung an der effektiven Verteilung der Produktionsprogramme, besonders auf einem hohen Bearbeitungsstand, sein. Eine solche Annäherung wird bei den Hauptmerkmalen erreicht werden, die das Niveau der ökonomischen Entwicklung eines Landes, den erreichten Grad des wissenschaftlich-technischen Fortschritts, das Bildungsniveau der Bevölkerung usw. widerspiegeln.

Zu diesen Merkmalen können gerechnet werden: das Verhältnis zwischen geistig Arbeitenden und physisch Arbeitenden; das Verhältnis zwischen den in der automatisierten, mechanisierten Produktion Tätigen und den manuell Tätigen; die Verteilung der Berufstätigen auf die Hauptbereiche der Volkswirtschaft, darunter das Verhältnis zwischen der Beschäftigtenzahl in den nichtlandwirtschaftlichen Zweigen und in der Landwirtschaft; der Anteil der Werktätigen in neuesten Berufen und Fachgebieten, wie sie zum Beispiel mit der Einführung der EDV in die Volkswirtschaft verbunden sind; das prozentuale Verhältnis der Werktätigen mit Hochschulbildung, Fachschulbildung und anderem Bildungsniveau; die Qualifikationsstruktur der Arbeiter; der Konzentrationsgrad der Arbeitskräfte in den Betrieben usw. Diese Hauptmerkmale der Berufs- und Qualifikationsstruktur der Werktätigen der Volkswirtschaft, bei denen eine zunehmende Annäherung der sozialistischen Länder erfolgen wird, werden nicht so sehr dadurch bestimmt, was im Lande produziert wird, als vielmehr dadurch, wie produziert wird – mit Hilfe welcher technischen Mittel, bei welcher Konzentration und Spezialisierung der Produktion, auf welchem Organisationsniveau der Produktion und Arbeit. Diese Merkmale sind ausschlaggebend auch für die Herausbildung so entscheidender Bestimmungsgrößen des gesellschaftlichen Lebens wie der sozialen Struktur der Bevölkerung, des Niveaus und der Dynamik der gesellschaftlichen Arbeitsproduktivität und anderem.

Die Entwicklung der Zweigstruktur sowie der Berufs- und Qualifikationsstruktur der Werktätigen der Volkswirtschaft der verschiedenen sozialistischen Länder wird also unter den Bedingungen der wissenschaftlich-technischen Revolution und der sozialistischen ökonomischen Integration durch zwei Tendenzen gekennzeichnet:

Erstens durch die globale, durch alle Bereiche der Volkswirtschaft jedes Landes bedingte Tendenz zur Annäherung der nationalen Arbeitskräftestrukturen hinsichtlich der wichtigsten, bestimmenden Merkmale (das heißt der Merkmale, die den sich verstärkenden industriellen Charakter der beruflichen Zusammensetzung der Werktätigen zeigen und nicht nur die Erhöhung des Entwicklungsniveaus der Industrie berücksichtigen, sondern auch die Einführung industrieller Methoden in anderen Zweigen, die Zunahme des technischen Ausstattungsgrades sowie die Erhöhung des Konzentrationsgrades der nationalen Arbeit, ihrer Produktivität usw.).

Zweitens durch die Tendenz zur Herausbildung solcher Unterschiede in der zwischenzweiglichen und der Berufsstruktur der Beschäftigten der einzelnen Länder, wie sie für entwickelte nationale Wirtschaften möglich und nötig sind, die durch die größere Annäherung und Verflechtung hervorgerufen werden und die Bedürfnisse einer hocheffektiven internationalen Spezialisierung (zwischenzweiglichen und hauptsächlich innerzweiglichen Charakters) widerspiegeln. Diese Spezialisierung trägt dazu bei, daß jedes Land ein hohes Niveau der ökonomischen Entwicklung erreicht und basiert zugleich auf einem Niveau, das den Interessen aller beteiligten Länder entspricht. Diese internationale Spezialisierung spiegelt sich nur in relativ geringem Maße in der Zweigstruktur und der Berufsstruktur der Werktätigen der Volkswirtschaft der einzelnen Länder wider (um so mehr dafür in der Qualifikationsstruktur), und die durch sie hervorgerufene gewisse Differenzierung der nationalen Strukturen ist eine Differenzierung nicht nach den Hauptmerkmalen, sondern nach relativ zweitrangigen Merkmalen, die nicht mit wesentlichen Unterschieden im ökonomischen Entwicklungsstand der Länder verbunden sind.

Auf den ersten Blick mag es so scheinen, als handele es sich dennoch um entgegengesetzte Tendenzen. In Wirklichkeit wirken sie jedoch in einer Richtung auf die Schaffung einer modernen, hocheffektiven Beschäftigtenstruktur. Dabei dient die zweite Tendenz der Realisierung der ersten und schafft günstige Voraussetzungen für die erstere.

Die Umgestaltung der Wirtschaft entsprechend den Aufgaben, die sich aus der Verwirklichung der wissenschaftlich-technischen Revolution mit ihren wachsenden Anforderungen an den „menschlichen Faktor" ergeben, beschleunigt sich und setzt voraus, daß die im nationalstaatlichen Rahmen erfolgenden Anstrengungen jedes Landes mit den gemeinsamen Maßnahmen der Bruderländer kombiniert werden. Wichtig erscheinen vor allem folgende Richtungen solcher Maßnahmen:

– Zusammenarbeit bei der Ausarbeitung von Prognosen für die Nutzung der Arbeitskräfteressourcen der Bruderländer als ein Hauptelement der Prognosen ihrer sozialökonomischen Entwicklung auf der Grundlage der gemeinsamen Feststellung von allgemein bedeutsamen perspektivischen Tendenzen auf dem jeweiligen Gebiet und unter Berücksichtigung des Einflusses, den die weitere Vertiefung der sozialistischen ökonomischen Integration auf das Wachstumstempo und die Struktur der nationalen Wirtschaften ausüben wird;

– vertiefte Ausarbeitung jener Aspekte der Programme zur internationalen Spezialisierung und Kooperation der Produktion, zur Zusammenarbeit bei der Entwicklung von Wissenschaft und Technik, bei gemeinsamen Investitionen usw., die mit den Aufgaben der vollen und effektiven Nutzung der Arbeitskräfteressourcen jedes Landes verknüpft sind; das heißt Beachtung der Notwendigkeit, bei der Verwirklichung der Programme der internationalen ökonomischen Zusammenarbeit in einer Reihe von Fällen vorrangig und rechtzeitig die Fragen der Arbeitskräfte zu lösen;

– Austausch von Forschungsergebnissen, gemeinsame theoretische Ausarbeitung und gegenseitige Unterrichtung über die praktischen Erfahrungen der Bruderländer hinsichtlich einer Reihe von Kernproblemen der sozialökonomischen Entwicklung. Dazu gehören zum Beispiel das Problem der vollständigeren Nutzung des schöpferischen Potentials der sozialistischen Gesellschaft, das durch die Erhöhung des allgemeinen kulturellen und beruflichen Niveaus, des ideologischen Überzeugungsgrades und der Bewußtheit der Werktätigen usw. schnell wächst; das damit eng verbundene Problem der Herausbildung und Vervollkommnung eines Systems von Bedingungen und Stimuli, die gewährleisten, daß das sozialistische Prinzip „jeder nach seinen Fähigkeiten – jedem nach seinen Leistungen" verwirklicht wird; das Problem der Nutzung neuester Errungenschaften von Wissenschaft und Technik unter Berücksichtigung der physiologischen und psychologischen Möglichkeiten des Menschen, der Aufgaben zur Gewährleistung einer für den Menschen günstigen Umwelt usw.;

– Zusammenarbeit bei der Lösung des Problems, eine Berufs- und Qualifikationsstruktur der arbeitenden Bevölkerung zu schaffen, die den Anforderungen der wissenschaftlich-technischen Revolution gerecht wird. Eine solche Zusammenarbeit kann sich auf die Ausarbeitung von Zielen und Prinzipien erstrecken, aber auch auf die praktische Koordinierung der nationalen Programme für die Entwicklung der Ausbildungseinrichtungen und die Kaderausbildung unter Berücksichtigung der perspektivischen Möglichkeiten der internationalen Arbeitsteilung bei der Ausbildung und Qualifizierung von Spezialisten, insbesondere in den neuesten Wissenschaftszweigen und den Spezialisierungsbereichen, die keinen Massencharakter tragen, bis hin zur Schaffung eines internationalen Systems von Zentren für die Ausbildung und Qualifizierung von Fachleuten in den ausschlaggebenden Entwicklungsrichtungen von Wissenschaft und Technik.

Hauptinhalt der gegenseitigen Unterstützung der RGW-Länder bei der Vervollkommnung der Nutzung der Arbeitskräfteressourcen ist die Zusammenarbeit unmittelbar im Bereich der Produktion durch die Koordinierung der Volkswirtschaftspläne und Produktionsprogramme, die internationale Spezialisierung und Kooperation der Produktion. Daneben interessieren sich die Ökonomen der RGW-Länder für die Frage nach zweckmäßigen Möglichkeiten der Zusammenarbeit bei der Nutzung der Arbeitskräfte in Form einer zeitweiligen Migration von Werktätigen zwischen diesen Ländern. Unter Berücksichtigung der prinzipiellen Unterschiede im gesellschaftlichen Charakter, in den Ursachen und in den Formen einer zeitweiligen Umsetzung von Arbeitskräften zwischen den sozialistischen Ländern und der internationalen Migration der Arbeitskräfte in der kapitalistischen Welt können die RGW-Länder eine solche Umsetzung in bestimmten Grenzen dazu nutzen, gegenseitig die Lösung einer Reihe von volkswirtschaftlichen Problemen zu unterstützen. Im Sozialismus trägt diese Verlagerung von Arbeitskräften nicht den Charakter einer Emigration der Werktätigen zum Zwecke der Arbeitssuche. Sie ist ein Bestandteil der planmäßigen, organisierten wirtschaftlichen Zusammenarbeit, auf der Grundlage der gegenseitigen Hilfe und des gegenseitigen Vorteils, im Interesse einer höheren Effektivität der Volkswirtschaft in jedem der beteiligten Länder.[5]

In gewissem Grade kann eine solche Kooperation bei der Nutzung der Arbeitskräfteressourcen durch die Probleme des Ausgleichs der nationalen Arbeitskräftebilanzen bedingt sein. Dennoch werden diese Probleme in der Hauptsache durch eigene Anstrengungen jedes Landes gelöst, wobei die anderen Länder Unterstützung in Form von Zusammenarbeit auf den

[5] Ausführlicher s. Kapitel XII.

Gebieten der Produktion, des Handels und der Technik gewähren. Von größerer Bedeutung kann die Rolle der internationalen Migration dort sein, wo es um die Lösung bestimmter Produktionsaufgaben geht, die zum Beispiel mit der internationalen Nutzung der Erfahrungen bestimmter Baukollektive verbunden sind, mit der Rohstoffgewinnung in Ländern mit Arbeitskräftemangel, für den Export in Länder mit Arbeitskräfteüberschuß, die ihre Arbeitskräfte zur Rohstoffgewinnung entsenden können, usw.

Das wachsende Interesse verschiedener RGW-Länder für die Migrationsprobleme macht es erforderlich, die wissenschaftlichen Forschungen auf diesem Gebiet zu erweitern. In diesem Zusammenhang scheint es zweckmäßig, insbesondere folgende Probleme gemeinsam gründlicher auszuarbeiten:

1. die methodologischen Probleme bei der Feststellung der ökonomischen Effektivität der internationalen sozialistischen Migration der Arbeitskräfte für jede der Seiten;
2. die Prinzipien für die Verteilung des Mehrprodukts, das von den Arbeitern eines Landes in einem anderen Lande geschaffen wird, unter Berücksichtigung der Spezifik der Länder;
3. die rechtzeitige Interessenabstimmung der Länder hinsichtlich der Qualifikation und Qualifizierung der zweitweilig umgesetzten Arbeitskräfte sowie Fragen der Vergleichbarkeit der Anforderungen, die in den verschiedenen Ländern an Arbeiter mit einem bestimmten Beruf und einer bestimmten Qualifikation gestellt werden;
4. rationelle Wege zur Gewährleistung der materiellen Interessiertheit der Werktätigen, die in andere Länder entsandt werden, darunter in Länder mit gleichem oder niedrigerem Lebensstandard;
5. Fragen der Lohnüberweisung, der Zollbelastung usw. in bezug auf die konkreten Bedingungen der verschiedenen Länder.

Die sozialökonomische Entwicklung der RGW-Länder verläuft heute unter den Bedingungen der erreichten Vollbeschäftigung der Bevölkerung. Die Vollbeschäftigung ist eine der wichtigsten Errungenschaften der sozialistischen Gesellschaft. Sie widerspiegelt die Tatsache der Verwirklichung des Prinzips der Allgemeinheit der Arbeit, das die Arbeitspflicht aller arbeitsfähigen Bürger vorsieht, und zeugt von der Wirksamkeit der in den Jahren der Volksmacht geschaffenen sozialökonomischen Garantien des Rechts auf Arbeit. Die Gewährleistung dieses Rechts ist es auch, die das Wesen der Vollbeschäftigung ausmacht.

Vollbeschäftigung der Bevölkerung bedeutet die Einbeziehung der arbeitsfähigen Bevölkerung in die gesellschaftliche Produktion bis zu jenen Grenzen, die sich objektiv aus der Notwendigkeit ergeben, die anderen Bedürfnisse der Gesellschaft zu befriedigen (Hauswirtschaft, Ausbildung,

Dienst in den Streitkräften), und die in verschiedenen Etappen der gesellschaftlichen Entwicklung unterschiedlich sind (insbesondere in Abhängigkeit von dem sich verändernden Umfang der Funktionen, die für die Hauswirtschaft charakteristisch sind). Die Vollbeschäftigung beruht auf der Fähigkeit der sozialistischen Gesellschaft, einen Umfang von Arbeitsplätzen bereitzustellen, der nicht hinter der Anzahl der arbeitsfähigen Bevölkerung zurückbleibt, die in der gesellschaftlichen Produktion eingesetzt werden soll (unter Berücksichtigung der obengenannten Grenzen).

Die erreichte Vollbeschäftigung löst noch nicht das Problem, die Arbeitskräfteressourcen rationell zu nutzen; dazu bedarf es der Gewährleistung einer hohen Effektivität der gesellschaftlichen Arbeit. Dieser Aspekt der Nutzung der Arbeitskräfteressourcen rückt in der gegenwärtigen Entwicklungsetappe der RGW-Länder immer mehr in den Vordergrund. Die Gewährleistung der Vollbeschäftigung im Maßstab der gesamten Gesellschaft bedeutet nicht, daß damit die Entstehung gewisser zeitweiliger Teilprobleme auf diesem Gebiet völlig ausgeschlossen wird. Daraus ergibt sich die Notwendigkeit, Veränderungen in der Nutzung der Arbeitskräfteressourcen systematisch zu analysieren und rechzeitig Maßnahmen zur Lösung entstehender Probleme zu treffen. Gemeint sind die Aufrechterhaltung der Übereinstimmung zwischen Umfang und Struktur der Investitionen einerseits und dem natürlichen Zuwachs der arbeitsfähigen Bevölkerung andererseits, die Gewährleistung von Veränderungen in der territorialen Standortverteilung der Produktion, die sich zugunsten einer Nutzung der Arbeitskräftereserven auswirken, die planmäßige Regulierung des Umverteilungsprozesses der Beschäftigten im Verlauf des wissenschaftlich-technischen Fortschritts und dergleichen mehr. Beachtung erfordern auch die spezifischen Fragen der Arbeitsaufnahme der Jugend, die sich im Zusammenhang mit dem Ausscheiden einer gewissen Zahl von Schülern aus den oberen Klassen der allgemeinbildenden Schule, mit dem Überhang der Abiturientenzahl gegenüber der Anzahl der Studienplätze an den Hochschulen, mit Erscheinungen verstärkter Fluktuation der Jugend auf Grund von Mängeln bei der Berufswahl und der Berufsorientierung usw. ergeben können. An der Lösung dieser und ähnlicher Fragen wird in den RGW-Ländern konsequent gearbeitet.

Zu den aktuellen Problemen, vor denen die RGW-Länder stehen, gehört auch das Problem der weiteren Optimierung der Verteilung der arbeitsfähigen Bevölkerung auf die verschiedenen Tätigkeitsbereiche. Das betrifft vor allem die Verteilung auf solche Tätigkeitsbereiche wie die Beschäftigung in der Volkswirtschaft, die Ausbildung und die Hauswirtschaft.

In der gegenwärtigen Entwicklungsetappe verfügen die RGW-Länder über neue Möglichkeiten, die Nutzung der Arbeitskräfteressourcen weiter zu vervollkommnen und die sozialen Vorzüge ihrer Gesellschaftsordnung auf diesem Gebiet immer vollständiger zu realisieren. Heute wächst die Möglichkeit und verstärkt sich die Notwendigkeit, den Kreis der Kriterien für eine optimale Verteilung des Arbeitskräftepotentials der Gesellschaft zu erweitern. Gemeint ist vor allem die optimale Verbindung der Erfordernisse der gesellschaftlichen Produktion mit anderen gesellschaftlichen Interessen (zum Beispiel den Interessen der erweiterten Reproduktion der Bevölkerung) oder den Interessen einzelner Bevölkerungsgruppen (zum Beispiel die Sicherung günstiger Arbeitsbedingungen für Rentner usw.). Das kann insbesondere dadurch erreicht werden, daß die Bedingungen der Teilnahme einzelner Gruppen von Werktätigen an der gesellschaftlichen Produktion systematisch an die sich verändernden Möglichkeiten dieser Gruppen angepaßt werden (auf Wunsch verkürzter Arbeitstag für Frauen mit Kindern und Rentner; Schaffung der Voraussetzungen dafür, daß Werktätige, die das Rentenalter erreicht haben, an andere, weniger anstrengende Arbeitsplätze umgesetzt werden können usw.).

Die Zunahme des Beschäftigtengrades, für die es noch Möglichkeiten unter den Frauen im arbeitsfähigen Alter sowie unter den Rentnern beiderlei Geschlechts gibt, ist insgesamt als eine progressive Tendenz anzusehen, für die es auch in der Zukunft eine objektive Grundlage gibt (Übergang zur gesellschaftlich organisierten Produktion einer großen Zahl von Funktionen der Hauswirtschaft und Entwicklung kollektiver Formen zur Befriedigung der Alltagsbedürfnisse, Verbesserung des Gesundheitszustandes der Altersrentner und Verlängerung der Periode ihrer faktischen Arbeitsfähigkeit, Entwicklung eines Systems von Maßnahmen zur Wiedereingliederung von Invaliden in den Arbeitsprozeß usw.). Das bedeutet natürlich nicht, daß nicht auch gewisse negative Aspekte – Ursachen wie Folgen – des überaus hohen Wachstumstempos des Beschäftigtengrades unter den Frauen zu beobachten sind. (So kann sich insbesondere ein hoher Beschäftigtengrad der Frauen bei ungenügender Entwicklung des Dienstleistungsbereichs negativ auf die Geburtenrate auswirken.) In den RGW-Ländern werden Maßnahmen getroffen, solche negativen Erscheinungen zu überwinden. Zum Beispiel werden die Möglichkeiten der Frauen erweitert, eine bestimmte Zeit lang zur Pflege des neugeborenen Kindes die Berufstätigkeit zu unterbrechen, durch die Entwicklung von Dienstleistungsbetrieben werden Voraussetzungen für den Abbau der Überlastung der Frauen durch Berufstätigkeit und Hauswirtschaft geschaffen. Auch die Verbesserung der Rentenleistungen erlaubt es Personen im Rentenalter, in größerem Maße ihre physischen Möglichkeiten bei der Beantwortung der Frage zu berücksichtigen, ob sie weiterarbeiten wollen oder nicht.

Die weitere Optimierung der Nutzung der Arbeitskräfteressourcen unter Berücksichtigung der sich wandelnden Bedingungen der gesellschaftlichen Entwicklung kann in der Perspektive mit einigen neuen Tendenzen bei der Verteilung der arbeitenden Bevölkerung auf die obenerwähnten Tätigkeitsbereiche verbunden sein. Unter diesen Tendenzen sind auch solche zu erwarten, die sich in Richtung auf die Stabilisierung oder gar eine gewisse Senkung des Beschäftigtengrades der Bevölkerung auswirken werden. So kann sich der Anteil der Berufstätigen unter den Frauen auf einem relativ hohen Niveau stabilisieren, wobei dieses Niveau möglicherweise etwas niedriger sein kann, als es derzeit in einer Reihe von Ländern ist. (Hier spielen insbesondere die Erhöhung der Beihilfen für kinderreiche Familien eine Rolle, die Verbreitung der Zahlung von Unterstützung an Mütter von Kleinkindern in den RGW-Ländern usw.)

Kennzeichnend für die RGW-Länder ist der hohe Anteil der Studierenden an der Gesamtzahl der arbeitsfähigen Jugendlichen (der Anteil der außerhalb der Produktion Studierenden an der Gesamtzahl der Jugendlichen zwischen 16 und 24 Jahren erreichte 1970 in der UdSSR 43,79 Prozent, in Polen unter den Jugendlichen im Alter von 15 bis 24 Jahren 44,1 Prozent und in der DDR 56,8 Prozent)[6] sowie das progressive Verhältnis zwischen der Gesamtzahl der in der Volkswirtschaft Beschäftigten und der Zahl der Personen, die an irgendeiner Form der Ausbildung teilnehmen. Trotz der bevorstehenden Verringerung des Anteils der Jugendlichen an der arbeitsfähigen Bevölkerung ist eine Zunahme des Anteils der Lernenden zu erwarten, weil das durchschnittliche Ausbildungsniveau der Werktätigen in der Volkswirtschaft (in Ausbildungsjahren gemessen) nicht selten noch unzureichend ist, vor allem auf Grund des Ausbildungsniveaus der Arbeiter in den Massenberufen. In diesem Zusammenhang werden in den RGW-Ländern Maßnahmen getroffen, um eine allgemeine Mittelschulbildung zu gewährleisten, die Ausbildung von Arbeiterkadern in Berufsschulen höheren Niveaus zu erweitern und dergleichen mehr.

Wichtige Aufgaben werden von den RGW-Ländern auch auf dem Gebiet der Ausbildung von Spezialisten gelöst. Dazu gehören zum Beispiel die Klärung des rationellen Versorgungsgrades der verschiedenen Volkswirtschaftszweige mit Spezialisten sowie die Verbesserung der Planung für die Ausbildung solcher Spezialisten, ferner die Wahl zweckmäßiger Grenzen für die Spezialisierung unter Berücksichtigung der zunehmenden Be-

[6] Vgl. Narodnoe chozjajstvo SSSR v 1970 g., S. 627–697; Čislennost', razmeščenie, vozrastnaja struktura, uroven' obrazovanija, nacional'nyj sostav, jazyki i istočniki sredstv suščestvovanija naselenija SSSR, Moskau 1971, S. 17; Statistisches Jahrbuch der DDR 1971, S. 367, 369, 375 und 382; Rocznik Statistyszny 1971, S. 84, 472, 482 und 491.

deutung von Spezialisten mit breiter angelegten Fachkenntnissen. Im Verlauf dieser Arbeit wird immer mehr berücksichtigt, daß die volkswirtschaftlichen Erfordernisse zur erweiterten Spezialistenausbildung erheblich herabgesetzt werden können, wenn die vorhandenen großen Möglichkeiten eines effektiveren Einsatzes der Spezialisten genutzt werden.

Bei der Erweiterung der Ausbildung von Spezialisten berücksichtigen die RGW-Länder die Notwendigkeit, die Maßstäbe, aber auch die verschiedenen Formen und Richtungen dieses Prozesses besser zu fundieren. In Rechnung gestellt wird dabei die Bedeutung der Übereinstimmung zwischen der Zunahme der Anzahl der Spezialisten und den tatsächlichen Bedürfnissen der Volkswirtschaft, die Bedeutung der Gewährleistung einer gründlichen Berufsausbildung bei Verlängerung der allgemeinen Ausbildungsdauer der Jugend, die wünschenswerte Nutzung aller Möglichkeiten zur Verbesserung des Ausbildungsprozesses in Richtung auf eine Verkürzung des Lernzeitraumes (frühere Einschulung, kürzere Studienzeiten an den Hochschulen) und anderes.

Zunehmende Beachtung findet in den RGW-Ländern auch das Problem, Personen im Rentenalter in die gesellschaftliche Produktion einzubeziehen. Die Frage, in welchem Umfang in Zukunft diese Reserve zur Vergrößerung der Beschäftigtenzahl genutzt werden kann, gehört zu den am meisten diskutierten. Uns scheint, daß die Tendenz zur Verminderung des Anteils der Beschäftigten unter den Rentnern, die sich vor einer Reihe von Jahren unter den Bedingungen der Verbesserung des Systems der Rentenleistungen zeigte, für den Perspektivzeitraum nicht gesetzmäßig ist. Die Voraussetzungen für ein Ansteigen des Beschäftigtengrades dieses Personenkreises werden in der Zukunft in höherem Maße vorhanden sein. Es ist zum Beispiel offensichtlich, daß ein Teil der Personen im Rentenalter durch ihre Arbeit in der Hauswirtschaft und bei der Versorgung der Kinder lediglich die Unterentwicklung der Dienstleistungssphäre kompensiert und daß die Entwicklung dieser Sphäre die Notwendigkeit des Einsatzes der Rentner in der Hauswirtschaft einschränken wird. Es ist jedoch daran zu denken, daß die Weiterbeschäftigung von Rentnern an ihren früheren Arbeitsplätzen nicht immer den volkswirtschaftlichen Interessen entspricht und daß es immer häufiger erforderlich ist, andere Bereiche und Formen zu finden, um die Kräfte und Erfahrungen der Rentner in der gesellschaftlichen Produktion zu nutzen.

Wie kein anderes volkswirtschaftliches Problem besitzt die Verbesserung der Nutzung der Arbeitskräfteressourcen einen besonders deutlich ausgeprägten sozialen Aspekt. Dieser Umstand wird von den RGW-Ländern sowohl bei der Ausarbeitung der konkreten Zielstellungen einer solchen Verbesserung als auch bei der Gestaltung der Mechanismen zu ihrer Erreichung sorgfältig berücksichtigt. Die Maßnahmen zur besseren Nutzung der Arbeitskräfteressourcen sollen einerseits die Verwirklichung solcher Möglichkeiten zur Effektivitätssteigerung der Produktion stimulieren, wie sie mit der Freisetzung eines Teils der Beschäftigten in den Betrieben verbunden sind. Dadurch ist eine rationellere Verteilung der Arbeitskraft in der Volkswirtschaft zu erreichen und durch die rationellere Nutzung des Arbeitstages und ähnliches ist das Intensitätsniveau der Arbeit zu verbessern. Andererseits sollen die Aufrechterhaltung der Vollbeschäftigung, die Verbesserung der Arbeitsbedingungen und der Erholung sowie die Anhebung des Wohlstands aller Schichten der Werktätigen gewährleistet werden.

Bei der Lösung des Problems einer besseren Nutzung der Arbeitskräfteressourcen gehen die RGW-Länder davon aus, daß das Wachstum der ökonomischen Effektivität im Sozialismus in erster Linie dazu bestimmt ist, die wachsenden Bedürfnisse der Gesellschaft zu befriedigen und die Bedingungen für eine allseitige Entwicklung der Persönlichkeit zu gewährleisten. Die sozialistische Gesellschaft schließt darum solche Wege und Methoden zur Effektivitätssteigerung der Produktion aus, die mit den in jeder Etappe zu lösenden sozialen Aufgaben unvereinbar sind. Sie räumt der Lösung eines weiten Kreises von sozialökonomischen und politischen Problemen Priorität ein und kann, wenn nötig, gewisse konkrete Aufgaben zur Effektivitätssteigerung der Produktion zurückstellen, wenn sie in einen bestimmten Widerspruch zu den ersteren geraten.

Es ist jedoch wichtig hervorzuheben, daß in der gegenwärtigen Etappe die Gründe für eine solche Gegenüberstellung immer häufiger entfallen und sich die Möglichkeit erhöht, den Kampf für eine höhere ökonomische Effektivität der Produktion zu verstärken. Im Zentrum der Aufmerksamkeit der kommunistischen und Arbeiterparteien der RGW-Länder steht die Aufgabe: systematisch solche Wege und Methoden zur Erhöhung der ökonomischen Effektivität der Produktion zu finden, die einerseits wirksam genug sind und andererseits eine allseitige Berücksichtigung der sozialen Aufgaben der gesellschaftlichen Entwicklung, die Berücksichtigung der Interessen der verschiedenen Gruppen von Werktätigen usw. garantieren. Im Hinblick auf die Problematik der Arbeitskräfteressourcen heißt das: Der konsequente Kurs auf die Sicherung der Vollbeschäftigung darf nicht zur Konservierung der hergebrachten Arbeitskräfteverteilung auf die Zweige und Betriebe führen, sondern setzt Planmäßigkeit und Organisiertheit der notwendigen Umverteilung der Arbeitskräfte zwischen den Betrieben, die Berücksichtigung ihrer materiellen Interessen usw. voraus.

Große Bedeutung gewinnt in diesem Zusammenhang die Einrichtung eines Systems zur rechtlichen Regelung und materiellen Sicherstellung der Freisetzung und des Wiedereinsatzes der Arbeitskräfte. Die Schaffung und das Funktionieren eines solchen Systems wird zu einer der wichtigsten Formen, in denen sich die planende und organisierende Rolle des sozialistischen Staates bei der Entwicklung der Ökonomie verwirklicht. Der objektiv notwendige Prozeß der Neuverteilung der Werktätigen bei der Umgestaltung der Produktion und der Vervollkommnung der Methoden der sozialistischen Wirtschaftsführung, der sich in den nächsten Jahrzehnten immer breiter entfalten wird, wird auf einer harmonischen Verbindung zwischen den Erfordernissen der ökonomischen Effektivitätssteigerung und den Grundsätzen der Sozialpolitik der sozialistischen Gesellschaft beruhen. Eine Bedingung dafür ist die Befreiung der Betriebe von ihnen faktisch auferlegten gewissen Funktionen zur Sicherung der Vollbeschäftigung der Bevölkerung sowie eine wirksame Stimulierung der Steigerung der Arbeitsproduktivität und der Arbeitskräfteeinsparung. Die anderen Bedingungen sind: die rechtzeitige Berücksichtigung der freiwerdenden Arbeitskräfte in den Volkswirtschaftsplänen sowie die Schaffung der nötigen Arbeitsplätze (insbesondere die Sicherstellung von Reservemöglichkeiten der Arbeitsaufnahme in jenen Zweigen, wo dies ohne wesentliche Investitionen möglich ist); die Einhaltung minimaler Fristen zwischen der Freisetzung des Werktätigen und der Aufnahme der neuen Arbeit (wie sie sich zum Beispiel aus der Dauer eines Umschulungskurses ergeben); die umfassende Nutzung der Umsetzungsprozesse zur Verbesserung der Berufs- und Qualifikationsstruktur der Arbeitskräfte; ausreichende Maßnahmen zur materiellen Sicherstellung der umzusetzenden Werktätigen und anderes mehr. Von erheblicher Bedeutung ist ferner, daß auch bei der Gewährleistung der Arbeitsaufnahme betroffener Werktätiger die Forderungen nach ökonomischer Effektivität beachtet werden.

Die Neuverteilung der Arbeitskraft setzt also in erster Linie voraus, daß der sozialistische Staat alle Möglichkeiten dazu nutzt, um durch die zentralisierte Leitung der Wirtschaft erstens die Entstehung unregulierter Freisetzungsprozesse von Arbeitskräften zu vermeiden, die zu Schwierigkeiten bei der Wiederbeschäftigung führen, und zweitens die Übereinstimmung zwischen der Anzahl der neuen Arbeitsplätze und der Gesamtzahl der freigesetzten und der neu in die Produktion eintretenden Arbeitskräfte zu gewährleisten. Im Verlauf der Umwandlung der existierenden verborgenen Arbeitskräftereserven der Betriebe in effektiv funktionierende Arbeitskräfte in diesem oder einem anderen Betrieb (in der Zukunft wird offenbar das letztere typischer sein) wird es möglich werden, noch umfassender sowohl die Erfordernisse der ökonomischen Effektivität als auch die sozialen Aufgaben zu berücksichtigen.

Die sozialistische Gesellschaft zeichnet sich gesetzmäßig durch die engste Wechselbeziehung zwischen der Erhöhung der ökonomischen

Effektivität bei der Nutzung der Arbeitskräfteressourcen einerseits und der allseitigen Verbesserung der Reproduktionsbedingungen der Arbeitskraft andererseits aus. Diese Wechselbeziehung wird in der gegenwärtigen Etappe noch stabiler. Sie besitzt zwei Aspekte, deren Vorhandensein immer offensichtlicher wird. Erstens folgt die Verbesserung des materiellen und kulturellen Niveaus der Werktätigen unmittelbarer auf die Erweiterung der gesellschaftlichen Produktion. Die dem Sozialismus eigenen Möglichkeiten, die Vergrößerung des Nationalreichtums organisch mit einer immer vollständigeren Realisierung der Errungenschaften der materiellen Produktion für das Wachstum der individuellen und gesellschaftlichen Konsumtion zu verbinden, haben sich in der gegenwärtigen Etappe beträchtlich erweitert. Zweitens wird die vollständigere Realisierung der Errungenschaften der materiellen Produktion für die Zunahme der individuellen und gesellschaftlichen Konsumtion zu einer noch unumgänglicheren Bedingung für den weiteren Aufschwung der Produktivkräfte.

Zugleich wächst für die Gesellschaft die Notwendigkeit, diese gesetzmäßige Wechselbeziehung stärker zu berücksichtigen und den sozialökonomischen Mechanismus ihrer Verwirklichung immer besser zu beherrschen. In diesem Zusammenhang vermehren die RGW-Länder einerseits ihre Anstrengungen, um solche wirtschaftlichen Lösungen zu finden, die volkswirtschaftlichen Proportionen so zu gestalten und eine solche Dynamik der qualitativen Kennziffern der gesellschaftlichen Produktion zu gewährleisten, daß ein kontinuierliches und stabiles Wachstum des Fonds der Konsumtion und der nichtproduktiven Akkumulation erreicht wird, das dem Wachstum des Aufwands an gesellschaftlicher Arbeit entspricht, es in bestimmten Perioden sogar übertreffen kann. Andererseits streben die RGW-Länder danach, daß die Maßnahmen zur Erhöhung des Lebensniveaus die Erweiterung des Umfangs der gesellschaftlichen Produktion nicht einfach begleiten, sondern auch eine aktive Rolle für den Fortschritt der Volkswirtschaft spielen und jeden Werktätigen wirksam stimulieren.

Die sozialökonomische Politik der kommunistischen und Arbeiterparteien der RGW-Länder trägt zur immer konsequenteren Verwirklichung solcher Prinzipien des Sozialismus bei wie der vollen und effektiven Beschäftigung der arbeitsfähigen Bevölkerung, der Entwicklung und Verwirklichung aller Fähigkeiten der Werktätigen zum Wohle der Gesellschaft, der Vervollkommnung der Verteilung nach der Arbeitsleistung usw. Und das besitzt seinerseits außerordentliche Bedeutung nicht nur für die Entwicklung der gesellschaftlichen Produktion, sondern auch für die weitere ideologisch-politische Festigung der Gesellschaft, die Hebung der sozialistischen Moral sowie für die Herausbildung und Vervollkommnung der sozialistischen Lebensweise überhaupt.

KAPITEL II

Probleme der Ausstattung der Volkswirtschaft der RGW-Länder mit Arbeitskräfteressourcen

Eine der wichtigsten Richtungen der sozialökonomischen Politik der kommunistischen und Arbeiterparteien der Mitgliedsländer des RGW ist die Durchführung von Maßnahmen, die sich auf die Gewährleistung des weiteren wirtschaftlichen Aufschwungs ihrer Länder insbesondere durch die vollständigere und rationellere Nutzung der Arbeitskräfteressourcen richten. Die Lösung dieser Aufgabe heute und besonders in der Perspektive wird erschwert durch die Spezifik der demographischen und ökonomischen Entwicklung dieser Länder. Die kommunistischen und Arbeiterparteien der RGW-Länder richten ihre Aufmerksamkeit besonders auf die Lösung einer bestimmten Nichtübereinstimmung zwischen der in vielen Fällen entstandenen Praxis, bei der Ausweitung des Produktionsumfangs weitgehend die Zunahme der Beschäftigtenzahl zu nutzen, sowie der bevorstehenden und objektiv bedingten Verringerung der Möglichkeiten, die Anzahl der Arbeitskräfte zu vergrößern.

Zur Beseitigung dieser Nichtübereinstimmung wird in den RGW-Ländern verstärkt daran gearbeitet, ein wirksames System zur Stimulierung der Einsparung von Arbeitskräften zu schaffen und die planmäßigen, organisatorischen sowie anderen sozialen und materiellen Bedingungen für den Übergang zu einer weitgehenden Umverteilung der Beschäftigten mittels eines effektiven Programms von Maßnahmen zur Arbeitskräfteeinsparung zu gewährleisten. Das betrifft nicht nur die Länder, in denen beträchtliche Möglichkeiten zur Deckung des zusätzlichen Arbeitskräftebedarfs der Volkswirtschaft vorhanden waren oder sind, sondern auch jene Länder, in denen bereits seit einer Reihe von Jahren ein Arbeitskräftedefizit spürbar ist.

Die bevorstehende Verringerung der Möglichkeiten zur Vergrößerung der Beschäftigtenzahl in der Volkswirtschaft und insbesondere in der Sphäre der materiellen Produktion könnte zu einem Hindernis für das Produktionswachstum werden. Das bislang erreichte Wachstumstempo der Produktion ist in beträchtlichem Maße durch die Vergrößerung der Beschäftigtenzahl erzielt worden. Auf diese Quelle der Produktionserweiterung gingen in den Jahren 1966 bis 1970 in der VRP 39 Prozent des Zuwachses der industriellen Nettoproduktion zurück, in der UVR 32 Prozent, in der VRB und der SRR 27 Prozent, in der ČSSR 19 Prozent und in der DDR 6 Prozent. Im selben Jahrfünft wurde durch die Zunahme der Beschäftigtenzahl in der DDR 60 Prozent des Zuwachses der Nettoproduktion des Bauwesens erzielt, in der UVR 49 Prozent, in der VR Polen – 45 Prozent, in der ČSSR 38 Prozent und in der VRB und der SRR 35 Prozent. Beachtung verdient auch die Tatsache, daß die Bedeutung der Erhöhung der Beschäftigtenzahl für die Sicherung des Zuwachses an Nationaleinkommen in den Jahren von 1966 bis 1970 gegenüber dem vorangegangenen Jahrfünft (1961 bis 1965) nur in der PVR, der UdSSR und der ČSSR abgenommen hat.

Die Aufgaben der Entwicklungspläne der Volkswirtschaft für die Jahre 1971 bis 1975 zeugen davon, daß sich viele RGW-Länder mehr als im vorangegangenen Jahrfünft auf die Verringerung des Anteils der Erhöhung der Beschäftigtenzahl an der Sicherung des geplanten Produktionszuwachses, insbesondere in der Industrie, orientieren. So wird in der VRB der Anteil dieses Faktors am Zuwachs der industriellen Bruttoproduktion von 32 Prozent in den Jahren von 1966 bis 1970 auf annähernd 25 Prozent in den Jahren von 1971 bis 1975 sinken, in der URV entsprechend von 38 auf 20 bis 25 Prozent und in der ČSSR von 17 auf 11 Prozent. In der DDR wird wie vorher praktisch der gesamte Zuwachs der Industrieproduktion durch Steigerung der Arbeitsproduktivität erzielt werden.

Dennoch wird auch im laufenden Fünfjahrplan in einer Reihe von Ländern die Erweiterung der Produktion in beträchtlichem Maße auf der relativ breiten Nutzung einer solchen Quelle wie der Vergrößerung der Beschäftigtenzahl beruhen. Das trifft besonders auf die VR Polen und der SR Rumänien zu. So wird der Anteil des Beschäftigtenfaktors am Zuwachs der Industrieproduktion in der PVR von 35 Prozent im abgelaufenen Fünfjahrplan auf 37 Prozent im Planzeitraum 1971 bis 1975 steigen, in der SR Rumänien von 30 Prozent auf 38 bis 46 Prozent.

Was den Zuwachs an Nationaleinkommen angeht, so wird eine wesentliche Verringerung des Anteils, der durch die Vergrößerung der Beschäftigtenzahl erzielt wird, nur in der ČSSR geplant, und zwar eine Verringerung von 10 Prozent im abgelaufenen Fünfjahrplan auf 5 Prozent in den Jahren von 1971 bis 1975. In den übrigen Ländern wird der Anteil des Beschäftigtengrades am Zuwachs des Nationaleinkommens annähernd auf dem Stand des vorigen Fünfjahrplans bleiben.

Bei ihren verstärkten Anstrengungen zur Intensivierung der Produktion planen die RGW-Länder, die Rolle der Zunahme des Beschäftigtengrades bei der Erweiterung der Produktion allmählich abzubauen, wobei sie entsprechende Erfahrungen sammeln. Dabei wird berücksichtigt, daß ohne die Schaffung von sozialökonomischen Bedingungen, die den Kampf um die Einsparung von Arbeitskräften stimulieren, die Maßnahmen zur technischen Neuausstattung der Produktion sich nur unzureichend auf den effektiven Einsatz der Arbeitskräfte auswirken werden. Der laufende Fünfjahrplan wird ein wichtiger Schritt voran bei der Schaffung der Voraussetzungen dafür sein, diese Aufgabe auf breiterer Front im Zeitraum nach 1975 zu lösen, das heißt dann, wenn es in den meisten Ländern zu einer besonders spürbaren Verringerung der Möglichkeiten kommen wird, die Beschäftigtenzahl zu erhöhen.

Die Möglichkeiten zur Vergrößerung der Beschäftigtenzahl in der nächsten Zukunft hängen vor allem von der Dynamik der Zahl der Bevölkerung im arbeitsfähigen Alter ab (obwohl natürlich die Veränderungen in der Arbeitskräftebilanz keineswegs ausschließlich durch demographische Faktoren bestimmt werden, da auch den sozialökonomischen Faktoren große Bedeutung zukommt). Die Größe des Wachstums der Zahl der im arbeitsfähigen Alter stehenden Bevölkerung für den Zeitraum bis 1990 ist durch die gegenwärtige demographische Situation bereits im allgemeinen vorgezeichnet.

Tabelle 1

Durchschnittliches jährliches Wachstumstempo der Zahl der arbeitsfähigen Bevölkerung (prozentual, auf der Grundlage der nationalen Prognosen)

RGW-Länder	1971–1975	1976–1980	1981–1985	1986–1990
VRB	0,7	0,3	–0,2	–0,2
UVR	0,6	0,05	–0,2	...
VRP	1,8	1,4	0,65	0,35
SRR	0,8	1,1	0,7	0,7
ČSSR	0,8	0,5	0,15	0,4

Quelle: Problemy truda, Nr. 6/1970.

In den Jahren von 1971 bis 1975 kommt die Jugend der Jahrgänge 1955 bis 1959 ins arbeitsfähige Alter sowie, wenn man die verlängerten Ausbildungsfristen berücksichtigt, die Jugend der Jahrgänge 1952 bis 1957. Das sind Jahrgänge, die zu einer Zeit geboren wurden, als die Tendenz zur einschneidenden Verringerung der Geburtenrate gerade erst sichtbar wurde. Von 1975 an wird sich das Bild von Grund auf verändern. In den Jahren von 1976 bis 1990 treten die in den sechziger und zu Anfang der siebziger Jahre geborenen Jugendlichen ins arbeitsfähige Alter. Zu dieser Zeit war ungeachtet einiger Schwankungen für alle RGW-Länder die Tendenz zur Verringerung der Geburtenrate charakteristisch.

Insgesamt gesehen wird das Zuwachstempo der arbeitsfähigen Bevölkerung der RGW-Länder in den Jahren 1971 bis 1975 etwas höher als in den Jahren 1966 bis 1970 sein. Dabei bleiben spürbare Unterschiede im Wachstumstempo der arbeitsfähigen Bevölkerung zwischen den RGW-

Ländern erhalten – von 1,8 Prozent (VR Polen) bis zu 0,6 Prozent (VR Ungarn).

Mit dem Auslaufen des gegenwärtigen Fünfjahrplans wird das Wachstumstempo der arbeitsfähigen Bevölkerung spürbar geringer werden. Für die RGW-Länder insgesamt wird es in den Jahren von 1976 bis 1980 unter dem Wachstumstempo sowohl der Jahre 1971 bis 1975 als auch der Jahre 1966 bis 1970 liegen und in den Jahren 1981 bis 1990 auf zwei Fünftel des Wachstumstempos der Jahre 1976 bis 1980 sinken. Nach wie vor wird es beträchtliche Unterschiede im Wachstumstempo der arbeitsfähigen Bevölkerung zwischen den einzelnen Ländern geben.

Die europäischen RGW-Länder werden also vor allem aus demographischen Gründen im Zeitraum nach 1976 vor dem Problem stehen, daß sich das Angebot von Arbeitskräften, besonders der jüngeren Jahrgänge, vermindert.

Eine wichtige Rolle bei der Versorgung der Volkswirtschaft mit Arbeitskräften spielen auch Veränderungen im Grad der Arbeitsaktivität der Bevölkerung. Die Dynamik des Grades der Arbeitsaktivität der Bevölkerung der RGW-Länder wird im betrachteten Zeitraum von Faktoren widersprüchlichen Charakters bestimmt werden. Einerseits ist zu erwarten, daß der Beschäftigtengrad der Bevölkerung, obwohl er bereits heute in den RGW-Ländern sehr hoch ist, in der nächsten Zukunft unter dem Einfluß einer Reihe von demographischen, ökonomischen und sozialen Faktoren weiter zunehmen wird.[1]

Der wichtigste dieser demographischen Faktoren ist der nach dem Krieg höchste Zuwachs an Zwanzig- bis Fünfundzwanzigjährigen, der Altersgruppe mit der höchsten Arbeitsaktivität (dieser Faktor wird besondere Bedeutung für die Jahre 1971 bis 1975 besitzen, in den folgenden Jahren aber allmählich gleich Null werden). Es erfolgt auch eine gewisse Verbesserung der Geschlechtsstruktur der Bevölkerung, im Vergleich zur vorhergehenden Periode wird ein größerer Teil der arbeitsfähigen Bevölkerung aus Männern bestehen. In Richtung auf die Erhöhung des Grades der Arbeitsaktivität wirkt schließlich die Tendenz zur Verkleinerung der Familie, die unserer Ansicht nach in der bevorstehenden Periode nicht völlig überwunden werden wird.

Zur Erhöhug des Niveaus der Arbeitsaktivität der Bevölkerung werden auch eine Reihe von sozialökonomischen Faktoren beitragen, deren Einfluß im bevorstehenden Zeitraum zunehmen wird. Zu diesen Faktoren gehören:

[1] Es muß angemerkt werden, daß vor allem der Beschäftigtengrad der Frauen gemeint ist. Der Beschäftigtengrad der männlichen Bevölkerung in den RGW-Ländern hat praktisch bereits das Maximum erreicht.

– *Veränderungen in der Zweigstruktur.* Sie können das Niveau der Arbeitsaktivität der Bevölkerung, besonders der Frauen und der im Rentenalter stehenden Personen, wesentlich beeinflussen. Die Erweiterung der Dienstleistungssphäre und die Entwicklung der Leichtindustrie werden die Erhöhung des Niveaus der Arbeitsaktivität bei Frauen und im Rentenalter stehenden Personen begünstigen;

– *Erhöhung des Arbeitslohnes,* insbesondere für die Berufstätigen der niedrigen und mittleren Entlohnungskategorien; sie wird zu einer Vergrößerung des Angebots an nichtqualifizierten und wenigqualifizierten Arbeitskräften führen;

– *verstärkte Interessiertheit* der Familien an zusätzlichem Einkommen infolge der Erweiterung des Sortiments und der Erhöhung der Qualität der Waren, besonders infolge der zunehmenden Verbreitung von langlebigen Konsumgütern;

– *Entwicklung des Bildungssystems und Erhöhung des Bildungsniveaus der Bevölkerung* wirken auf den Beschäftigtengrad in zwei Richtungen. Einerseits vermindert das Wachstum der Anzahl der in der Ausbildung stehenden Personen arbeitsfähigen Alters den Grad der Arbeitsaktivität der Altersgruppen von 15 bis 19 und von 20 bis 24 Jahren. Insgesamt wirkt sich jedoch ein höheres Bildungsniveau der Bevölkerung positiv auf die Erhöhung der Arbeitsaktivität aus. Besonders groß ist der Einfluß des Bildungsniveaus auf den Beschäftigtengrad bei den älteren Jahrgängen und bei den Frauen. Der Einfluß dieses Faktors wird in Zukunft zunehmen.

Andererseits kann man im betrachteten Perspektivzeitraum, insbesondere in seiner zweiten Hälfte, in einer Reihe von Ländern eine Stabilisierung oder sogar Verringerung des Grades der Arbeitsaktivität der weiblichen Bevölkerung erwarten. So kann es offensichtlich etwa von 1980 an auf Grund der aktiven Bevölkerungspolitik (insbesondere durch die Gewährung von Urlaub an die Frauen zur Erziehung und Pflege der Kinder) in den meisten Ländern zu einer Stabilisierung des Beschäftigtengrades der weiblichen arbeitsfähigen Bevölkerung bei etwa 80 Prozent kommen.

Das alles zeigt, daß die Rolle, die die Erhöhung des Grades der Arbeitsaktivität der Bevölkerung bei der Vergrößerung der Arbeitskräftequellen spielt, in den RGW-Ländern in Zukunft nur unbedeutend sein wird.

Die bevorstehende Einengung der Arbeitskräftequellen in den europäischen RGW-Ländern wirft auch eine ganze Reihe von Problemen auf dem Gebiet des Einsatzes der Arbeitskräfteressourcen auf. Die Lösung dieser Probleme muß bereits im laufenden Fünfjahrplan entsprechend vorbereitet werden.

Dabei verspüren die RGW-Länder, wie schon ausgeführt wurde, bereits heute eine Verknappung der Arbeitskräfte, obwohl es hinsichtlich der Dringlichkeit dieses Problems zwischen ihnen merkliche Unterschiede gibt. Ein allgemeines Arbeitskräftedefizit, das die gesamte Volkswirtschaft betrifft, ist für die DDR und die ČSSR charakteristisch. In diesen Ländern gibt es gegenwärtig praktisch keinen Industriebetrieb und kein Bauobjekt, in denen kein Arbeitskräftebedarf besteht. Weit verbreitet sind Erscheinungen des Arbeitskräftemangels (sowohl in zweiglicher als auch in territorialer Hinsicht) in der VRB, der UVR, der MVR und der UdSSR. Diese Länder verspüren die Verknappung der Arbeitskräfte besonders in den Großstädten und bei neuen Objekten. Verhältnismäßig besser mit Arbeitskräfteressourcen versorgt sind die Volkswirtschaften der VRP und der SRR. Eine solche Einteilung der Länder in drei Gruppen nach der Situation der Arbeitskräftebilanz ist freilich in gewisser Weise nur bedingt zutreffend. So tendiert zum Beispiel die UVR in starkem Maße zu den Ländern der ersten Gruppe. In der VRB, der MVR und der UdSSR gibt es neben Regionen, in denen ein Arbeitskräftedefizit zu beobachten ist, auch Regionen und Zweige, die ausreichend mit Arbeitskräfteressourcen versorgt sind. Außerdem verfügen diese Länder über potentielle Möglichkeiten, die Anzahl des in der Landwirtschaft tätigen Bevölkerungsteiles zu verringern. Die Spezifik der Situation auf dem Gebiet der Arbeitskräfteressourcen in der VR Polen besteht im laufenden Jahrzehnt (bis 1980) in einem hohen Wachstumstempo der arbeitsfähigen Bevölkerung. Im laufenden Fünfjahrplan müssen in den nichtlandwirtschaftlichen Zweigen 1,7 bis 1,8 Millionen neue Arbeitsplätze geschaffen werden, im folgenden Fünfjahrplan etwas mehr als eine Million. In der SR Rumänien sind erhebliche Arbeitskräftereserven in der Landwirtschaft (auf sie entfielen 1970 44,2 Prozent aller Berufstätigen) und in der Hauswirtschaft (Frauen stellen nur 32,2 Prozent der Gesamtzahl der Arbeiter und Angestellten in der SRR) vorhanden.[2]

Aber auch in der VR Polen und der SR Rumänien steht wie in den anderen RGW-Ländern eine Verringerung des Wachstumstempos der Zahl der arbeitsfähigen Bevölkerung bevor (zum Beispiel wird der Zuwachs der arbeitsfähigen Bevölkerung in der VR Polen in den Jahren 1981 bis 1990 nur 1,2 Millionen betragen).

Die sich häufenden Erscheinungen des Arbeitskräftedefizits und andere Gründe zwingen die RGW-Länder, die Bemühungen um die Einbeziehung von arbeitsfähigen Frauen und Altersrentnern in die gesellschaftliche Produktion zu verstärken. Alle vorliegenden nationalen Prognosen des Beschäftigtengrades der Bevölkerung bis hin zum Zeitraum 1980–1990

[2] 1972 betrug der Anteil der Frauen an der Gesamtzahl der Arbeiter und Angestellten in der UdSSR 51,1%, in der DDR 49,6%, in der ČSSR 46,9%, in der VRB 44,2%, in der UVR 42,2%, in der MVR 41,4% und in der VRP 43,3%. Vgl. Statističeskij ežegodnik stran-členov SĖV, Moskau 1973, S. 37f.

zeigen, daß die sozialistischen Länder entweder eine Erhöhung des Grades der Arbeitsaktivität der Frauen oder seine Stabilisierung auf dem erreichten relativ hohen Niveau vorsehen.

Die der gegenwärtigen Entwicklungsetappe der Produktivkräfte eigene Tendenz zur Erhöhung des Beschäftigtengrades der Frauen hat sich unter den Bedingungen des sozialistischen Aufbaus in den RGW-Ländern besonders deutlich ausgeprägt. Die gewaltige volkswirtschaftliche Bedeutung der Frauenarbeit, die eine der Grundbedingungen für die Entwicklung der gesellschaftlichen Produktion darstellt, kann heute kaum überschätzt werden.

Die RGW-Länder berücksichtigen jedoch in zunehmendem Maße auch die sozialökonomischen Probleme, die sich aus dieser Situation ergeben und sich entsprechend der Erhöhung des Beschäftigtengrades der Frauen zuspitzen. Der erreichte Grad der Frauenbeschäftigung ist bereits zu einem Faktor geworden, der zusammen mit anderen Faktoren zu einem starken Absinken der Geburtenrate geführt hat.

Immer dringlicher stellt sich deshalb den RGW-Ländern die Frage, wie Bedingungen dafür geschaffen werden können, die Teilnahme der Frau an der gesellschaftlichen Arbeit und die Erfüllung ihrer Aufgaben als Mutter und der anderer familiärer Pflichten optimal zu verbinden.

Wie die Erfahrungen der meisten RGW-Länder zeigen, führt die Stimulierung des Beschäftigtengrades der Rentner bestenfalls zu einer Stabilisierung ihres Anteils an der Gesamtzahl der Berufstätigen.

Eine der am meisten diskutierten Fragen in den RGW-Ländern ist gegenwärtig die Frage, in welchem Umfang in der Perspektive eine solche Reserve für die Vergrößerung der Beschäftigtenzahl wie die Einbeziehung der Altersrentner in die gesellschaftliche Produktion genutzt werden kann, denn die Tendenz zum Defizit an Arbeitskräfteressourcen erhöht die Bedeutung der Einbeziehung von Altersrentnern in die gesellschaftliche Produktion als eines Faktors zur Sicherstellung der nötigen Zunahme der Beschäftigtenzahl in einzelnen Volkswirtschaftszweigen und Produktionsbereichen.

Nicht geringere Bedeutung besitzt auch der soziale Aspekt des Problems. Die Möglichkeit, die Arbeit unter annehmbaren Bedingungen fortzusetzen, trägt häufig zur Verlängerung des Lebens und zur Erhaltung der Arbeitsfähigkeit älterer Menschen bei, bestärkt sie im Vertrauen auf die eigenen Kräfte usw. Dieser Aspekt ist besonders wichtig, wenn man berücksichtigt, daß die Gesellschaft immer stärker mit den sozialökonomischen Folgen des fortschreitenden Alterungsprozesses der Gesellschaft konfrontiert werden wird.

Der Grad der Beteiligung von Personen im Rentenalter an der gesellschaftlichen Produktion wird in der Perspektive offensichtlich dadurch bestimmt sein, in welchem Maße die staatlichen Maßnahmen zur Stimulierung der Arbeit von Rentnern imstande sein werden, der aufgetretenen Tendenz zur Verringerung des Beschäftigtengrades dieses Personenkreises entgegenzuwirken. Er wird ferner vom Versorgungsgrad der Volkswirtschaft mit Arbeitskräften abhängen. Wenn die Arbeitskräfteressourcen nicht ausreichen, dann wird die Gesellschaft um eine immer effektivere Stimulierung der Beteiligung der älteren Jahrgänge an der gesellschaftlichen Produktion bemüht sein, und das wird zur Stabilisierung oder sogar zur Zunahme der Beschäftigtengrades dieser Altersgruppe führen.

Selbst wenn es aber in der Perspektive gelingen sollte, mit Hilfe entsprechender Maßnahmen die gegenwärtig vorhandene Tendenz zur Abnahme des Anteils der Beschäftigten unter den Altersrentnern zu überwinden, so kann doch diese Quelle auf Grund ihrer Spezifik keinen wesentlichen Einfluß auf die Arbeitskräftebilanz ausüben.

Eine wichtige Quelle zur Deckung des Arbeitskräftebedarfs der Volkswirtschaften der RGW-Länder, die nicht mit der Vergrößerung der Gesamtzahl der Beschäftigten verknüpft war, bildete bislang die Umsetzung von Werktätigen aus der Landwirtschaft in die nichtlandwirtschaftlichen Zweige. Heute können die Arbeitskräftereserven in der Landwirtschaft nur dann richtig eingeschätzt werden, wenn man ihre Struktur nach Alter und Geschlecht berücksichtigt. Die Stabilisierung oder Erhöhung der Anzahl der jüngeren Beschäftigten in der Landwirtschaft ist zu einem Problem geworden, von dessen Lösung weitgehend die Entwicklung der landwirtschaftlichen Produktion abhängt.

In der nächsten Zukunft kann die Landwirtschaft der meisten RGW-Länder keine wesentliche Quelle zur Gewinnung von Arbeitskräften für die nichtlandwirtschaftlichen Zweige bilden, obwohl in einigen Ländern der Zufluß von Arbeitskräften aus der Landwirtschaft in den Jahren 1971 bis 1975 gegenüber 1966 bis 1970 etwas zunehmen kann. Der Anteil der in der Landwirtschaft Beschäftigten schwankt gegenwärtig in den einzelnen RGW-Ländern zwischen 12,1 Prozent (DDR) und 44,2 Prozent (SRR).[3] Konkrete Fristen und Größenordnungen für die weitere Freisetzung von Arbeitskräften aus der Landwirtschaft können nur auf der Grundlage von Perspektivplänen für die technische Neuausrüstung dieses Zweiges sowie auf der Grundlage von wirksameren Methoden der materiellen Stimulierung ermittelt werden, die in den RGW-Ländern erst noch auszuarbeiten sind. Ein wesentlich anderes Aussehen kann das Problem der Freisetzung von Arbeitskräften aus der Landwirtschaft mit der Entwicklung landwirtschaftlich-industrieller Komplexe gewinnen.

[3] Stastističeskij ežegodnik stran-členov SĖV, a. a. O., S. 429 und 430.

Die bevorstehende wesentliche Einengung der Arbeitskräftequellen in den europäischen RGW-Ländern macht es erforderlich, Maßnahmen weiter auszuarbeiten und konsequent durchzuführen, die geeignet sind, die Effektivität des Einsatzes der Arbeitskräfte in allen Zweigen der Volkswirtschaft, ihre Arbeitsproduktivität, zu erhöhen.

Die entscheidende Rolle bei der Lösung dieser Probleme kommt der Einführung der Ergebnisse des wissenschaftlich-technischen Fortschritts in die Volkswirtschaft zu.

Wesentliche Bedeutung besitzt jedoch auch die Tatsache, daß die RGW-Länder schon in der nächsten Zukunft die Möglichkeit haben, durch eine Verbesserung der Arbeits- und Produktionsorganisation bestimmte innere Arbeitskräftereserven in den Betrieben zu nutzen.

Das Vorhandensein dieser Reserven wird durch eine Gruppe von indirekten Kennziffern bestätigt. Dazu gehören vor allem die Kennziffern der innerbetrieblichen Analyse der Arbeit der Betriebe in den meisten Ländern, die von Unzulänglichkeiten bei der Nutzung der Arbeitskräfte zeugen: große Arbeitszeitverluste durch Verletzungen der Arbeitsdisziplin, durch häufigen Wechsel der Beschäftigten, durch Stillstandszeiten im Zusammenhang mit nicht exakter Organisation des Produktionsprozesses usw. In der ČSSR zum Beispiel betragen die Arbeitszeitverluste aus den genannten Gründen 17 Prozent des Arbeitszeitfonds, in der UVR 15 bis 20 Prozent[4]; in der UdSSR erreichen die Stillstandszeiten innerhalb einer Schicht in einer Reihe von Betrieben 15 bis 20 Prozent der gesamten Arbeitszeit.

Die Existenz solcher Reserven ist vor allem einem Einsatz der Investitionen geschuldet, der nicht immer zur komplexen Mechanisierung der Produktion beitrug, dem niedrigen Mechanisierungsgrad der Hilfs- und Nebenarbeiten, der geringen technischen Ausstattung der Leitungs- und Verwaltungsarbeit und dergleichen mehr. Außerdem führten die Methoden der Wirtschaftsleitung häufig zu erhöhten Arbeitskräfteforderungen der Betriebe, veranlaßten die Betriebe, die Stellenpläne aufzublähen, und begünstigten Versuche, die unzureichende Steigerung der Arbeitsproduktivität durch eine Vergrößerung der Beschäftigtenzahl zu kompensieren. Die Herausbildung von Arbeitskräftereserven war also zum Teil durch die bestehende Art der Planung und Stimulierung der Produktion bedingt. Damit sind auch die unzulängliche Intensität der Arbeit, die Überbesetzung der Stellen und ähnliches verknüpft.

Von den anderen Ursachen der Existenz stiller Arbeitskräftereserven ist unter anderem das ungenügende Qualifikationsniveau der Arbeiter zu nennen.

Zur Herausbildung innerer Arbeitskräftereserven hat manchmal auch

[4] Vgl. Rude pravo v. 23. 2. 1970; Figyelö v. 19. 7. 1972; vgl. auch Kap. I.

beigetragen, daß das Tempo der Vervollkommnung der Arbeitsorganisation in den Betrieben hinter dem Wachstumstempo des technischen Ausstattungsgrades der Arbeit zurückgeblieben ist, also die unzureichende Durchführung der wissenschaftlichen Arbeitsorganisation.

Die auf dem Gebiet der Nutzung der Arbeitskräfte entstandene Situation sowie die bevorstehende Verlangsamung des Wachstumstempos der Arbeitskräfteressourcen, besonders von 1976 an, haben die RGW-Länder veranlaßt, die Ausarbeitung und konsequente Durchführung von Maßnahmen zu verstärken, die auf eine effektivere Nutzung der Arbeit in allen Zweigen der Volkswirtschaft zielen.

Die Materialien der in den letzten Jahren in den RGW-Ländern abgehaltenen Parteitage der kommunistischen und Arbeiterparteien zeigen, daß heute neue, höhere Anforderungen an die Nutzung der Arbeitskräfteressourcen als der Hauptproduktivkraft der Gesellschaft gestellt werden, von deren rationellem Einsatz das Tempo und die Effektivität der ökonomischen Entwicklung in hohem Maße abhängen.

Das zentrale Problem bei der Erhöhung der Effektivität des Einsatzes der Arbeitskräfteressourcen ist heute die Umverteilung der Arbeitskräfte zwischen den Zweigen und Betrieben auf der Grundlage ihrer Freisetzung im Zusammenhang mit der Verbesserung der Arbeitsorganisation und mit dem wissenschaftlich-technischen Fortschritt. Diese Aufgabe kann nur mit Hilfe eines Komplexes von ökonomischen und sozialen Maßnahmen gelöst werden. Diese Maßnahmen bestehen in der Umverteilung der Investitionen zugunsten der technischen Rekonstruktion und Modernisierung der bestehenden Betriebe, in der Schaffung materieller Stimuli zur Aufdeckung von Arbeitskräftereserven, in der materiellen Sicherstellung der freigesetzten Werktätigen für die Zeit bis zur neuen Arbeitsaufnahme, für die Zeit der Umschulung usw.

Gegenwärtig wird in vielen RGW-Ländern intensiv an der Ausarbeitung der Wege zur Vervollkommnung des Mechanismus zur Einsparung von Arbeitskräften gearbeitet.

Die Suche nach den rationellsten Methoden der sozialistischen Wirtschaftsführung auf diesem Gebiet erfolgt dabei sowohl auf der Linie der Verstärkung der zentralisierten staatlichen Leitung der Nutzungsprozesse der Arbeitskräfteressourcen als auch auf der Linie der rationellen Erweiterung der Rechte der Betriebe bei der Organisation der Nutzung der Arbeitskräfte. Mit der Beschleunigung des wissenschaftlich-technischen Fortschritts sowie der Vervollkommnung der Methoden der sozialistischen Wirtschaftsführung wird sich die volkswirtschaftliche Notwendigkeit solcher Maßnahmen verstärken. Die RGW-Länder sammeln bestimmte Erfahrungen bei der Durchführung von Maßnahmen, die sich darauf richten, einen Teil der Arbeitskräfte in den Betrieben einzusparen und effektiver einzusetzen.

So breitet sich in der UdSSR immer mehr die „Methode von Stschokino“ aus, die es ermöglicht, bei Verringerung der Anzahl der Werktätigen den Produktionsausstoß zu erhöhen. Nicht geringer ist die Bedeutung der Einführung der brigadeweisen wirtschaftlichen Rechnungsführung im Bauwesen. Im Verlauf dieses Experiments werden die Voraussetzungen dafür geschaffen, die Bauzeiten erheblich zu verkürzen und damit die Anzahl der in diesem Zweig Beschäftigten zu verringern.

Die UVR und die ČSSR haben der Stimulierung einer besseren Nutzung der Arbeitskräfte schon seit längerem große Bedeutung beigemessen, obwohl es auf dem Weg zur Lösung dieser Probleme bestimmte Schwierigkeiten gab. So wurde bei der Einführung eines Systems von Stabilisierungsabführungen in der ČSSR und der Lohnsteuer in der UVR nicht der gewünschte Effekt erzielt. Dadurch stieg in den ersten Jahren der Wirtschaftsreformen in diesen Ländern die Nachfrage nach Arbeitskräften. In den Jahren von 1970 bis 1972 wurden die geltenden Systeme zur Einsparung von lebendiger Arbeit und zur Regulierung der Beschäftigung in beiden Ländern wesentlich verändert. Insbesondere in der ČSSR sind 1971 Maßnahmen ergriffen worden, um die Nutzung der Arbeitskräfteressourcen zu verbessern. Die Planhebel zur Verteilung und Nutzung der Arbeitskräfte wurden wiederhergestellt. So beschloß die Regierung der ČSSR 1971 die Einführung eines einheitlichen Systems zur Regulierung der Beschäftigung und Verteilung der Arbeitskräfte.[5]

In der ČSSR erfolgt außerdem schon seit einer Reihe von Jahren eine Regulierung der Beschäftigung über Lohnmechanismen mit Hilfe einer besonderen Lohnsteuer. Diese Lohnsteuer für die Betriebe ist so konstruiert, daß ihre Höhe vom Wachstum des Durchschnittslohns gegenüber dem Vorjahr abhängt. Dabei nimmt die Höhe der Steuer progressiv mit dem Wachstum des Durchschnittslohns zu: wenn der Durchschnittslohn um 3 Prozent steigt, dann muß der Betrieb für jedes Prozent Zuwachs 0,5 Prozent des Gesamtlohnfonds an den Staatshaushalt abführen. Liegt der Zuwachs des Durchschnittslohns über drei Prozent, so nimmt der Steuersatz progressiv zu.[6] Eine solche Regulierung der Beschäftigtenzahl kann jedoch nicht im nötigen Maße effektiv sein, da die betriebliche Lohnsteuer

[5] Das System umfaßt:
– obligatorische Limits der Beschäftigtenzahlen für alle Leitungsebenen;
– die Verteilung der Arbeitskräfte durch die Volkskomitees auf der Grundlage der festgelegten Limits und der Situation der Arbeitskräftebilanz des Kreises;
– einen Komplex von Maßnahmen, der darauf gerichtet ist, die wichtigsten Industriezweige mit Arbeitskräften zu versorgen;
– den Einsatz der Jugendlichen.

[6] Finance a úver, Prag, Nr. 1/1973.

nur indirekt auf die Anzahl der Beschäftigten wirkt und außerdem die Abführungen an den Staatshaushalt desto höher sind, je besser der Betrieb die vorhandenen Möglichkeiten der Arbeitskräfteeinsparung nutzt und sich damit der Durchschnittslohn je Beschäftigten erhöht.

Sehr interessant unter dem Aspekt der Stimulierung des rationellen Einsatzes der Arbeitskräfteressourcen ist ein Experiment, das in 73 Industriebetrieben der ČSSR begonnen wurde. Das Wesen des Experiments besteht darin, daß ein fester Abführungssatz je Beschäftigten eingeführt wird (für die Jahre von 1972 bis 1975 nach Jahren gegliedert). Mit der Einführung des Systems der Abgaben je Beschäftigten steigen die Abführungen der Betriebe auf 32 Prozent des Lohnfonds.[7] Im Unterschied zum vorher beschriebenen System wird in diesem Falle das Ziel verfolgt, durch sparsamen Einsatz von Arbeitskräften eine Senkung der Lohnkosten je Erzeugniseinheit zu erreichen (bei gleichzeitigem schnellerem Wachstum des Durchschnittslohns).

Eine Lohnsteuer für die Betriebe existiert auch in der UVR. Sie beträgt 8 Prozent (zusammen mit den Abführungen für die Sozialversicherung 25 Prozent) des Lohnfonds.[8]

Die Frage nach der Einschätzung der Effektivität der Einführung einer Arbeitskräfteabgabe ist umstritten. Die Vergrößerung der Beiträge der Betriebe zur Bildung der Fonds für die Reproduktion der Arbeitskräfte kann insofern stimulierende Bedeutung besitzen, als sie den Anteil des Aufwands für die Arbeitskräfte an den Kosten des Betriebes erhöht. Jedoch üben der bisherige Umfang dieser Zahlungen und besonders der Mechanismus ihrer Einziehung keinen wesentlichen Einfluß auf die Einsparung von Arbeitskräften und die Steigerung der Arbeitsproduktivität aus. So geht zum Beispiel in der Ungarischen Volksrepublik dieser Beitrag des Betriebes in die Selbstkosten der Produkte ein und ist folglich ein preisbildender Faktor. Und eben dieser Umstand mindert seine stimulierende Bedeutung, denn die erbrachten Ausgaben werden über die Preise wieder erstattet. Die Hauptursache für die unzureichende Effektivität dieser Instrumente liegt jedoch unseres Erachtens darin, daß sie noch nicht im Komplex mit anderen Elementen des Wirtschaftsmechanismus wirken, die aus verschiedenen Gründen bisher nicht vervollkommnet werden konnten.

Es ist offensichtlich, daß das Problem der Vergrößerung der Interessiertheit der Betriebe an der effektiven Nutzung der Arbeitskräfte nur komplex, nur durch ein System von Maßnahmen gelöst werden kann.

Im Verlauf der Vervollkommnung des Wirtschaftsmechanismus in den RGW-Ländern wird die Wirksamkeit des Systems zur ökonomischen Stimu-

7 Plánované hospodárstvi, Prag, Nr. 8/1972.

8 1973 wurde eine Abgabe für die Arbeitskräfte auch in der VRB und der PVR eingeführt.

lierung der Effektivitätssteigerung der Produktion und der Minimierung des Arbeitsaufwands allmählich verstärkt.

In den RGW-Ländern wird nicht nur an der Schaffung der ökonomischen Stimuli und Voraussetzungen für die Einsparung von Arbeitskräften in den Betrieben gearbeitet, es werden auch günstige soziale Bedingungen dafür geschaffen. Denn die sozialistische Gesellschaft kann nicht zulassen, daß Werktätige freigesetzt werden – selbst wenn dies von den Interessen der Produktion im einzelnen Betrieb oder im Zweig diktiert wird, ohne daß die Umsetzung und Beschäftigung jedes einzelnen dieser Werktätigen an anderer Stelle gewährleistet ist.

Gegenwärtig erfüllen die Betriebe im Grunde häufig bestimmte Funktionen des Arbeitsnachweises für die freigesetzten Arbeitskräfte, und das führt in vielen Fällen dazu, daß diese Arbeitskräfte ohne Notwendigkeit in dem jeweiligen Betrieb belassen werden. In Zukunft muß das System der organisierten Arbeitsvermittlung der freigesetzten Arbeitskräfte entwickelt und vervollkommnet werden.

Die sozialistische Gesellschaftsordnung gewährleistet die Möglichkeit, eine spontane Entwicklung des Prozesses der Freisetzung und Umverteilung von Arbeitskräften (und damit negative Folgen) zu vermeiden. Diese Möglichkeit kann jedoch nur dadurch realisiert werden, daß die erforderlichen Maßnahmen im gesamtstaatlichen Rahmen verwirklicht werden. Die mit der Durchführung solcher Maßnahmen verbundenen Aufwendungen aus dem Staatshaushalt werden durch die Einnahmen gedeckt, die sich aus der Erhöhung der Effektivität der gesellschaftlichen Produktion ergeben.

Das aktuellste Problem bei der effektiveren Nutzung der Arbeitskräfteressourcen in den RGW-Ländern, das ein sowohl ökonomisch als auch politisch fundiertes Vorgehen erfordert, ist unserer Meinung nach die Schaffung von bestimmten sozialökonomischen und anderen Bedingungen, darunter einer entsprechenden psychologischen Vorbereitung, für die Freisetzung, Umschulung und Umverteilung der Arbeitskräfte zwischen den Zweigen und Betrieben.

Aus den bisherigen Darlegungen ergibt sich also, daß sich die Haupttendenzen in der Dynamik der Größe der Arbeitskräfteressourcen in den RGW-Ländern in den Jahren von 1971 bis 1975 nicht wesentlich gegenüber dem abgelaufenen Fünfjahrplan (1966 bis 1970) verändern werden. Die Rolle der Umverteilung der Arbeitskräfte in den nichtlandwirtschaftlichen Zweigen auf der Grundlage der Stimulierung der Arbeitskräfteeinsparung in den Betrieben als eines Faktors zur Deckung des Arbeitskräftebedarfs der Volkswirtschaft für neue Arbeitsplätze kann noch nicht im nötigen Maße zur Geltung kommen. Es werden jedoch die dafür erforderlichen sozialökonomischen Voraussetzungen geschaffen werden.

Wegen der einschneidenden Verlangsamung des Wachstumstempos der Zahl der arbeitsfähigen Bevölkerung und der im großen und ganzen dann erreichten Erschöpfung der Arbeitskräftereserven unter den Hausfrauen werden sich in den Jahren von 1976 bis 1990 die Möglichkeiten zur Vergrößerung der Beschäftigtenzahl merklich verringern. Der Prozeß der Abwanderung von Werktätigen aus der Landwirtschaft in andere Zweige mag sich beschleunigen; er wird jedoch offenbar keinen solchen Umfang annehmen, der es den nichtlandwirtschaftlichen Zweigen erlauben würde, ihren Arbeitskräftebedarf aus dieser Quelle in dem Maße zu befriedigen, wie das in den fünfziger Jahren in den europäischen sozialistischen Ländern der Fall war. Unter diesen Umständen wird die volkswirtschaftliche Notwendigkeit besonders augenscheinlich, zur Vermeidung eines hohen, fast alle Zweige betreffenden Arbeitskräftedefizits die Einsparung von Arbeitskräften in den Betrieben zu stimulieren und einen wirksamen Mechanismus für die Umverteilung der Arbeitskräfte zu entwickeln.

Die RGW-Länder entfalten immer stärker die wissenschaftlich-methodologische, wirtschaftsorganisatorische und politisch-ideologische Arbeit für die Vervollkommnung des Systems der Nutzung der Arbeitskräfte; damit stärken sie die Voraussetzungen dafür, daß das Wachstum der Produktion und der Dienstleistungssphäre unabhängiger von der Dynamik der Beschäftigtenzahl wird, die Voraussetzungen für die Vergrößerung des Anteils der nichtproduzierenden Sphäre an der Beschäftigtenzahl in Industrie und Bauwesen bei hohem und stabilem Tempo der Erweiterung dieser Zweige usw.

Die Interessen der erweiterten Reproduktion in den RGW-Ländern erfordern in der Perspektive auch, daß ein stabiles Wachstum der Arbeitskräfteressourcen in optimalen Größenverhältnissen gewährleistet wird. Das setzt eine weitere Vervollkommnung des Systems der ökonomischen, sozialen, ideologischen und anderen Maßnahmen voraus, die es ermöglichen, die Geburtenrate in Richtung auf ihre Stabilisierung oder eine gewisse Erhöhung zu beeinflussen. Dadurch wird die starke Verminderung des Wachstumstempos oder gar eine absolute Verringerung der Arbeitskräfteressourcen der RGW-Länder am Ende dieses Jahrhunderts abgewendet werden.

KAPITEL III

Perspektivische Veränderungen in der Bilanz der Arbeitskräfteressourcen in der VR Bulgarien

Die perspektivischen Probleme der Nutzung der Arbeitskräfteressourcen gehören zu den Problemen, denen in der VR Bulgarien besondere Aufmerksamkeit geschenkt wird. Die Bedeutung dieser Probleme ist auf dem X. Parteitag der Bulgarischen Kommunistischen Partei unterstrichen worden. Die Partei mißt der wissenschaftlichen Begründung der Bevölkerungspolitik und der Politik auf dem Gebiet der Nutzung der Arbeitskräfteressourcen große Bedeutung bei. Die bulgarischen Demographen, Soziologen und Ökonomen haben in den letzten Jahren große Anstrengungen unternommen, um die gegenwärtige Lage auf dem Gebiet der Arbeitskräfteressourcen und die perspektivischen Tendenzen auf diesem Gebiet zu analysieren.

Struktur und Dynamik der Ressourcen

Basis der Arbeitskräfteressourcen ist die Bevölkerung im arbeitsfähigen Alter. Ihre Zahl bestimmt in erheblichem Maße die Größe der Arbeitskräfteressourcen eines Landes.

Die Zahl der im arbeitsfähigen Alter stehenden Bevölkerung wird ihrerseits durch den Charakter der Reproduktion der gesamten Bevölkerung und vor allem durch deren Altersstruktur bedingt. Die aufgetretenen Tendenzen in der Entwicklung der Altersstruktur der bulgarischen Bevölkerung zeigen deutlich, daß eine beträchtliche Verringerung des Anteils der jungen und mittleren Altersgruppen und eine Vergrößerung des Anteils der älteren Jahrgänge an der Gesamtbevölkerung vorsichgeht, das heißt eine Alterung der Bevölkerung (s. Tabelle 2).

Bis 1956 ist in Bulgarien der Anteil der im arbeitsfähigen Alter stehenden Bevölkerungsgruppen ständig gewachsen, von 48,1 Prozent im Jahre 1910 auf 58,9 Prozent im Jahre 1956. Dieses Wachstum war das Ergebnis des Eintritts zahlreicher Altersgruppen in das arbeitsfähige Alter, die in Perioden mit hoher Geburtenrate geboren worden waren und in Perioden ständig sinkender Sterblichkeit lebten bzw. leben. Dieser sehr günstige Prozeß kam jedoch 1956 zum Abschluß. Nach 1956 traten nicht nur relativ, sondern auch absolut zahlenmäßig schwächere Jahrgänge ins arbeitsfähige

Alter, und der Anteil der im arbeitsfähigen Alter stehenden Bevölkerung begann zu sinken.

Die Verringerung des Anteils der im arbeitsfähigen Alter stehenden Bevölkerung wird noch mindestens 15 Jahre andauern, da wir bereits

Tabelle 2

Die Altersstruktur der Bevölkerung der VR Bulgarien (in Prozent)

Jahre	Gesamtbevölkerung	Nicht arbeitsfähiges Alter	Arbeitsfähiges Alter	Rentenalter
1910	100,0	42,1	48,1	9,8
1920	100,0	38,8	51,2	10,0
1926	100,0	37,2	53,2	9,6
1934	100,0	37,4	53,2	9,4
1946	100,0	29,8	58,6	11,6
1956	100,0	28,1	58,9	13,0
1960	100,0	27,6	58,3	14,1
1965	100,0	25,7	58,2	16,1
1970*	100,0	24,4	58,1	17,5

* Schätzung

geburtenschwache Jahrgänge haben. Sie befinden sich jetzt in der Bevölkerungsgruppe, die noch nicht das arbeitsfähige Alter (15 Jahre) erreicht hat, und werden allmählich in das arbeitsfähige Alter eintreten.

In den Jahren nach der Volkszählung vom 1. 12. 1965 haben bulgarische Wissenschaftler einige Prognosen hinsichtlich der Dynamik der Bevölkerungszahl ausgearbeitet. Diese Prognosen basieren auf unterschiedlichen Hypothesen über die Geburtenrate der Zukunft, und die von ihnen angenommenen Bevölkerungszahlen sind daher unterschiedlich. Da jedoch fast alle im Lande aufgestellten Prognosen davon ausgehen, daß die Sterblichkeitsraten in den Altersgruppen gleich bleiben (auf der Grundlage der Daten der letzten Jahre), so bleibt die von den Prognosen angenommene Zahl des arbeitsfähigen Bevölkerungsteils in den nächsten 15 bis 20 Jahren gleich. Für die Erforschung der weiteren Entwicklung der Arbeitskräfteressourcen und des Arbeitspotentials des Landes sowie für die Ausarbeitung von Maßnahmen zur Stimulierung der Geburtenrate und der Erziehung der heranwachsenden Generationen werden drei Varianten benutzt.[1] Wir werden sie als die pessimistische, die gemäßigte und die optimistische Variante bezeichnen (vgl. auch Tabelle 3).

[1] Vgl. Minko Minkov, Dve chipotezi za perspektivnoto razvitie na naselenieto i negovata zaetost v Bulgarija do 2000-ta godina. Jubileen godišnik na NII po truda, Sofia 1969, S. 279–301; Nikola Naumov, Naselenieto na Bulgarija demografičeski perspektivi 1969–1990 gg., Buch 1, Sofia 1970, S. 59–64.

Bei der pessimistischen Variante wird von der Annahme ausgegangen, daß die Geburtenfreudigkeit und die Sterblichkeitsrate der Bevölkerung auch in Zukunft auf dem Niveau liegen werden, das für die Jahre 1964 bis 1967 kennzeichnend war. Unter diesen Bedingungen wird ein allmählicher Übergang vom stabilen Typ der Altersstruktur zum regressiven erwartet. Diese Variante würde ernste Folgen für die Dynamik der Bevölkerungszahl haben. Sie kann jedoch kaum als Modell für die zukünftige demographische Entwicklung des Landes dienen, denn in Bulgarien sind die ökonomischen und sozialen Voraussetzungen dafür gegeben, eine Bevölkerungspolitik zu betreiben, die auf die Normalisierung der Reproduktion der Bevölkerung gerichtet ist.

Die gemäßigte Variante sieht eine zunehmende Geburtenfreudigkeit voraus, die es erlauben wird, in den Jahren von 1971 bis 1975 eine Geburtenrate von 17,4‰ zu erreichen. Sie wird danach allmählich sinken und in der Periode von 1986 bis zum Jahre 2000 etwa 16‰ betragen. Der natürliche Bevölkerungszuwachs wird fast stetig abnehmen und im Zeitraum von 1986 bis 2000 etwa 4,7 ‰ erreichen. Auch bei diesem Ablauf der Reproduktion kann die Altersstruktur der Bevölkerung nicht progressiv sein.

Die optimistische Variante nimmt die Erreichung einer Geburtenquote an, die es erlauben wird, die Altersstruktur der Bevölkerung allmählich zu stabilisieren und vom stabilen zum progressiven Typ überzugehen. Das bedeutet ein allmähliches Ansteigen der Geburtenrate auf 21‰ im Jahre 2000. Der natürliche Zuwachs entwickelt sich danach ebenfalls positiv und stabilisiert sich im Zeitraum von 1986 bis 2000 auf einem Stand von annähernd 9‰. In dieser Variante wird angenommen, daß sich die Reproduktion der Bevölkerung vom demographischen Standpunkt her normalisiert. Berücksichtigt man das objektive Erfordernis, daß in Zukunft gleichzeitig die Maßstäbe sowohl der intensiven als auch der extensiven Entwicklung der Volkswirtschaft des Landes erweitert werden, dann kann diese Variante auch als ökonomisch wünschenswert angesehen werden.

Bis 1985 unterscheidet sich die Anzahl der arbeitsfähigen Bevölkerung bei allen drei Varianten nur unwesentlich. In den folgenden Zeiträumen nehmen die Unterschiede jedoch zu. Für das Jahr 2000 übertrifft die nach der gemäßigten Variante errechnete Anzahl der Bevölkerung im arbeitsfähigen Alter das Ergebnis der pessimistischen Variante um 319800, die nach der optimistischen Variante errechnete Zahl liegt um 172600 über der entsprechenden Zahl der gemäßigten Variante.

Was den Anteil der arbeitsfähigen Bevölkerung an der Gesamtbevölkerungszahl angeht, so verringert sich dieser Anteil in allen drei Varianten.

Die demographischen Prognosen weisen sehr überzeugend nach, daß die Möglichkeiten für den natürlichen Zuwachs der Arbeitskräfteressourcen der VRB bis zum Ende des zwanzigsten Jahrhunderts selbst nach der

Tabelle 3

Prognose der Gesamtzahl der Bevölkerung und der Bevölkerung im arbeitsfähigen Alter bis zum Jahre 2000 in der VR Bulgarien (in 1000 Personen)

Jahre	Gesamtbevölkerung			Bevölkerung im arbeitsfähigen Alter			Anteil der Bevölkerung im arbeitsfähigen Alter an der Gesamtzahl der Bevölkerung (in Prozent)		
	pessimistische Variante	gemäßigte Variante	optimistische Variante	pessimistsche Variante	gemäßigte Variante	optimistische Variante	pessimistische Variante	gemäßigte Variante	optimistische Variante
1970	8500,4	8537,2	8511,1	4949,1	4962,9	4949,1	58,1	58,1	58,1
1975	8749,2	8869,5	8833,0	5123,0	5126,0	5123,3	58,6	57,8	58,0
1980	8942,1	9190,0	9220,6	5187,2	5211,0	5187,2	58,0	57,1	56,3
1985	9086,4	9405,3	9649,8	5118,3	5170,9	5127,3	56,3	55,0	53,1
1990	9174,5	9627,7	10093,0	5089,9	5222,0	5147,6	55,5	54,2	51,0
1995	9225,9	9834,3	10557,2	5096,2	5323,2	5323,3	55,2	54,1	50,4
2000	9246,0	10026,4	11049,8	5127,0	5446,8	5619,4	55,5	54,3	50,9

günstigsten Variante äußerst begrenzt sind. Nahm zum Beispiel die im arbeitsfähigen Alter stehende Bevölkerung in den Jahren von 1956 bis 1970 jährlich im Durchschnitt um 34000 Personen zu, so beträgt der entsprechende Zuwachs in den Jahren 1970 bis 2000 nach der pessimistischen Variante 6000, nach der gemäßigten 16000 und nach der optimistischen Variante 21000 Personen. Außerdem wird der zukünftige natürliche Zuwachs der arbeitsfähigen Bevölkerung ungleichmäßig sein. So wird für die Jahre von 1976 bis 1980 seine Verringerung auf fast die Hälfte des Zuwachses der Jahre des Zeitraumes 1971 bis 1975 erwartet, und in den Jahren 1981 bis 1985 wird insgesamt eine weitere Verringerung des Zuwachses um etwa 40000 bis 60000 Personen angenommen.

Im abgelaufenen Zeitraum nahm die Anzahl der nichtberufstätigen Invaliden und Rentner im arbeitsfähigen Alter ständig zu, was sich ungünstig auf die Formierung der Arbeitskräfteressourcen der VRB auswirkte. Der Zuwachs der genannten Bevölkerungsgruppe betrug im Zeitraum von 1956 bis 1970 insgesamt annähernd 45200 Personen. In Zukunft wird im Zusammenhang mit der „Überalterung" der Bevölkerung der Umfang der Anstrengungen zunehmen, deren Ziel es ist, günstigere Bedingungen für die Einbeziehung von Rentnern im arbeitsfähigen Alter in die gesellschaftliche Produktion zu schaffen.

Hinsichtlich des Beschäftigtengrades der Invaliden und der im arbeitsfähigen Alter befindlichen Rentner im Bereich der gesellschaftlichen Produktion liegen zwei Hypothesen vor. Der ersten Hypothese zufolge wird sich die Zahl der nichtberufstätigen Invaliden und der im arbeitsfähigen Alter stehenden Rentner im gesamten dreißigjährigen Perspektivzeitraum um 6700 Personen verringern, der zweiten Hypothese zufolge um 42100.

Im abgelaufenen Zeitraum hat die Zahl der Berufstätigen, die jünger oder älter als die im arbeitsfähigen Alter stehende Bevölkerung waren, ebenfalls fast stetig abgenommen (von 1956 bis 1970 um 232700 Personen).

Nicht zu rechnen ist damit, daß in Zukunft Personen in die gesellschaftliche Produktion einbezogen werden, die das arbeitsfähige Alter noch nicht erreicht haben. Die objektive Notwendigkeit, die Qualifikation der Arbeitskräfte zu erhöhen, führt zur Anhebung der unteren Grenze des arbeitsfähigen Alters.

Was die Personen angeht, die das arbeitsfähige Alter überschritten haben, so wird es durch die angespannte Arbeitskräftebilanz in der Perspektive erforderlich werden, diese Altersgruppe mehr als bisher in die gesellschaftliche Produktion einzubeziehen. Mit der Zunahme des Anteils dieser Bevölkerungsgruppe werden die entsprechenden Rechtsnormen verändert werden müssen, um die Mitwirkung einer großen Zahl von noch arbeitsfähigen Rentnern in der Produktion zu stimulieren.

Die Pläne bis 1975 sehen eine gewisse Verringerung des Anteils der

Berufstätigen vor, deren Alter unter oder über dem arbeitsfähigen Alter liegt. Das wird hauptsächlich damit begründet, daß die Arbeitsbereiche, in denen diese Personen arbeiten können, eingeschränkt werden. Nach 1980 jedoch, wenn nicht nur die Notwendigkeit, sondern auch die Möglichkeit wächst, ein System von Maßnahmen zur massenweisen Einbeziehung von Altersrentnern in die gesellschaftliche Produktion durchzuführen, wird eine absolute und relative Zunahme der Zahl der im Rentenalter stehenden Beschäftigten angenommen.

Da die pessimistische Variante kein Modell für die zukünftige demographische Politik sein kann, werden wir in den folgenden Überlegungen und Berechnungen von ihr absehen.

Tabelle 4

Die Arbeitskräfteressourcen in der VR Bulgarien (in 1000 Personen)

Jahre	Arbeitskräfteressourcen		Bevölkerung im arbeitsfähigen Alter		Nichtberufstätige Invaliden und Rentner im arbeitsfähigen Alter		Berufstätige Personen unter und über dem arbeitsfähigen Alter	
	1	2	3	4	5	6		
	gemäßigte Variante	optimistische Variante	gemäßigte Variante	optimistische Variante	gemäßigte Variante	optimistische Variante	gemäßigte Variante	optimistische Variante
1970	5137,9	5124,3	4962,9	4949,1	113.3	113,1	288,3	288,3
1975	5275,0	5255,4	5126.0	5123,2	133.3	116.5	282,3	248,7
1980	5345,4	5408.1	5211,0	5187,3	147,8	96,8	282,2	317,6
1985	5299,5	5382,6	5179,0	5127,3	157,6	98,4	286,2	353.7
1990	5362,4	5402,0	5222,0	5147,6	150,5	83,1	290.9	337,5
1995	5487,3	5567,9	5323,2	5323.2	131,6	83,3	295,7	328,0
2000	5640,7	5856,2	5446,8	5619,4	106,6	71,0	300,5	307,8

Den beiden anderen Varianten zufolge wird für die nächsten Jahrzehnte eine Verringerung des Zuwachses der Arbeitskräfteressourcen erwartet (s. Tabelle 4). Besonders kennzeichnend in dieser Hinsicht ist die Periode von 1981 bis 1985, in der es infolge der Verringerung der Zahl der im arbeitsfähigen Alter stehenden Bevölkerung zu einer absoluten Abnahme der Zahl der Arbeitskräfteressourcen im Lande kommen wird. Darum wird der Stimulierung der Geburtenfreudigkeit der Bevölkerung überaus große Beachtung geschenkt. Ohne eine Steigerung der Geburtenrate kann nicht mit einer wesentlichen Zunahme der Arbeitskräfteressourcen in den folgenden, weiter in die Zukunft reichenden Perioden (zum Beispiel 1990) gerechnet werden.

Die Dynamik des Beschäftigtengrades der Bevölkerung

Außerordentlich bedeutsam für die sozialökonomische Entwicklung im Sozialismus ist die Sicherung der Vollbeschäftigung sowie der rationellsten Nutzung der Arbeitskräfteressourcen. Entgegen der früher verbreiteten These von der automatischen Gewährleistung der Vollbeschäftigung im Sozialismus zeigt die Praxis, daß es zur Gewährleistung eines solchen Beschäftigtengrades einer entsprechenden ökonomischen Politik bedarf, die die sich ändernden Entwicklungsbedingungen des Landes berücksichtigt. Einen wichtigen Platz in der Theorie und Praxis der Leitung der sozialistischen Wirtschaft nimmt in diesem Zusammenhang die Frage der rationellen Verbindung von intensiver und extensiver Entwicklung der gesellschaftlichen Produktion ein. Eine solche Verbindung würde es ermöglichen, nicht nur die Vollbeschäftigung der Arbeitskräfte, sondern auch das ständige Wachstum der Arbeitsproduktivität und damit auch die ständige Erhöhung des Lebensniveaus zu sichern.

Betrachten wir die Dynamik des Beschäftigtengrades der Bevölkerung der VR Bulgarien in der Nachkriegsperiode.

Die Angaben von Tabelle 5 zeigen, daß bis 1962 eine Tendenz zum Sinken des Beschäftigtengrades der Bevölkerung zu beobachten war. Danach

Tabelle 5

Der Beschäftigtengrad der Bevölkerung (in Prozent)

Jahre	Anteil der Berufstätigen an der Gesamtbevölkerung	Anteil der Berufstätigen im arbeitsfähigen Alter an der Zahl der Bevölkerung im arbeitsfähigen Alter	Anteil der Berufstätigen im arbeitsfähigen Alter an der Gesamtzahl der Bevölkerung im arbeitsfähigen Alter ohne Studierende, Invaliden und Rentner im arbeitsfähigen Alter
1948	57,5	81,4	84,7
1952	54,6	81,6	85,2
1960	50,3	79,4	84,1
1961	47,2	75,3	80,0
1962	47,4	74,9	80,3
1963	47,3	75,0	81,0
1964	47,3	75,1	81,6
1965	48,1	75,9	82,7
1966	48,6	77,5	84,4
1967	49,1	78,3	84,9
1968	49,0	78,1	84,8
1969	48,8	77,8	84,6
1970	48,9	78,2	84,6

erfolgte ein Prozeß des allmählichen Ansteigens des Beschäftigtengrades, welcher Prozeß bis heute anhält.

In den letzten Jahren ist der Beschäftigtengrad der Bevölkerung in der VR Bulgarien durch zahlreiche Faktoren beeinflußt worden, die in unterschiedlichem Grade und in verschiedener Richtung wirkten. Die Volkswirtschaft entwickelt sich verstärkt auf intensivem Wege, daneben aber auch extensiv, was mit der Vergrößerung der absoluten Beschäftigtenzahl verbunden ist. Das wachsende ökonomische Potential des Landes ermöglichte in den letzten Jahren eine außerordentliche Entwicklung sowohl der materiellen als auch der nichtmateriellen Produktion und schuf alle objektiven Voraussetzungen für das Wachstum der Beschäftigtenzahlen. In einigen Zweigen und Produktionsarten machte sich eine starke Verknappung der Arbeitskräfte bemerkbar, und das stimulierte die maximale Einbeziehung der verfügbaren Arbeitskräfte des Landes in die Produktion.

Gleichzeitig wirkten sich in der VR Bulgarien eine Reihe von Faktoren und Bedingungen aus, die die Senkung des Beschäftigtengrades der Bevölkerung beeinflußten. Die gewaltigen sozialökonomischen Veränderungen, zu denen es infolge des Übergangs von der privaten zur kollektiven und hochgradig mechanisierten Landwirtschaft kam, führten zur Freisetzung großer Kontingente von Arbeitskräften und zu ihrer Umsetzung in die nichtlandwirtschaftlichen Zweige. Dieser Prozeß führte jedoch auch zu Arbeitskräfteverlusten und zu einem Absinken der Arbeitsaktivität der Bevölkerung. In den Jahren der Volksmacht ist mit der Verstärkung der intensiven Entwicklung die Bedeutung der qualitativen Seite der Arbeitskraft stetig gestiegen; dadurch wurde es objektiv notwendig, ständig das kulturell-technische Niveau der Werktätigen anzuheben, wodurch sich die Ausbildungszeit der Jugendlichen verlängerte, das heißt, daß sich der Umfang der Arbeitstätigkeit der Jugend verringerte, was sich auf die Senkung des Beschäftigtengrades der Gesamtbevölkerung auswirkte. Das bestätigen auch die Daten über die Zahl der in der Ausbildung stehenden Personen im arbeitsfähigen Alter; diese Zahl stieg von 172000 Personen im Jahre 1952 auf 292900 im Jahre 1971.

Gleichzeitig beendete ein erheblicher Teil der Personen, die in einem höheren als dem arbeitsfähigen Alter standen, die Arbeit, da sich die soziale Sicherstellung verbessert hatte. So sank die Zahl der Beschäftigten, deren Alter unter oder über dem arbeitsfähigen liegt, von 423500 im Jahre 1952 auf 293300 im Jahre 1971.

Außerdem ist in den letzten Jahren auch der Anteil der Landbevölkerung, deren Arbeitsleben am längsten währte, erheblich kleiner geworden (ungeachtet der Mechanisierung der landwirtschaftlichen Arbeiten können in diesem Zweig auch Personen im Rentenalter arbeiten). Dies wirkte sich ebenfalls in Richtung auf die Verringerung des Beschäftigtengrades der Bevölkerung aus.

Auf den Beschäftigtengrad der Bevölkerung wirken sich auch Migrationsprozesse merklich aus. Bis 1962 wurde ein Teil der Arbeitskräfte, die die Landwirtschaft verlassen hatten, nicht in die nichtlandwirtschaftlichen Zweige aufgenommen, und es traten sogenannte Migrationsverluste auf, die den Beschäftigtengrad der Bevölkerung ebenfalls ungünstig beeinflußten. Nach 1962 begann der Umfang der neuen Arbeitsplätze die Anzahl der aus der Landwirtschaft freigesetzten Arbeitskräfte bei weitem zu übertreffen. Dadurch wurden die Arbeitskräftereserven, die in den früheren Jahren infolge der Migrationsverluste entstanden waren, aufgezehrt, und der Beschäftigtengrad der abwandernden Bevölkerung erhöhte sich, was auch den allgemeinen Beschäftigtengrad im Lande positiv beeinflußte.

Betrachtet man die Veränderungen in der Beschäftigtenstruktur hinsichtlich des Geschlechts, so muß unterstrichen werden, daß in der VR Bulgarien der Beschäftigtengrad bei den Frauen erheblich schneller als bei den Männern wächst. Nahm zum Beispiel in den Jahren 1965 bis 1970 der Beschäftigtengrad der Frauen um 24,1 Punkte zu, so wuchs der Beschäftigtengrad der Männer nur um 8,4 Punkte, obwohl der Beschäftigtengrad der Frauen immer noch um 12,5 Punkte unter dem der Männer liegt. Hinsichtlich des Beschäftigtengrades der weiblichen Bevölkerung nimmt die VR Bulgarien einen der ersten Plätze in der Welt ein; etwa 45 Prozent der in der Volkswirtschaft Tätigen sind Frauen.

Wenden wir uns nun den Perspektiven der Beschäftigtenentwicklung in der VR Bulgarien zu. Dabei muß man unseres Erachtens auf zwei Ausgangsprämissen eingehen. Erstens muß definiert werden, welches Kontingent aus der prognostizierten Gesamtzahl der Bevölkerung als beschäftigte Bevölkerung genutzt werden kann, und zweitens muß, ausgehend von den objektiven Entwicklungsbedürfnissen der Produktion, der Arbeitskräftebedarf ermittelt werden. Die gewonnenen Ergebnisse müssen wechselseitig verknüpft sein.

Die extensive Entwicklung (das heißt die Produktionserweiterung durch Vergrößerung der Beschäftigtenzahl) kann den Rahmen der maximalen Beschäftigtenzahl der prognostizierten Gesamtbevölkerung nicht überschreiten. Bei der Festlegung der Aufgaben der zukünftigen Entwicklung der gesellschaftlichen Produktion wird deshalb die Zahl der Arbeitskräfte gewöhnlich als gegebene Größe, als Begrenzung in Rechnung gestellt. Wir meinen, daß man den zukünftigen Beschäftigtengrad der Bevölkerung auch mit einer anderen Methode bestimmen kann. Ausgehend vom Endprodukt, das zur Gewährleistung der normalen Reproduktion der Bevölkerung erforderlich ist, wird das Volumen der Arten von Produkten festgestellt, das beim gegebenen technischen Niveau der Produktion geschaffen werden muß. Auf dieser Basis wird dann der objektive Bedarf an lebendiger Arbeit festgestellt.

Eine solche Lösung kann helfen, die vom ökonomischen Standpunkt aus erforderlichen Maßstäbe des Bevölkerungswachstums sowie die Richtung der zukünftigen Bevölkerungspolitik zu bestimmen.

Tabelle 6 zeigt Prognosedaten über den Beschäftigtengrad, die mit Unterstützung des Ministeriums für Arbeit und Sozialwesen der VRB errechnet worden sind. Der Beschäftigtengrad wurde auf der Grundlage variabler Koeffizienten in Übereinstimmung mit folgenden Hypothesen ermittelt:

1. Es wird angenommen, daß mit der Einführung der allgemeinen Mittelschulbildung die untere Grenze des arbeitsfähigen Alters allmählich nach oben verschoben wird, wodurch die Arbeitsaktivität der im Alter von 16 bis 24 Jahren stehenden Personen bis 1985 sinken wird; danach wird sie unbedeutend zu steigen beginnen. Diese Steigerung gründet sich auf Annahmen, daß bis 1985 solche Veränderungen auf dem Gebiet der Bildung erfolgt sein werden, die in Richtung auf eine Verkürzung der Ausbildungsfristen der heranwachsenden Generationen wirken werden.

2. Es wird angenommen, daß in erweitertem Umfang noch arbeitsfähige Rentner zur Beteiligung an der Produktion herangezogen werden. Das wird es möglich machen, nach 1975 eine erhebliche Zunahme der Anzahl der im Rentenalter stehenden Berufstätigen zu erreichen.

3. Es wird eine zunehmend umfangreichere Einbeziehung von Invaliden in die Produktion vorausgesehen, die bei Schaffung der sozialen Bedingungen arbeiten können.

Tabelle 6

Prognose des Beschäftigtengrades der Bevölkerung

Varianten	tatsächlich				Prognose			
	1965	1970	1975	1980	1985	1990	1995	2000
	Beschäftigtenzahl (in 1000 Personen)							
Gemäßigte Variante	4268	4276	4520	4705	4732	4798	4908	5056
Optimistische Variante	4268	4271	4519	4670	4709	4751	4893	5158
	Anteil der Beschäftigten an der arbeitsfähigen Bevölkerung (in Prozent)							
Gemäßigte Variante	89,1	86,2	88,2	90,3	91,5	91,9	92,2	92,3
Optimistische Variante	89,1	86,3	88,2	90,4	91,8	92,3	91,9	91,7

Es muß betont werden, daß selbst bei maximaler Nutzung der Arbeit von Rentnern und Invaliden der Beschäftigtengrad der Gesamtbevölkerung des Landes nur unbeträchtlich wachsen kann. Im Zeitraum bis 1985 wird die Einbeziehung der Rentner und Invaliden in die Sphäre der gesellschaftlichen Produktion im allgemeinen nur dazu beitragen, jenes Absinken des Beschäftigtengrades der Bevölkerung auszugleichen, das sich durch die Anhebung der unteren Grenze des arbeitsfähigen Alters ergibt. Dennoch kann gegen Ende des Prognosezeitraums den genannten Hypothesen zufolge der Beschäftigtengrad etwas steigen.

Um eine solche Entwicklung des Beschäftigungsstandes in der VR Bulgarien zu sichern, ist ein ganzer Komplex von Maßnahmen vorgesehen, die dazu beitragen, die Zahl der nicht in die gesellschaftliche Produktion einbezogenen arbeitsfähigen Personen zu verringern. Hier wird in erster Linie auf die immer umfassendere Vergesellschaftung jener Arbeit verwiesen, die gegenwärtig in der Hauswirtschaft aufgewendet wird. Zur Zeit wird in der VR Bulgarien eine umfassende Konzeption zur Entwicklung der Dienstleistungssphäre erarbeitet, deren Ziel die Lösung dieses Problems ist. Besondere Aufmerksamkeit wird auch darauf verwendet, Bedingungen für eine Erleichterung der Kindererziehung zu schaffen. Außerdem bemühen sich die bulgarischen Organisationen, die sich mit den Arbeitskräfteressourcen befassen, nach Kräften darum, die Absolventen der Berufsschulen, technischen Schulen und Hochschulen möglichst schnell in die gesellschaftliche Produktion einzugliedern. Zunehmende Bedeutung wird auch der rechtzeitigen Umschulung und Umsetzung der Arbeitskräfte beigemessen, die in einzelnen Zweigen und Tätigkeitsarten freigesetzt werden.

Geleitet von der Notwendigkeit der allseitigen Intensivierung der Volkswirtschaft, berücksichtigt die Kommunistische Partei Bulgariens, daß „die qualitative Zusammensetzung der Arbeitskräfte ein ausschlaggebender Faktor der Intensivierung der Produktion ist“[2]. Auf dem X. Parteitag der BKP wurde darauf hingewiesen, daß „es notwendig ist, sich unermüdlich um die Ausbildung der Produktionskader für jedes neue Objekt zu kümmern, um die Umschulung der in der Landwirtschaft freigesetzten Arbeitskräfte, um die Erhöhung der Qualifikation der Werktätigen bei der Einführung der neuen Technik und der Meisterung der Produktion neuer Erzeugnisarten, um die systematische Umschulung der Spezialisten ...“[3]

Die auf diese Weise ermittelten Möglichkeiten für die zukünftige Entwicklung der Arbeitsaktivität der Bevölkerung in der Volksrepublik Bulgarien haben wir mit dem Arbeitskräftebedarf verglichen, der auf

[2] X s-ezd Bolgarskoj Kommunističeskoj partii, Moskau 1972, S. 42.
[3] Ebenda, S. 57.

der Grundlage eines makroökonomischen Modells vom Typ der Verflechtungsbilanz festgestellt wurde. Der Vergleich ergab, daß in der Perspektive die Gesamtzahl der ökonomisch aktiven Bevölkerung, die unter Berücksichtigung der oben genannten Hypothesen auf der Grundlage der projektierten Bevölkerungszahl ermittelt wurde, bei einer globalen Berechnung über der Zahl der Beschäftigten liegen wird, die notwendig ist, um das prognostizierte Volumen des Nationaleinkommens zu schaffen, mit dem die normale Reproduktion der Arbeitskraft gesichert werden soll. Dieser Überhang wird in den verschiedenen Jahren zwischen 200000 und 250000 Personen betragen. Das bedeutet jedoch keine Zuspitzung des Problems des Arbeitsnachweises. Bei genauerer Analyse stellt sich heraus, daß ein solcher Überhang höchst notwendig ist. Er wird es ermöglichen, den unvollständigen Beschäftigtengrad einiger Personengruppen (bei Saisonarbeiten Tätige, die Arbeit wechselnde Personen und andere) auszugleichen und einzelne Zweige und Produktionsarten besser mit Arbeitskräften zu versorgen.

Probleme der Zweigstruktur der berufstätigen Bevölkerung

Die begrenzten Möglichkeiten der extensiven Entwicklung der Volkswirtschaft, die mit dem niedrigen Reproduktionstempo der Arbeitskräfte zusammenhängen, werfen mit besonderer Schärfe die Frage nach der zweckmäßigsten Verteilung und Nutzung der Arbeitskräfte auf. Es liegt auf der Hand, daß diese Frage in erster Linie darauf hinausläuft, die zweckmäßigste Variante der zwischenzweiglichen Umverteilung der Arbeitskräfte zu finden. Auf dem X. Parteitag der BKP wurde festgestellt: „Zur schnellen und stabilen Entwicklung der Produktivkräfte ist es erforderlich, die zwischenzweigliche Verteilung und die effektive Nutzung der Arbeitskräfte wesentlich zu verbessern.“[4]

Die Bedingungen des wissenschaftlich-technischen Fortschritts diktieren die Notwendigkeit einer detaillierteren Teilung und Kooperation der Arbeit. Zugleich lassen die ständigen Veränderungen der technischen Struktur der Produktion die Zweigstruktur außerordentlich dynamisch werden. Einige Zweige, die einen großen Aufwand lebendiger Arbeit erforderten, beginnen sich intensiv zu entwickeln, wodurch in ihnen Arbeitskräfte frei werden. Gleichzeitig entwickeln sich andere Zweige sehr schnell – sowohl intensiv als auch extensiv – und nutzen die freiwerdenden Arbeitskräfte.

Insgesamt hat sich die Zahl der Beschäftigten in der Sphäre der materiel-

[4] Ebenda.

len Produktion von 1948 bis 1970 um 8,3 Prozent verringert, während sich die Zahl der Beschäftigten der nichtproduzierenden Sphäre mehr als verdreifachte. Gegenwärtig entfallen auf 1000 Einwohner 425 Beschäftigte in der Sphäre der materiellen Produktion und 63 Beschäftigte in der

Tabelle 7

Berufstätige nach Sphären der gesellschaftlichen Produktion (jährliche Durchschnittszahl)

Jahre	In der Volkswirtschaft insgesamt (1000 Pers.)	Sphäre der materiellen Produktion 1000 Pers.	in Prozent der Gesamtzahl der Beschäftigten	nichtproduzierende Sphäre 1000 Pers.	in Prozent der Gesamtzahl der Beschäftigten
1948	4099	3919	95,7	180	4,3
1952	3973	3718	93,6	255	6,4
1956	4273	3966	92,8	307	7,2
1960	3956	3592	90,8	364	9,2
1965	3942	3516	89,2	426	10,8
1970	4151	3594	86,6	557	13,4

nichtproduzierenden Sphäre. Diese Tendenz wird zweifellos auch künftig gelten, da sie damit im Zusammenhang steht, daß im Prozeß der Errichtung der entwickelten sozialistischen Gesellschaft die objektive Notwendigkeit einer verstärkten intensiven Entwicklung der materiellen Produktion zunehmend wächst.

Progressive Veränderungen sind auch in der Beschäftigtenstruktur der Zweige der materiellen Produktion zu beobachten (s. Tabelle 8). In den Jahren 1948 bis 1970 ist die Zahl der Berufstätigen in der Landwirtschaft sowohl relativ als auch absolut auf weniger als die Hälfte gesunken. Zugleich wuchs der Anteil der in der Industrie Beschäftigten von 8,2 Prozent im Jahre 1948 auf 35 Prozent im Jahre 1970, also auf mehr als das Vierfache. Auch der Anteil der Beschäftigten im Transportwesen, im Post- und Fernmeldewesen und im Handel hat zugenommen. Diese strukturellen Veränderungen in der Beschäftigtenstruktur entsprechen völlig der progressiven Tendenz zur Verstärkung der intensiven Entwicklung der Volkswirtschaft. Die Industrie ist zum führenden Zweig geworden, in dem 62 Prozent des gesellschaftlichen Gesamtprodukts und 50 Prozent des Nationaleinkommens geschaffen werden. Dabei erfolgten beträchtliche Veränderungen auch in der Struktur der Arbeitskräfte in den einzelnen Industriezweigen. So nehmen nach der Zahl der Beschäftigten der Maschinenbau und die metallverarbeitende Industrie den ersten Platz ein, es folgen die Nahrungsgüterindustrie und die Textilindustrie. Die höchsten

Wachstumstempi erzielten in den letzten Jahren die Schwarzmetallurgie, der Maschinenbau, die metallverarbeitende Industrie, die Chemie- und die Gummiindustrie. Das bedeutet, daß die in der Struktur der Industrie vorgehenden Veränderungen zur Erhöhung der Rolle sehr wichtiger und für die Volkswirtschaft effektiver Zweige und Produktionsarten führen.

Tabelle 8

Die Beschäftigtenstruktur der VR Bulgarien in der Sphäre der materiellen Produktion nach Zweigen (in Prozent)

Jahre	Sphäre der mat. Produktion insgesamt	Industrie	Bauwesen	Landwirtschaft	Forstwirtschaft	Transportwesen	Post- und Fernmeldewesen	Handel, mat.-techn. Versorgung, Aufkauf	Übrige Zweige der Sphäre der mat. Prod.
1948	100,0	8,2	2,0	85,6	0,2	1,3	0,3	2,3	0,0
1952	100,0	11,9	3,6	78,3	0,5	2,1	0,5	3,1	0,0
1956	100,0	13,9	3,6	75,5	0,5	2,7	0,5	3,2	0,1
1960	100,0	24,1	5,7	60,2	0,8	3,8	0,7	4,5	0,2
1965	100,0	29,4	7,8	50,4	0,5	5,0	0,8	5,8	0,3
1970	100,0	35,0	9,7	40,7	0,7	5,7	0,7	7,1	0,2

Der Prozeß der Verringerung der Beschäftigtenzahl in der Landwirtschaft ist, wie wir bereits betonten, völlig gesetzmäßig, da infolge des wissenschaftlich-technischen Fortschritts die Maßstäbe der Ersetzung lebendiger Arbeit durch vergegenständlichte zunehmen. Das ermöglicht es, einen Teil der Arbeitskräfte einzusparen und die verbleibenden Werktätigen rationeller einzusetzen.

Beinahe bei allen Arten der landwirtschaftlichen Tätigkeit in der VR Bulgarien zeigt sich die Tendenz, die Nutzung der Arbeitskräfte über das ganze Jahr hinweg zu verbessern. Der Anteil jener Teilzweige und Tätigkeitsarten, in denen die Arbeitskräfte relativ vollständig genutzt werden, wie in der Viehzucht, den mechanisierten Arbeiten und dem Autotransport, hat zugenommen. Immer noch gibt es jedoch in der Landwirtschaft eine saisonbedingte Nutzung der Arbeitskräfte. Zur Überwindung dieses Mangels werden folgende Maßnahmen durchgeführt:

– die Rolle jener Arten der landwirtschaftlichen Tätigkeit, in denen die Auslastung der Arbeitskräfte das Jahr über höher ist, wird verstärkt;

– es werden Anstrengungen zur Verlängerung des Produktionszyklus unternommen. Wo dies möglich ist, werden dazu die Arbeitsfristen revidiert und die Arbeitskräfte entsprechend verteilt;

– die Arbeitskräfte aus dem Pflanzenbau werden nach Abschluß der Feldarbeiten zur Arbeit in jenen Bereichen eingesetzt, die sich mit der Verarbeitung landwirtschaftlicher Rohstoffe befassen, oder in den Betrieben der Nahrungsgüterindustrie;

– es werden Nebenarten der Tätigkeit entwickelt, die – wenngleich nicht mit der landwirtschaftlichen Produktion verknüpft – es ermöglichen, die Vollbeschäftigung der Bauern über das ganze Jahr zu sichern; in dieser Hinsicht verfügen die bulgarischen Landwirtschaftsbetriebe über entsprechende Erfahrungen bei der Entwicklung von Werkstätten für Holzbearbeitung, Töpferarbeiten, Teppichknüpferei und dergleichen mehr.

Eine außerordentlich wichtige Rolle bei der Überwindung des Saisoncharakters in der Nutzung der landwirtschaftlichen Arbeit sollen die Agrar-Industrie-Komplexe spielen. Sie schaffen die Möglichkeit, verschiedene Arten von Tätigkeiten zu entwickeln, um die Vollbeschäftigung der Werktätigen das ganze Jahr über zu sichern.

Wenn wir die Arbeitskräfte der Landwirtschaft als ein Arbeitskräftereservoir für andere Zweige und Tätigkeitsarten betrachten, dann müssen wir ihre Altersstruktur in Rechnung stellen. Die Zahlen lassen erkennen, daß der Anteil jüngerer Menschen in der Landwirtschaft deutlich zurückgegangen ist. So befanden sich zum Beispiel 1968 nur 30,2 Prozent der Mitglieder der landwirtschaftlichen Genossenschaften, die ständig in diesen Betrieben arbeiten, im Alter unter 36 Jahren. Allein innerhalb von 6 Jahren (1962–1968) sank die absolute Zahl der Werktätigen dieser Altersgruppe in der Landwirtschaft von 521000 auf 288000 Personen, also fast um die Hälfte.

Zugleich ist zu beachten, daß die Reproduktion junger Arbeitskräfte auf dem Lande nur in sehr beschränktem Umfang erfolgt. Das alles zeigt, daß die Landwirtschaft Bulgariens in Zukunft keine solche Arbeitskräftequelle mehr sein wird, wie sie das bisher war.

Die Lösung der Aufgaben, die der X. Parteitag der BKP zur Industrialisierung, komplexen Mechanisierung und Automatisierung der landwirtschaftlichen Produktion gestellt hat, wird es natürlich auch in Zukunft ermöglichen, in der Landwirtschaft Arbeitskräfte einzusparen. Wegen ihrer altersmäßigen Zusammensetzung und Qualifikation können sie jedoch nicht vollständig in den anderen Zweigen und Tätigkeitsarten eingesetzt werden, in denen hochqualifizierte Arbeiter gebraucht werden. Der Teil der erwachsenen Bevölkerung, für den es schwer ist, sich zu qualifizieren und sich den neuen Bedingungen anzupassen, wird deshalb – obwohl nicht völlig ausgelastet – in der Landwirtschaft bleiben müssen.

Bei der Anwerbung von Arbeitskräften aus der Landwirtschaft darf auch eine andere Besonderheit nicht außer acht gelassen werden. In diesem Zweig werden unter den neuen Bedingungen ebenfalls immer dringender hochqualifizierte Arbeitskräfte gebraucht, wobei es sich hauptsächlich um jüngere Personen handelt. Dies bedeutet, daß die Erfüllung wichtiger Beschlüsse der Partei zur Überführung der Landwirtschaft auf eine industrielle Grundlage unmöglich wird, wenn die Ressourcen der Landwirtschaft an jungen Kräften völlig ausgeschöpft werden. Bei der Freisetzung von Arbeitskräften aus der Landwirtschaft muß deshalb beachtet werden, daß diesem Zweig genügend junge Arbeitskräfte belassen werden, um die neue landwirtschaftliche Technik zu bedienen und die komplizierte landwirtschaftliche Produktion zu leiten.

In extrem hohem Tempo hat sich in den Jahren der Volksmacht das Bauwesen entwickelt. So ist im Zeitraum 1948 bis 1970 die Zahl der Beschäftigten in diesem Zweig annähernd auf das Vierfache gewachsen. Die Notwendigkeit des Baus neuer Betriebe, der Rekonstruktion und Modernisierung der alten Betriebe sowie die schnelle Ablösung der Produktionsfonds machten es erforderlich, gleichzeitig mit der Einführung der neuen Technik im Bauwesen ständig auch die Beschäftigtenzahl zu erhöhen. Hier müssen wir betonen, daß ungeachtet der ständigen Steigerung der Pro-Kopf-Leistung bei den Bau- und Montagearbeiten die Reserven in dieser Hinsicht immer noch nicht völlig ausgeschöpft sind. Die Zahlen lassen erkennen, daß die Bautechnik unvollständig genutzt wird und auch noch manche Möglichkeiten zur Verbesserung der Arbeitsorganisation existieren. Die Nutzung dieser Reserven würde zur Steigerung der Arbeitsproduktivität und damit zur Verstärkung der intensiven Entwicklung dieses Zweiges beitragen. Auch der Saisoncharakter in der Nutzung der Arbeitskräfte im Bauwesen ist noch immer nicht ganz überwunden. Durch die umfassendere Einführung industrieller Methoden im Bauwesen, die Verbesserung der Arbeits- und Produktionsorganisation sowie durch den Einsatz entsprechender Ausrüstung für die Heizung der Baustellen in der Wintersaison kann in der VR Bulgarien, wo der Winter relativ mild ist, der Saisoncharakter der Arbeit in diesem Zweig völlig überwunden werden.

Der Aufschwung der Industrie und der Landwirtschaft sowie die verstärkte Spezialisierung und Kooperation der Produktion haben zu einer beträchtlichen Entwicklung des Gütertransports geführt. Die Erhöhung des Lebensniveaus und des geistig-kulturellen Niveaus des Volkes wirkte sich positiv auf die Entwicklung des Personenverkehrs aus. Die Beschäftigtenzahl im Transportwesen stieg infolgedessen von 1948 bis 1970 auf mehr als das Vierfache. Mit der Entwicklung des Transportwesens erfolgen auch beträchtliche Veränderungen in der Beschäftigtenstruktur der Arbeitskräfte in diesem Zweig. Der Anteil der im Eisenbahnwesen Beschäftigten sinkt, und es steigt der Anteil der Beschäftigten im Autotransport, Lufttransport und Wassertransport.

Die Entwicklung der Spezialisierung und Kooperation der Produktion, die Verstärkung des Marktaufkommens der Landwirtschaft usw. führten auch zu einer schnellen Zunahme der Beschäftigtenzahl im Handel, in der materiell-technischen Versorgung und den Aufkauforganisationen. Im Zeitraum von 1949 bis 1969 wuchs die Zahl der hier Beschäftigten um das 2,7fache. Die Bedienung der Bevölkerung durch den Handel kann indessen immer noch nicht als zufriedenstellend betrachtet werden. Obwohl in der VR Bulgarien heute auf 1000 Einwohner 29 Mitarbeiter des Handels entfallen, befindet sich die Bedienung der Bevölkerung durch den Handel immer noch auf einem niedrigeren Niveau als in den industriell entwickelten Ländern.

Gleichzeitig mit dem schnellen Wachstum der Zahl und des Anteils der Beschäftigten in den Zweigen der nichtproduzierenden Sphäre kam es in ihnen zu wesentlichen Strukturveränderungen. Besonders schnell entwickelten sich die Wissenschaft und wissenschaftlichen Dienstleistungen. Die Zahl der in diesem Zweig Beschäftigten stieg auf das Dreißigfache; heute sind von 1000 Einwohnern 6 in der Wissenschaft und bei wissenschaftlichen Dienstleistungen tätig. Zugleich schließt das quantitative Wachstum nicht aus, sondern setzt voraus, daß der qualitativen Seite der zur Arbeit in diesem wichtigen Zweig herangezogenen Kader große Beachtung geschenkt wird.

Eine stürmische Entwicklung hat in den Jahren der Volksmacht auch das Bildungswesen genommen. Die Reproduktion der riesigen Zahl von Spezialisten und hochqualifizierten Arbeitern sowie die wachsenden kulturellen Bedürfnisse der Bevölkerung machten es erforderlich, die Zahl der im Bereich von Bildung, Kultur und Kunst tätigen Menschen von 1948 bis 1970 um das 3,7fache zu erhöhen.

Zu den wichtigsten sozialen Errungenschaften des bulgarischen Volkes gehören die kostenlose medizinische Hilfe, die Rentenversorgung und dergleichen. In diesem Zusammenhang ist ein System entsprechender Einrichtungen geschaffen worden, und die Zahl der Beschäftigten im Gesundheitswesen, in der Sozialversicherung und im Bereich von Körperkultur und Sport hat sich annähernd versiebenfacht.

Eine gewaltige Arbeit ist in Bulgarien zur Entwicklung der Kommunalwirtschaft geleistet worden. Gleichzeitig mit der Einbeziehung der Frauen in die Sphäre der gesellschaftlichen Produktion wurde eine Reihe von Maßnahmen getroffen, um die Dienstleistungen für die Bürger zu verbessern. Das Netz der Wäschereien, Plättereien und anderen kommunalen Dienstleistungseinrichtungen wurde erweitert. Das machte es erforderlich, die Zahl der Berufstätigen in diesem Zweig von 1948 bis 1970 auf das 5,1fache zu erhöhen. Freilich muß gleich eingeschränkt werden, daß das Netz dieser Einrichtungen noch keineswegs ausreicht, um den infolge der massenhaften Einbeziehung der Frauen in die gesellschaftliche Produktion ständig steigenden Bedürfnissen gerecht zu werden. Daraus ergibt sich die Notwendigkeit, diesen Zweig auch in Zukunft beschleunigt zu entwickeln.

Die Prognose der Zweigstruktur der Beschäftigten stellt eine sehr komplizierte Aufgabe dar. Die Möglichkeiten, die Extrapolation als Prognosemethode zu benutzen, sind in diesem Falle äußerst beschränkt, weil sich die Intensität der Entwicklung in den einzelnen Zeitabschnitten beträchtlich verändert.

Bei der Prognostizierung der Zweigstruktur der Beschäftigten haben wir uns auf die Analyse ihrer Entwicklung in der VR Bulgarien bis in die Gegenwart sowie auf Tendenzen gestützt, die in industriell entwickelten Ländern zu beobachten sind. Dabei haben wir gleichzeitig mit der vergleichenden Analyse auch Extrapolationseinschätzungen benutzt. Diese Methode kann die gewünschten Ergebnisse nur dann erbringen, wenn die Zweigentwicklung auf einem sehr hohen Grad der Zusammenfassung der einzelnen Zweige prognostiziert wird, wenn also zum Beispiel die Entwicklung der Zweige der Volkswirtschaft prognostiziert wird. Die Ergebnisse der Prognose werden in Tabelle 9 dargestellt. (Die Prognose beruht auf der optimistischen Variante der Prognose der Bevölkerungszahl und des Beschäftigtengrades.)

Tabelle 9

Prognose der Beschäftigtenstruktur nach Zweigen

Bezeichnung	1968	1975	1980	1985	1990	1995	2000
1	2	3	4	5	6	7	8
	Anteil in 1000 Personen						
Beschäftigte in der Volkswirtschaft	4101,4	4518,9	4689,9	4709,0	4750,8	4892,5	5158,0
davon							
Beschäftigte in der Sphäre der materiellen Produktion	3615,8	3714,5	3742,5	3658,9	3539,4	3478,6	3519,5
davon							
Industrie	1190,1	1377,0	1453,9	1483,3	1496,0	1540,1	1624,5
Landwirtschaft	1605,0	1306,0	1186,6	1045,5	890,0	733,0	610,5
Forstwirtschaft	20,3	27,1	28,1	28,2	28,5	29,4	30,9
Bauwesen	322,1	392,1	417,4	419,1	421,8	435,4	458,9
Transportwesen	203,8	243,0	262,6	273,1	280,4	295,5	315,5

Fortsetzung Tabelle 9

Bezeichnung	1968	1975	1980	1985	1990	1995	2000
1	2	3	4	5	6	7	8
Post- und Fernmeldewesen	30,0	31,6	32,8	37,7	38,0	39,1	41,2
Handel	231,6	324,2	347,0	357,9	370,5	391,5	422,5
andere Zweige der Sphäre der materiellen Produktion	12,9	13,5	14,1	14,1	14,2	14,7	15,5
Beschäftigte in der nichtproduzierenden Sphäre	485,6	804,4	947,4	1050,1	1211,4	1413,9	1638,5
	Anteil in Prozent						
Beschäftigte in der Volkswirtschaft	100,0	100,0	100,0	100,0	100,0	100,0	100,0
davon							
Beschäftigte in der Sphäre der materiellen Produktion	88,1	82,2	79,8	77,7	74,5	71,1	68,3
davon							
Industrie	29,0	30,5	31,0	31,5	31,5	31,5	31,5
Landwirtschaft	39,1	28,8	25,3	22,2	18,7	15,0	11,9
Forstwirtschaft	0,5	0,6	0,6	0,6	0,6	0,6	0,6
Bauwesen	7,8	8,7	8,9	8,9	8,9	8,9	8,9
Transportwesen	5,0	5,4	5,6	5,8	5,9	6,0	6,1
Post- und Fernmeldewesen	0,7	0,7	0,7	0,8	0,8	0,8	0,8
Handel	5,7	7,2	7,4	7,6	7,8	8,0	8,2
andere Zweige der Sphäre der materiellen Produktion	0,3	0,3	0,3	0,3	0,3	0,3	0,3
Beschäftigte in der nichtproduzierenden Sphäre	11,9	17,8	20,2	22,3	25,5	28,9	31,7

Wie die Prognoseangaben zeigen, wird das schnellere Wachstum der Beschäftigtenzahl in der nichtproduzierenden Sphäre sich in Zukunft fortsetzen. Gegen das Jahr 2000 wird diese Zahl um das 3,4fache über dem Stand von 1968 liegen. Diese Tendenz des beschleunigten Wachstums der Beschäftigtenzahl in der nichtproduzierenden Sphäre ist durch die besondere Rolle bedingt, die jene Zweige und Tätigkeitsarten künftig spielen werden, die mit der intensiven Entwicklung verknüpft sind (die Wissenschaft, die von der Beschäftigtenstatistik zur nichtproduzierenden Sphäre gezählt wird, das Bildungswesen, die Dienstleistungen).

Die Wissenschaft wird die entscheidende Rolle bei der Entwicklung des Landes spielen. Bei den begrenzten Möglichkeiten zur extensiven Entwicklung kann sie allein zur Beschleunigung des wissenschaftlich-technischen Fortschritts und zur Verstärkung der intensiven Entwicklung des Landes beitragen. Unentwegt und in zunehmendem Maße erhöht sich die Bedeutung des Bildungswesens, das sich ebenfalls in beschleunigtem Tempo entwickeln muß.

In immer größerem Maßstab werden sich auch die Dienstleistungen für die Bevölkerung entwickeln. Das ergibt sich aus der Entwicklung des wissenschaftlich-technischen Fortschritts und der Notwendigkeit, die Frauen von der Hausarbeit zu entlasten, um sie in noch größerer Zahl in den Bereich der gesellschaftlichen Produktion einzubeziehen. Dies alles führt zu einem erheblichen Wachstum der Beschäftigtenzahl in der nichtproduzierenden Sphäre.

Was nun die Sphäre der materiellen Produktion betrifft, so wird hier die Beschäftigtenzahl bis 1980 zunehmen und sich danach zu verringern beginnen; der Anteil dieser Sphäre wird sich ebenfalls von 88 Prozent im Jahre 1968 auf 68 Prozent im Jahre 2000 verringern.

Die Einführung der komplexen Mechanisierung und Automatisierung der landwirtschaftlichen Prozesse sowie die Umstellung einer Reihe von Arten der landwirtschaftlichen Produktion auf eine industrielle Basis werden es auch in Zukunft ermöglichen, Arbeitskräfte aus der Landwirtschaft freizusetzen. Im Jahre 2000 wird die Beschäftigtenzahl in diesem Zweig etwa 12 Prozent der Gesamtzahl der Beschäftigten der Volkswirtschaft ausmachen.

Die Industrie wird sich auch in Zukunft sowohl intensiv als auch extensiv entwickeln. Diese Annahme wird durch die Erfahrungen fast aller ökonomisch entwickelten Länder gestützt. Es wird deshalb angenommen, daß die absolute Beschäftigtenzahl in diesem Zweig zunehmen wird. Bis 1985 wird auch ihr Anteil an der Gesamtzahl der Beschäftigten zunehmen und sich danach bis zum Ende des Prognosezeitraums auf einem Stand von 31,5 Prozent stabilisieren.

Die Bedeutung des Bauwesens sowohl bei der Erweiterung der materiell-technischen Basis der Produktion und der beschleunigten Modernisierung der Produktionsgrundfonds als auch bei der Erweiterung der kulturellen und sozialen Einrichtungen usw. wird in Zukunft noch zunehmen. Daher kann ein sowohl absolutes als auch relatives Wachstum der Beschäftigtenzahl im Bauwesen bis zum Jahre 1980 angenommen werden. In den Jahren von 1981 bis zum Jahre 2000 wird sich das absolute Wachstum der Beschäftigtenzahl in diesem Zweig fortsetzen, ihr prozentualer Anteil an der Gesamtbeschäftigtenzahl wird jedoch unverändert bei 8,9 Prozent liegen. Dabei wird berücksichtigt, daß die Möglichkeiten zur Verstärkung der Rolle der intensiven Wachstumsfaktoren im Bauwesen noch immer nicht vollständig genutzt werden. Es gibt noch Reserven für den rationelleren Einsatz der Baumaschinen, für die Verbesserung der Organisation der Arbeit und der Produktion im Bauwesen usw. In den nächsten Jahren wird in diesem Zweig die Durchführung der komplexen Mechanisierung der Bau- und Montagearbeiten erweitert werden, was zu einer Erhöhung der Bedeutung der Rolle der intensiven Faktoren führen wird.

Die Bedeutung sowohl des Güterverkehrs als auch des Personenverkehrs wird weiter zunehmen. Die sich entfaltende wissenschaftlich-technische Revolution setzt eine weitere Entwicklung der Spezialisierung und Kooperation der gesellschaftlichen Produktion voraus. Die territorialen Grenzen, innerhalb derer sich der Kreis der wechselseitig verbundenen und kooperierenden Produktionen schließt, werden immer weiter. Das erhöht die Bedeutung des Transportwesens in beträchtlichem Maße. In Zukunft wird in noch höherem Maße ein schnelles und effektives Transportwesen erforderlich sein. Die wachsende Rolle des Transportwesens wird noch offensichtlicher, wenn man die verstärkte Integration im Rahmen des RGW berücksichtigt. Darum wird eine Zunahme sowohl der absoluten Zahl als auch des Anteils der Beschäftigten im Transportwesen angenommen, der im Jahre 2000 etwa 6,1 Prozent der Gesamtzahl der in der Volkswirtschaft Beschäftigten – gegenüber 5 Prozent in der Gegenwart – betragen wird.

Außerordentliche Wichtigkeit wird auch der Entwicklung des Handels beigemessen. Es ist nicht nur der gegenwärtige Rückstand der VR Bulgariens gegenüber anderen Ländern auf diesem Gebiet zu überwinden, sondern auch das Handelsnetz muß erheblich erweitert werden. Zur Einsparung von Freizeit ist es erforderlich, daß der überwiegende Teil der Bevölkerung von der Gemeinschaftsverpflegung erfaßt wird. Das wird eine absolute und relative Zunahme der Beschäftigtenzahl zur Folge haben.

Ein anderes Vorgehen bei der Prognostizierung der Zweigstruktur der Beschäftigten stützt sich auf ein makroökonomisches Modell vom Typ der Verflechtungsbilanz. Ausgehend von der unter unseren Bedingungen zweckmäßigsten Verbindung der extensiven und intensiven Entwicklungswege der einzelnen Zweige, wurde der Bedarf an lebendiger Arbeit in jedem Zweig ermittelt (s. Tabelle 10).

Auf Grund einer Reihe von methodologischen und anderen Ursachen ist es nicht möglich, die Ergebnisse der beiden Prognosevarianten völlig zu vergleichen. Doch können die Entwicklungstendenzen, die sich bei beiden

Tabelle 10

Prognose der Zweigstruktur der Beschäftigten in der VR Bulgarien auf der Grundlage eines Modells vom Typ der Verflechtungsbilanz (in Prozent) *

Bezeichnung	1975	1980	1985	1990	1995	2000
Beschäftigte in der Volkswirtschaft	100,0	100,0	100,0	100,0	100,0	100,0
davon						
Beschäftigte in der Sphäre der mat. Produktion	85,5	81,8	79,1	76,1	72,4	68,3
davon						
Industrie	31,9	32,5	33,2	33,6	33,5	32,7
Landwirtschaft	32,2	26,8	22,2	17,5	13,4	10,2
Bauwesen	7,4	7,6	7,7	7,9	7,5	7,1
Transport- und Nachrichtenwesen	6,3	6,4	6,5	6,6	6,6	6,4
Handel, materiell-techn. Versorgung und Aufkauf	6,8	7,8	8,8	9,6	10,6	11,2
Beschäftigte in der nichtproduzierenden Sphäre	14,5	18,2	20,9	23,9	27,6	31,7

* Die Berechnungen wurden mit Unterstützung der Staatlichen Plankommission der VRB vorgenommen.

Prognosemethoden abzeichnen, begründet werden. Es ist zu unterstreichen, daß insgesamt die Grundtendenzen der Entwicklung der einzelnen Zweige in beiden Prognosevarianten übereinstimmen. So wird eine Vergrößerung des Beschäftigtenanteils in der nichtproduzierenden Sphäre angenommen sowie eine ständige – absolute wie relative – Verringerung der Beschäftigtenzahl in der Landwirtschaft. Diese Verringerung ist allerdings in der zweiten Variante deutlicher ausgeprägt; der Anteil der in der Landwirtschaft Tätigen an der Gesamtzahl der Beschäftigten beträgt danach im Jahre 2000 etwa 10,2 Prozent, während es nach der ersten Variante rund 12 Prozent sind. Die Beschäftigtenzahl in der Industrie wird nach beiden Varianten bis 1990 absolut und relativ zunehmen, sich dann stabilisieren, und gegen Ende des Prognosezeitraums wird ein sehr geringer Rückgang zu beobachten sein. Die Dynamik der Beschäftigtenzahl im Bauwesen wird bis 1990 ebenfalls eine Tendenz zu absoluter und relativer Erhöhung aufweisen, der ein geringer relativer Rückgang folgen wird. Die Tendenzen in der Entwicklung der übrigen Zweige stimmen überein.

Die Dynamik der Arbeitskräfteressourcen und ihr Einsatz in der Volkswirtschaft der VR Bulgarien in der Perspektive wirft also eine Reihe von wichtigen Problemen auf, die rechtzeitig gelöst werden müssen. Berücksichtigt man, daß in der betrachteten Periode eine Tendenz zur Verringerung des Volumens der erweiterten Reproduktion der Arbeitskräfte erwartet wird (und in der ersten Hälfte der achtziger Jahre sogar eine Tendenz zu einer gewissen Abnahme der Arbeitskräfteressourcen), so gewinnt das Problem des rationellen Einsatzes der Werktätigen in der Volkswirtschaft noch größere Bedeutung. Zu den Schlüsselaufgaben, die auf diesem Gebiet in der VR Bulgarien der Lösung entgegensehen, gehört die optimale Verteilung der Arbeitskräfte auf die Sphären, Zweige und Berufe. In der Periode der sich entfaltenden wissenschaftlich-technischen Revolution, in der sich eine Anzahl von Zweigen und Tätigkeitsarten hauptsächlich auf intensivem Wege entwickeln muß, werden unvermeidlich Arbeitskräfte freigesetzt werden; sie müssen schnell umgeschult und in jenen Zweigen und Tätigkeitsarten eingesetzt werden, in denen das objektive Bedürfnis nach extensiven Entwicklungsquellen besteht.

Es wird ein ganzes System von Maßnahmen in Angriff genommen werden, die darauf gerichtet sind, alle bisher ungenutzten Arbeitskräftereserven in die gesellschaftliche Produktion einzuführen. Die Arbeit von Rentnern und Invaliden, die sich ihre Arbeitsfähigkeit ganz oder teilweise erhalten haben, wird in größerem Umfang genutzt werden. Abgeschafft werden auch die Fälle der Bildung besonderer Arbeitskräftereserven, die sich daraus ergeben, daß Personen, die die Ausbildung abgeschlossen haben, nicht sofort in die gesellschaftliche Produktion einbezogen werden, weil sich die Wahl des Arbeitsplatzes hinzieht. Besondere Beachtung verdient das Problem der richtigen Verteilung der Arbeitskräfte auf die Arbeitsplätze in Übereinstimmung mit einer sorgfältigen Beurteilung der Qualifikation jedes Werktätigen.

In der Zukunft werden neue, komplizierte Aufgaben entstehen, die mit dem Einsatz der Arbeitskräfteressourcen verknüpft sind. Das sind die Aufgaben, die mit der Notwendigkeit der ständigen Anpassung der Werktätigen an die Bedürfnisse des wissenschaftlich-technischen Fortschritts zusammenhängen. In der VR Bulgarien wie in den anderen sozialistischen Ländern werden die Wege erforscht, solche Aufgaben im Interesse des Aufschwungs der gesellschaftlichen Produktion und der allseitigen Entwicklung der Persönlichkeit zu lösen.

KAPITEL IV

Die langfristige Planung der Beschäftigung in der Ungarischen Volksrepublik

Schon mehr als zwei Jahrzehnte lang, von Beginn der volkswirtschaftlichen Planung an, wird in der Ungarischen Volksrepublik neben der Aufstellung von mittelfristigen und kurzfristigen Volkswirtschaftsplänen die Ausarbeitung von langfristigen Prognosen und Plänen für die einzelnen Gebiete der sozialökonomischen Entwicklung praktiziert. Ursprünglich wurden durch die langfristige Perspektivplanung nur solche Gebiete erfaßt, in denen die „Durchlaufzeit" der Prozesse außerordentlich lang ist oder deren sozialökonomische Auswirkung sich erst in ferner Zukunft zeigt. Als ein in dieser Hinsicht typisches Gebiet können die demographischen Prozesse sowie die Prozesse der Herausbildung der Arbeitskräfteressourcen gelten.

Seit Anfang der sechziger Jahre erfolgt in der UVR eine regelmäßige Perspektivplanung des Bevölkerungszuwachses und des Beschäftigungsstandes. Zuerst dienten diese Berechnungen dazu, die Dynamik der demographischen Prozesse, der Herausbildung der Arbeitskräfteressourcen sowie des Arbeitskräftebestandes festzustellen; später, seit Mitte der sechziger Jahre, wurde damit begonnen, auch zusammengefaßte perspektivische Arbeitskräftebilanzen auszuarbeiten.

Die bis heute gewonnenen Erfahrungen zeigen, daß ein koordiniertes System kurz-, mittel- und langfristiger Planung sowie der Ausarbeitung von Prognosen für unterschiedliche Zeiträume, das auf der methodischen und ständigen Durchführung entsprechender Berechnungen basiert, die gegenseitige Kontrolle von Plänen und Prognosen gewährleistet und die wissenschaftliche Begründung der Pläne verbessert. In diesem System dient die Perspektivplanung als Grundlage für die Ausarbeitung alternativer Varianten der Strategie auf dem Gebiet der demographischen Politik und der Beschäftigungspolitik, wodurch eine weitaus zuverlässigere Basis für die Entscheidungsfindung durch die Leitungsorgane geschaffen wird.

Eine neue Etappe der langfristigen Perspektivplanung begann in der UVR Ende des Jahres 1967, als die Aufgabe gestellt wurde, einen komplexen Volkswirtschaftsplan für die Jahre von 1970 bis 1985 und danach für die Jahre von 1976 bis 1990 vorzubereiten, der die Gesamtheit der sozialökonomischen Prozesse erfassen sollte. Die Wichtigkeit dieser Arbeitsrichtung unter den gegenwärtigen Bedingungen wurde in den Beschlüssen des X. Parteitags der USAP noch einmal hervorgehoben: „Das sich beschleunigende Entwicklungstempo, die bessere Ausnutzung der Möglichkeiten der internationalen ökonomischen Zusammenarbeit und die auf die konsequente Entfaltung der sozialistischen ökonomischen Integration gerichtete Tätigkeit erfordern die Ausarbeitung von langfristigen Plänen und Prognosen der ökonomischen Entwicklung.“ [1]

Mit den anderen Aufgaben der langfristigen Planung wächst auch die Bedeutung der Perspektivplanung der demographischen Entwicklung und des Beschäftigungsstandes. Zunächst wurden die Entwicklung der vergangenen Jahrzehnte und die gegenwärtige Lage auf diesen Gebieten kritisch analysiert. Auf dieser Grundlage wurden Hypothesen für Entwicklungsperspektiven ausgearbeitet, die den Rahmen und die Richtung für die Planung lieferten. Ziel der anschließenden Arbeit war die Vorbereitung einer perspektivischen Plankonzeption des Beschäftigungsstandes. Schließlich wurden die auf den einzelnen Gebieten vorgenommenen Planausarbeitungen synthetisiert und integriert und Varianten eines zusammenfassenden Volkswirtschaftsplans aufgestellt.

Methodologisch wird die Perspektivplanung der Beschäftigung im Rahmen eines komplexen Systems der Arbeitskräftebilanzen durchgeführt. Ausgangspunkt für die Planung war eine Prognose der Arbeitskräfteressourcen und des Bedarfs an Arbeitsplätzen. Danach wurden einige Varianten der demographischen Prognosen bis zum Jahre 2000 erarbeitet, die sich auf eine unterschiedliche Dynamik der Sterbe- und der Geburtenrate gründeten.

Bei der Aufstellung der Prognose für die Arbeitskräfteressourcen unter den Männern wurde von der Ausgangsprämisse ausgegangen, daß alle Männer in der Volkswirtschaft tätig sind. Was die Prognose der Arbeitskräfteressourcen unter den Frauen angeht, so erforderte ihre Ausarbeitung eine allseitige Analyse der Arbeit in der Hauswirtschaft und der Hypothesen über den Beschäftigtengrad der verschiedenen Altersgruppen der arbeitsfähigen Frauen. Auf dieser Grundlage wurden Prognosen über die Arbeitskräfteressourcen unter den Frauen und die Veränderungen des Beschäftigtengrades der Frauen aufgestellt.

Bei der Planung der Arbeitskräfteressourcen und des Anteils der Bevölkerung, der in der Volkswirtschaft beschäftigt werden kann, darunter auch bei der Planung des Beschäftigtengrades der Frauen, spielten perspektivische Berechnungen des Bildungsniveaus der Bevölkerung eine wichtige Rolle.

Und schließlich wurde auf der Grundlage der erwarteten Zahl der Be-

[1] X s-ezd Vengerskoj socialističeskoj rabočej partii, Moskau 1971, S. 213.

völkerung, die das arbeitsfähige Alter überschritten hat, und unter Berücksichtigung der verschiedenen Faktoren, die ihren Beschäftigungsgrad bedingen, eine Prognose der Beschäftigtenzahl dieser Bevölkerungsgruppe ausgearbeitet.

Diese Prognosen bildeten die Grundlage für die Ausarbeitung perspektivischer Arbeitskräftebilanzen sowie für die Planung jener Kennziffern der volkswirtschaftlichen Entwicklung, die mit der Veränderung der Zahl und Struktur der Bevölkerung, darunter der Arbeitskräfteressourcen, verbunden sind.

Die Prognosedaten hinsichtlich der Perspektiven der demographischen Entwicklung sind von Fachleuten mit Hilfe der dafür erforderlichen Modelle und erprobten Algorithmen erarbeitet worden; dazu standen alle nötigen Parameter zur Verfügung. So konnten bei diesen Berechnungen weitgehend moderne Mittel der Rechentechnik eingesetzt werden.

Die Hypothesen, die für die prognostischen Einschätzungen benötigt wurden, basierten auf Berechnungen. Dazu wurden die Materialien früherer oder laufender ökonomischer und sozialer Forschungen benutzt; allerdings machten sich in einigen Fällen auch zusätzliche neue Untersuchungen erforderlich. Besondere Bedeutung wurde der allseitigen Untersuchung der Voraussetzungen und des Einflusses der wissenschaftlich-technischen Revolution beigemessen. In den Fällen, in denen die Ausgangshypothesen für die Prognose hinreichend durch Forschungen und Ausarbeitungen fundiert waren, konnten die Prognoseberechnungen mit relativ einfachen Methoden vorgenommen werden.

In der Prognosearbeit ist auch die Methode internationaler Vergleiche benutzt worden. Es wurden die allgemeinen internationalen Entwicklungstendenzen und die Berechnungen internationaler „Normative" berücksichtigt, die einem bestimmten Niveau der ökonomischen Entwicklung entsprechen.

Während der Arbeit an der Perspektivplanung der Arbeitskräfte, die in den meisten Fällen von den Planungsorganen gemeinsam mit wissenschaftlichen Institutionen vorgenommen wurde, wurden schwache Stellen in der Planungsarbeit aufgedeckt. Sie bestanden vor allem in Unzulänglichkeiten der ökonomischen, demographischen und soziologischen Begründung der Parameter der Ausgangshypothesen, die die Grundlage der Planung bilden. Im Verlauf der Beseitigung dieser Mängel ist die Verbindung zwischen den wissenschaftlichen Forschungen und der praktischen Arbeit gefestigt worden.

Perspektivische Probleme der Bevölkerungspolitik und die erwarteten Veränderungen in der Arbeitskräftebilanz

Die Perspektiven des Versorgungsgrades der Volkswirtschaft mit Arbeitskräften sind weitgehend von den Tendenzen der demographischen Entwicklung abhängig. Die demographische Situation in der Ungarischen Volksrepublik wird durch die in der ersten Hälfte der fünfziger Jahre einsetzende schnelle Verringerung der Geburtenrate und ihren niedrigen Stand zu Beginn der sechziger Jahre bestimmt, der die Möglichkeit selbst der einfachen Reproduktion der Bevölkerung für die Zukunft untergrub. In der zweiten Hälfte der sechziger Jahre ist die Geburtenziffer etwas gestiegen, erreicht aber noch immer nicht den gewünschten Stand. Hauptziel der Bevölkerungspolitik in der UVR ist deshalb in erster Linie die Stimulierung einer allmählichen Erhöhung der Geburtenrate mindestens bis zu einer solchen Höhe, die die Reproduktion der Bevölkerung gewährleistet.

Um die demographische Situation zu verbessern, bedarf es einer Veränderung der Auffassungen der gesamten Gesellschaft und besonders der jüngeren Altersgruppen über die erwünschte Kinderzahl in der Familie sowie einer wesentlichen Vergrößerung der materiellen Hilfe für kinderreiche Familien.

Unter den materiellen Stimulierungsmitteln der Bevölkerungspolitik spielen die Familienzuschläge sowie die 1967 in der UVR eingeführte Beihilfe für die Kinderpflege eine besonders wichtige Rolle. Die Erhöhung dieser finanziellen Zahlungen mindert nicht die Bedeutung von Kindereinrichtungen (Kinderkrippen, Kindergärten), da sie in beträchtlichem Maße die Situation der Familien erleichtern.

Eine spezielle und zunehmende Rolle bei der Formierung der demographischen Situation spielt heute auch die Versorgung mit Wohnraum. Das wird in den Volkswirtschaftsplänen berücksichtigt, die einen umfangreichen Wohnungsbau vorsehen.

Neben den materiellen Faktoren spielt auch die gesellschaftliche Einstellung, spielen Bewußtseinsfaktoren eine wichtige Rolle bei der Veränderung der demographischen Situation. Die in der UVR durchgeführte demographische Politik geht von der Notwendigkeit aus, sowohl ökonomische Maßnahmen als auch erzieherische Mittel, die das gesellschaftliche Bewußtsein beeinflussen, immer umfassender einzusetzen, um unter der Bevölkerung die Ansicht zu festigen: ein Kind ist ein großer Wert für unsere Gesellschaft, und Familien, die es auf sich nehmen, mehrere Kinder zu erziehen, verdienen die Anerkennung der Gesellschaft.

Nach den demographischen Prognosen bis 1990, die einen günstigen Einfluß der demographischen Politik annehmen, werden sich Zahl und Struktur der Bevölkerung folgendermaßen gestalten:

Tabelle 11

Zahl und Altersstruktur der Bevölkerung (zum Jahresbeginn) in der UVR

	1976	1981	1986	1990
Bevölkerungszahl (in Mio Pers.)	10,5	10,7	10,8	10,8
Altersstruktur (in Prozent)				
Bevölkerung im Alter zwischen 0 und 13 Jahren	18,9	20,2	20,2	19,3
Männer zwischen 14 und 59 und Frauen zwischen 14 und 54 Jahren	60,6	59,3	58,6	59,0

Hauptprinzip der Beschäftigungspolitik in der UVR ist die weitere Aufrechterhaltung der Vollbeschäftigung. Darunter verstehen wir, daß für alle diejenigen, die arbeiten wollen, auch in Zukunft eine ihrer Ausbildung und ihren Fähigkeiten entsprechende Arbeit gewährleistet werden muß. Dieses Prinzip wird unverändert im Maßstab der gesamten Gesellschaft verwirklicht werden. In den bevorstehenden Etappen der Entwicklung der Volkswirtschaft der UVR wird jedoch in der Politik der Vollbeschäftigung mehr als bisher das Prinzip der vollen Deckung des gesellschaftlichen Bedarfs an Arbeitskräften verbunden werden mit den Erfordernissen der ständigen Erhöhung der ökonomischen Effektivität der Produktion. Das bedeutet, daß die Vollbeschäftigung auf rationellere Weise als früher gewährleistet werden wird.

Die Sicherung der Vollbeschäftigung ist vor allem eine Aufgabe der zentralen Staatsorgane, die die Gesamtinteressen der Gesellschaft vertreten, und der Organe der örtlichen Räte, während Hauptaufgabe der Betriebe und Organisationen, die die Arbeitskräfte nutzen, die Steigerung der Arbeitsproduktivität sowie der Effektivität der Produktion ist. Große Bedeutung wird deshalb in der Ungarischen Volksrepublik der Schaffung von Bedingungen beigemessen, die die Betriebe dazu stimulieren, das Wachstum des Arbeitslohnes mit dem Wachstum der persönlichen Arbeitsproduktivität sowie der durchschnittlichen Arbeitsproduktivität im Betrieb zu verbinden und Maßnahmen zur Arbeitskräfteeinsparung durchzuführen. Die Durchführung solcher Maßnahmen wird gesetzmäßig mit einer erweiterten Umverteilung der Arbeitskräfte zwischen den Betrieben verbunden sein. Das bedeutet, daß in den Betrieben offensichtlich überflüssige oder unrationell genutzte Arbeitskräfte freigesetzt werden, um in anderen Betrieben oder bei anderen Tätigkeiten eingesetzt zu werden (ausgenommen jene Fälle, in denen der Betrieb Verpflichtungen der sozialen Sicherung zu erfüllen hat, zum Beispiel im Falle der Invalidität eines Werktätigen infolge eines Betriebsunfalls). Die Gewährleistung der Vollbeschäftigung schließt folglich die Umsetzung von Werktätigen zum Zwecke ihres rationelleren Einsatzes nicht aus, sondern setzt voraus, daß ein Teil der Arbeitskräfte zeitweilig zwischen zwei Arbeitsplätzen „unterwegs" ist. Im Zusammenhang mit der Veränderung der Produktionsbedingungen, die sich im Verlaufe der wissenschaftlich-technischen Revolution beschleunigt, werden solche Prozesse in Zukunft weitaus intensiver verlaufen als heute.

Damit wächst zugleich die Rolle der Staatsorgane, die für die Vollbeschäftigung verantwortlich sind. Von ihnen werden mehr Anstrengungen zur Gewährleistung aller erforderlichen Garantien dafür erbracht werden müssen, daß alle umzusetzenden Werktätigen Arbeit entsprechend ihrer Bildung und ihren Fähigkeiten erhalten. Der Staat wird den rationellen Umfang und die Richtungen dieser Umsetzung sichern und mit ihrem wachsenden Umfang Maßnahmen zur sozialen Sicherstellung und, wenn nötig, Umschulung treffen. Dafür werden die zentralen und örtlichen Organe die erforderlichen materiellen Mittel bereitstellen und eine soziale Atmosphäre aufrechterhalten, die eine gesellschaftlich notwendige Bewegung der Arbeitskräfte begünstigt.

Unter den Bedingungen der Vollbeschäftigung hängen die Veränderungen in der Zahl der zur Verfügung stehenden Arbeitskräfte in erster Linie von der Zahl der im arbeitsfähigen Alter stehenden Bevölkerung und ihren Veränderungen ab. Es ist kennzeichnend, daß die Bevölkerung im arbeitsfähigen Alter schon in der zweiten Hälfte der sechziger Jahre nur um 3,5 Prozent zugenommen hat; von 1970 bis 1975 wird sie lediglich um 1,6 Prozent wachsen, von 1975 bis 1985 abnehmen und erst nach 1985 langsam zu wachsen beginnen. Dennoch wird die Zahl der Berufstätigen 1990 geringer als 1975 sein. Der Beschäftigtengrad der Männer im arbeitsfähigen Alter (14 bis 59 Jahre) wird auch in Zukunft beim demographisch möglichen Maximum liegen. Die Beschäftigtenzahl der Männer dieser Altersgruppe kann demnach von 1971 bis 1990 annähernd um 6 bis 7 Prozent steigen (proportional dem natürlichen Zuwachs der männlichen Bevölkerung).

Der gegenwärtige Beschäftigtengrad der Frauen im arbeitsfähigen Alter ist im internationalen Vergleich relativ hoch (in vielen sozialistischen und einigen entwickelten kapitalistischen Ländern ist die ökonomische Aktivität der Frauen annähernd gleich oder höher). Bei der Einschätzung des zukünftigen Beschäftigtengrades der Frauen in der UVR ist zu berücksichtigen, daß das Bildungsniveau der jungen Frauen und Männer praktisch gleich sein wird, und daß das Arbeitsbedürfnis der gebildeten jungen Frauen weitaus höher ist als bei den aus dem Arbeitsprozeß ausscheidenden Frauen der älteren Generationen. Die sich entfaltende wissenschaftlich-technische Revolution wird zur Befriedigung dieses Bedürfnisses beitragen, weil sie die Zahl der für Frauen geeigneten Arbeitsplätze vergrößern wird. Deshalb kann trotz des Widerspruches zwischen der Berufstätigkeit der Frau in der Produktion und ihrer Arbeit in der Hauswirtschaft angenommen werden, daß sich die ökonomische Aktivität der Frauen weiter erhöht, wenngleich in geringerem Maße als früher. Infolge der Veränderungen in der Altersstruktur der Bevölkerung wird jedoch die Zahl der im arbeitsfähigen Alter befindlichen Frauen bis 1990 nur wenig zunehmen. Unter Berücksichtigung dieser Tatsache kann sich die Zahl der berufstätigen Frauen im arbeitsfähigen Alter von 1970 bis 1990 um 5 bis 6 Prozent erhöhen.

In Zukunft werden auch die Voraussetzungen für die Erhöhung der ökonomischen Aktivität des Bevölkerungsteils erweitert werden, der das arbeitsfähige Alter überschritten hat. Das System der Rentenversorgung in der UVR förderte das Ausscheiden der älteren Jahrgänge, die ihre Arbeitsfähigkeit häufig noch nicht verloren hatten, aus der gesellschaftlichen Produktion. Mit der Hinausschiebung des physiologischen Alterns, der Verbesserung der Arbeitsbedingungen und einer Veränderung der Rentenbedingungen, die die Beteiligung der älteren Altersgruppen an der gesellschaftlichen Produktion stärker stimulieren sollte (ohne Veränderung des Rentenalters), kann man allmählich den Beschäftigtengrad der Rentner erhöhen (das trifft jedenfalls auf die Altersgruppe zu, die das Rentenalter um höchstens 5 Jahre überschritten hat). Zur Erreichung dieses Zieles sind in der UVR seit 1972 die Rentenbedingungen verändert worden: Personen, die nach Erreichung des Rentenalters weiter arbeiten, besitzen nach Beendigung ihrer Arbeitstätigkeit das Recht auf eine höhere Rente.

Die neuen Regelungen werden dazu beitragen, daß die Zahl der berufstätigen Rentner 1990 nicht geringer, sondern voraussichtlich höher als heute sein wird.

Die Gesamtzahl der Berufstätigen in der Volkswirtschaft wird also von 5 Millionen im Jahre 1970 auf 5,2 Millionen im Jahre 1975 ansteigen. Im folgenden Jahrzehnt wird diese Zahl nur sehr langsam zunehmen und gegen 1990 rund 5,3 Millionen erreichen. Diese Größe kann mit einer Abweichung von $\pm$ 1 Prozent als eine relativ zuverlässige Grundlage für die Planung angesehen werden. Bei einem erwarteten Bevölkerungszuwachs in der UVR von etwa 4 Prozent im Zeitraum von 1970 bis 1990 kann die Beschäftigtenzahl um 5,5 bis 6 Prozent zunehmen, also jährlich um durchschnittlich 0,3 Prozent wachsen. Ein solcher Zuwachs ist jedoch erheblich niedriger als derjenige der vergangenen zwei Jahrzehnte, in denen die Größe der ökonomisch aktiven Bevölkerung durchschnittlich um 1,2 Prozent pro Jahr zunahm.

Die wissenschaftlich-technische Revolution schafft die materiellen Voraussetzungen für eine Verkürzung der Arbeitswoche und macht eine solche Verkürzung zugleich notwendig. Die jüngsten Erfahrungen bei der Arbeitszeitverkürzung in der UVR zeigen jedoch, daß es sich dabei um ein kompliziertes Problem handelt, dessen Lösung die strikte Berücksichtigung vieler Faktoren erfordert und einen verstärkten Kampf um die Steigerung der Arbeitsproduktivität voraussetzt.

Die im Jahre 1968 begonnene allgemeine Verkürzung der wöchentlichen Arbeitszeit auf 44 Stunden wird bis 1977 abgeschlossen. Ende der siebziger, Anfang der achtziger Jahre werden die Bedingungen dafür geschaffen sein, zur Fünftagewoche mit einer Arbeitszeit von 42,5 Stunden überzugehen, später wird man auch den bezahlten Urlaub verlängern können. Die Arbeitszeit wird jedoch nur in dem Maße verkürzt werden können, wie durch die Steigerung der Arbeitsproduktivität und der Effektivität der gesamten gesellschaftlichen Produktion die materiellen Voraussetzungen dafür geschaffen werden. Dazu ist es erforderlich, die Arbeitszeitverluste beträchtlich zu senken und die Arbeitszeit rationell zu nutzen. Dabei ist es zweckmäßig, in vernünftigen Grenzen Abweichungen von der gesetzlich festgelegten Dauer der Arbeitszeit zuzulassen, indem man unter bestimmten Umständen auf Wunsch des Werktätigen sowohl eine kürzere, als auch eine etwas längere Arbeitswoche praktiziert.

Bei einer Verkürzung der wöchentlichen Arbeitszeit auf 42,5 Stunden wird der durchschnittliche jährliche Arbeitszeitfonds je Beschäftigten 1985 um 8 bis 10 Prozent geringer als heute sein. Das bedeutet, daß bei dem geringen Wachstum der Beschäftigtenzahl der gesellschaftlichen Gesamtarbeitszeitfonds Mitte der achtziger Jahre fast der gleiche wie gegenwärtig sein wird.

Tabelle 12

Bilanz der Deckung des Arbeitskräftebedarfs der Volkswirtschaft in der VR Ungarn (in 1000 Personen)

	1971–1976	1976–1981	1981–1986	1986–1991
Bedarf:				
Zuwachs der Bevölkerungszahl	131	47	40	60
Natürlicher Verlust:				
Sterbeziffer	100	90	90	84
Erreichung des Rentenalters	420	419	490	480
Zahl der Empfänger von Beihilfen für die Kinderpflege	47	20	20	—

Fortsetzung Tabelle 12

	1971–1976	1976–1981	1981–1986	1986–1991
Studenten, die aus der gesellschaftlichen Produktion kommen	34	22	20	20
Insgesamt	732	598	660	644
Quellen der Bedarfsdeckung:				
Jugendliche, die nach der Ausbildung die Arbeit antreten	687	575	605	629
Zugänge aus der Zahl der unterhaltsberechtigten Familienmitglieder	45	23	55	15
Insgesamt	732	598	660	644

Diese Tatsache zeigt, daß die ungarische Volkswirtschaft an einem historischen Wendepunkt angelangt ist – die extensive Periode der ökonomischen Entwicklung ist abgeschlossen. Die UVR steht an der Schwelle einer neuen Epoche, in der die einzige Quelle des Fortschritts die Nutzung der inneren Reserven, die Erhöhung der Arbeitsproduktivität und der Effektivität der Produktion sein kann. Die Notwendigkeit, zur intensiven Entwicklung der Wirtschaft überzugehen, ist herangereift. Diese Forderung stimmt völlig mit den allgemeinen Richtungen der wissenschaftlich-technischen Revolution überein. Auf dem X. Parteitag der USAP wurde hervorgehoben: „Bei der Erfüllung der Volkswirtschaftspläne ist die erste und grundlegende Forderung ... zum intensiven Weg der Entwicklung überzugehen, zur Erhöhung der Effektivität der Produktion.“[2]

Die Veränderungen der Beschäftigtenstruktur

Großen Einfluß auf die Entwicklung der Volkswirtschaft werden in Zukunft Wandlungen in der Struktur der Arbeitskräfte ausüben. Mehr als 95 Prozent aller freiwerdenden und neuen Arbeitsplätze werden in den nächsten 15 bis 20 Jahren von Jugendlichen eingenommen werden, die zum erstenmal in den Arbeitsprozeß eintreten (bislang machte dieser Anteil 60 bis 80 Prozent aus). Infolgedessen wird sich die altersmäßige Zusammensetzung der Beschäftigten verbessern, was zusammen mit

[2] Ebenda, S. 127.

anderen positiven Faktoren die Umverteilung der Arbeitskräfte zwischen den Zweigen und Berufen sowie zwischen den Regionen des Landes erleichtern wird.

In Übereinstimmung mit den Anforderungen der wissenschaftlich-technischen Revolution wird sich das Niveau der Allgemeinbildung und der Berufsausbildung der Bevölkerung bis 1985 beträchtlich erhöhen. Dank des bis jetzt gesicherten schnellen quantitativen Wachstums der Bildungseinrichtungen wird in den folgenden 10 bis 15 Jahren nur eine geringe Erweiterung des Bildungssystems erforderlich sein, und das begünstigt eine Konzentration der Anstrengungen auf Anhebung des qualitativen Niveaus der Arbeit im Bildungswesen. Die junge Generation, die die Schulen absolviert, wird also mit einem zeitgemäßeren und festeren Vorrat an Kenntnissen und Fertigkeiten die Arbeit aufnehmen können.

Eine etwas langsamere quantitative Erweiterung des Bildungssystems in der Zukunft bedeutet nicht, daß das Bildungsniveau der jungen Generationen stagnieren wird. Im Gegenteil, dieses Niveau wird merklich wachsen. Im Ergebnis wird der Anteil der Beschäftigten, die über eine abgeschlossene mittlere Bildung (12 Klassen) oder über eine Hochschulbildung verfügen, von gegenwärtig 19 Prozent auf 32 bis 34 Prozent im Jahre 1985 zunehmen. Auch das Niveau der Berufsausbildung der berufstätigen Bevölkerung wird schnell steigen. Am schnellsten werden die Zahl der Fachleute auf dem Gebiet der Technik und des Gesundheitswesens sowie die Zahl der qualifizierten Arbeiter wachsen (s. Tabelle 13).

Auf der Grundlage der Pläne der Zweigentwicklung sowie der sichtbaren Tendenzen und internationaler Vergleiche kann man auch die bevorstehenden Veränderungen in der Zweigstruktur der Beschäftigtenzahl voraussehen.

Eine der charakteristischsten Besonderheiten in der Veränderung der Zweigstruktur während der Jahre 1970 bis 1990 wird die Verringerung der Beschäftigtenzahl in der Landwirtschaft sein. Die Voraussage der Veränderung der Beschäftigtenzahl in der Landwirtschaft bildet einen überaus komplizierten Teil der Prognose der Beschäftigtenstruktur und ruft nicht selten Diskussionen hervor. Das hängt nicht nur mit einer gewissen Unbestimmtheit des Begriffes „in der Landwirtschaft Beschäftigte“[3] zusammen, sondern auch mit den bedeutenden Veränderungen, die in der Struktur der Betriebe und der Produktion in der Landwirtschaft vor sich gehen.

In den bevorstehenden 15 bis 20 Jahren wird sich der technische Ausrüstungsgrad der Landwirtschaft beträchtlich erhöhen. Dazu wird insbe-

[3] Als „Beschäftigte in der Landwirtschaft“ gelten in Statistik und Planung in der UVR gegenwärtig Personen, die mindestens 90 Tage im Jahr in der Landwirtschaft arbeiten und nicht als Beschäftigte in anderen Zweigen der Volkswirtschaft erfaßt werden.

Tabelle 13

Die Veränderung der Bildungs- und Berufsstruktur der Arbeitskräfte der UVR (in Prozent)

	1970	1990
Bildungsstruktur		
Berufstätige ohne Abschluß der 8. Klasse	38,7	20,0
Absolventen der 8. Klasse der Mittelschule	42,2	41,1
Absolventen der Mittelschule (12. Klasse)	13,8	30,0
Hochschulabsolventen	5,3	8,9
insgesamt Beschäftigte	100,0	100,0
Berufsstruktur		
Technische Spezialisten	5,4	7,6
Landwirtschaftliche Spezialisten	1,7	1,6
Spezialisten auf dem Gebiet von Ökonomie und Leitung	7,2	8,4
Lehrer	2,4	3,1
Spezialisten des Gesundheitswesens	2,0	3,8
Juristen	0,4	0,5
Sonstige Spezialisten mit Hochschul- und Mittelschulbildung (12. Klasse)	4,4	7,0
insgesamt mit nicht physischer Arbeit Beschäftigte	23,5	32,0
qualifizierte Arbeiter	21,5	25,0
Arbeiter, die einfache physische Arbeit leisten	55,0	43,0
insgesamt Beschäftigte	100,0	100,0

sondere beitragen, daß die Neuinvestitionen nicht mehr zum Teil nur dazu dienen werden, die infolge der sozialistischen Umgestaltung der Landwirtschaft nicht mehr genutzten Grundfonds der kleinen Warenwirtschaft zu ersetzen. Wichtig ist auch, daß ein großer Teil der sozialistischen Landwirtschaftsbetriebe der UVR heute hinreichend gefestigt und damit in der Lage ist, die neue Technik effektiver zu nutzen. Dies alles wird zum weiteren schnellen Wachstum der Arbeitsproduktivität in der Landwirtschaft beitragen und einen wesentlichen Faktor der Arbeitskräfteeinsparung bilden.

Es zeigen sich jedoch auch Faktoren, die dem entgegenwirken. In den nächsten 15 Jahren wird sich die Intensität der landwirtschaftlichen Produktion in der UVR verstärken, die Bedeutung der Großbetriebe in der Viehzucht und beim Anbau von Obst- und Gemüsekulturen zunehmen. Die Arbeitsproduktivität in solchen Großbetrieben ist zwar weitaus höher als in kleinen Wirtschaften, aber es werden für sie zusätzliche Arbeitskräfte gebraucht.

Infolge der erwähnten Kompliziertheit der Probleme, die bei der Berechnung des Arbeitskräftebedarfs der Landwirtschaft zu berücksichtigen sind, ist der Streuungsbereich der in den Prognosen genannten Zahlen relativ groß. Den Berechnungen zufolge kann die Beschäftigtenzahl in der Landwirtschaft bis 1990 auf 60 bis 65 Prozent des Standes von 1970 zurückgehen und sich ihr Anteil an der Gesamtzahl der Berufstätigen von heute 26 Prozent auf 14 bis 16 Prozent reduzieren.

Dynamisch wird in Zukunft auch die Industrie der UVR wachsen, wobei die verarbeitende Industrie endgültig den führenden Platz in der ungarischen Volkswirtschaft einnehmen wird. Die Beschäftigtenzahl in der Industrie wird jedoch in Zukunft nicht im selben Tempo wie in den vergangenen zwei Jahrzehnten wachsen. Der Grund dafür ist einerseits die Verringerung der Arbeitskräfteressourcen und andererseits die in Zukunft beschleunigte Steigerung der Arbeitsproduktivität in der Industrie. In der Vergangenheit ist die UVR gegenüber vielen Ländern im Wachstumstempo der Arbeitsproduktivität zurückgeblieben. Eine besondere Rolle spielten dabei der relativ hohe Anteil der extraktiven Industrie sowie die ungünstigen natürlichen Bedingungen ihrer Entwicklung. Negative Folgen hatten auch die autarken Tendenzen der fünfziger Jahre. Und schließlich hat das schnelle Wachstum der Beschäftigtenzahl in der Industrie durch den massenhaften Zufluß von Werktätigen, die an die Arbeit in diesem Zweig nicht gewöhnt waren, zunächst ebenfalls das Wachstumstempo der Arbeitsproduktivität gehemmt.

Auf der Grundlage der in den vergangenen zwei Jahrzehnten geschaffenen Voraussetzungen wird der negative Einfluß solcher Faktoren überwunden, und es entstehen günstigere Bedingungen für die Erhöhung der Effektivität der Industrieproduktion. Zur erfolgreichen Entwicklung der Industrie werden insbesondere die strukturellen Veränderungen in der Industrie beitragen. Die weitere Modernisierung der Struktur des Energieverbrauchs gibt die Möglichkeit, den Anteil der extraktiven Industriezweige einzuschränken, hauptsächlich des Kohlebergbaus. Unter den Zweigen der verarbeitenden Industrie entwickeln sich in vorrangigem Tempo die modernen Zweige, in denen die Arbeitsproduktivität überdurchschnittlich hoch ist (zum Beispiel die Chemieindustrie, der Gerätebau und andere).

Unter Berücksichtigung aller dieser Umstände kann die Beschäftigtenzahl in der Industrie den Prognosen zufolge von 1971 bis 1990 um 6 Prozent zunehmen, während ihr proportionaler Anteil an der Gesamtzahl der Beschäftigten mit 35 Prozent konstant bleiben wird.

Die vor der ungarischen Volkswirtschaft stehenden Aufgaben zur Beseitigung der angespannten Lage im Investitionsbau und zum beträchtlichen Ausbau der Infrastruktur erfordern eine beschleunigte Entwicklung des Bauwesens. Trotz der Verbreitung der modernen Bautechnologie und eines schnelleren Wachstums der Arbeitsproduktivität ist deshalb vorgesehen, die Beschäftigtenzahl im Bauwesen bis 1980 um über dreißig Prozent und ihren Anteil an der Gesamtzahl der Beschäftigten von gegenwärtig 7,6 Prozent auf 9,4 Prozent zu erhöhen.

Unter dem Einfluß der wissenschaftlich-technischen Entwicklung macht sich in den Zweigen des Transportwesens und des Post- und Fernmeldewesens ein relativ kontinuierliches Wachstum der Beschäftigtenzahl erforderlich. Wesentliche Veränderungen werden in erster Linie im Eisenbahnwesen erwartet. Hier macht die Automatisierung der modernen Sicherheitseinrichtungen sowie der Verkehrsorganisation neben einer Erhöhung der Transportsicherheit auch eine beträchtliche Arbeitskräfteeinsparung möglich. Ein großer Teil des Produktionszuwachses wird hier durch die Steigerung der Arbeitsproduktivität erzielt werden.

Bei der Planung des Arbeitskräftebedarfs des Handels wurden in gleichem Maße die Dynamik des Umsatzwachstums wie der Arbeitsaufwendigkeit des Warenumschlags und die Anforderungen an eine Niveausteigerung der Handelsleistungen berücksichtigt. Die Veränderung der Struktur des Warenumschlags erhöht den Arbeitskräftebedarf des Handels. Daneben ist die Aufgabe gestellt, die Käufer besser und schneller zu bedienen. Darum ist proportional zur Umsatzsteigerung auch eine Erhöhung der Beschäftigtenzahl im Handel eingeplant.

Auch in den nächsten 15 bis 20 Jahren werden im Handel vorwiegend Frauen arbeiten. Große Beachtung wird deshalb einer solchen technischen Ausstattung der Arbeit im Handel geschenkt werden, die die physische Arbeit in diesem Zweig erleichtert.

Der zukünftige Arbeitskräftebedarf im Gesundheitswesen steht im Zusammenhang mit der sich verstärkenden Spezialisierung der medizinischen Betreuung, mit der bedeutenden und dezentralisierten Entwicklung der medizinischen Einrichtungen sowie mit den Auswirkungen der Tendenzen, die sich aus der demographischen Situation ergeben und erhöhte Anforderungen an die medizinische Betreuung stellen. Die Zunahme des Arbeitskräftebedarfs des Gesundheitswesens ist eine Erscheinung, die in der ganzen Welt verbreitet ist. Wir streben deshalb eine effektivere Nutzung der Arbeit der Ärzte an. Um dies zu erreichen, bedarf es neben einer beträchtlichen Verbesserung der technischen Ausstattung des Gesundheitswesens der UVR vor allem einer schnellen Vergrößerung der Zahl des gut ausgebildeten mittleren medizinischen Personals.

Die Konzeption zur künftigen Entwicklung des Bildungswesens legt das Hauptaugenmerk auf die Erhöhung des qualitativen Niveaus der Bildung und Erziehung mit Hilfe einer Modernisierung von Inhalt und Methodik dieser Arbeit sowie der weiteren Entwicklung des Schulsystems. Dafür muß die Zahl der Pädagogen beträchtlich vergrößert werden, insbesondere der Kräfte für die Kindergärten und die unteren Klassen der Mittelschule.

Aus alledem ergibt sich, daß mit der Erhöhung des Niveaus der sozialökonomischen Entwicklung der UVR ein weitaus schnelleres Wachstum der Beschäftigtenzahl in den Dienstleistungszweigen zu erwarten ist, als es bisher zu verzeichnen war. Der Prognose zufolge wird der Gesamtanteil der Beschäftigten in den Dienstleistungszweigen an der Beschäftigtenzahl von 1971 bis 1990 von 31 Prozent auf 40 Prozent anwachsen.

Tabelle 14

Die erwartete Veränderung der Beschäftigtenstruktur im der UVR nach Zweigen und Geschlecht (in Prozent)

	1971		1976		1991	
Wirtschaftsbereiche bzw. Zweige	Anteil des Zweiges an der Gesamtzahl der Berufstätigen	Anteil der Frauen	Anteil des Zweiges an der Gesamtzahl der Berufstätigen	Anteil der Frauen	Anteil des Zweiges an der Gesamtzahl der Berufstätigen	Anteil der Frauen
Industrie	35,6*	43,7	35,4	44,2	35,3	42,6
Bauwesen	7,7	14,3	8,5	14,9	9,4	12,2
Transportwesen	7,3	22,2	7,6	22,9	8,0	21,2
Handel	8,3	61,6	9,0	61,5	10,9	60,3
Sonstige nichtlandwirtschaftl. Zweige	15,4	56,8	17,0	56,3	20,4	53,8
Landwirtschaft	25,7	37,9	22,5	37,2	16,0	36,5
Bevölkerung insges.	100,0	41,8	100,0	42,1	100,0	41,3

* zusammen mit den im Ausland Tätigen.

Zusammenfassend kann gesagt werden, daß unsere Planberechnungen beträchtliche Veränderungen der Zweigstruktur der Beschäftigung vorsehen, die den Tendenzen der wissenschaftlich-technischen Revolution entsprechen.

Widersprüche in der Struktur der Berufstätigkeit

Die Berufsstruktur des Arbeitskräftebedarfs der Volkswirtschaft wird sich anscheinend in geringerem Maße als die Zweigstruktur verändern, und die Widersprüche zwischen der Struktur der Arbeitsplätze und der Berufsstruktur der Arbeitskräfte werden relativ unbedeutend sein. Diese Widersprüche werden jedoch nicht völlig verschwinden. Ihr Weiterbestehen hängt mit der Beschleunigung des wissenschaftlich-technischen Fortschritts und der Trägheit der Berufsstruktur zusammen und ist in einem gewissen Umfang unvermeidlich. In der Zukunft werden sich strukturelle Widersprüche wahrscheinlich insbesondere an den äußersten Polen der Qualifikationsskala der Arbeitskräfte zeigen.

Die wissenschaftlich-technische Revolution und damit die intensivere Entwicklung der Wirtschaft auf allen Ebenen und Gebieten erhöht den Bedarf an Menschen, die sich aktiv und schöpferisch an der gesellschaftlichen Entwicklung beteiligen. Der Befriedigung dieses wachsenden Bedarfs wird immer größere Beachtung geschenkt. Eine wichtige Rolle spielen dabei die Vervollkommnung der schulischen Erziehung und die Entwicklung der Fähigkeiten. Nicht minder wichtig sind die Schaffung und Entwicklung solcher gesellschaftlicher Bedingungen, die der Entwicklung der schöpferischen Fähigkeiten und Talente der Menschen noch mehr Raum geben.

Ein wesentlicher Widerspruch in der Beschäftigtenstruktur ist der Mangel an Arbeitskräften in der Sphäre der einfachen physischen Arbeit. Einer der Faktoren, die zu diesem Widerspruch führen, ist das noch unzureichende Mechanisierungstempo der physischen, darunter körperlich schweren Arbeit. Ein anderer wichtiger Faktor ist der Widerspruch zwischen der Struktur der Arbeitsplätze und der bildungsmäßigen (beruflichen) Struktur der Arbeitskräfte. Die bedeutende Entwicklung des Niveaus der Allgemeinbildung und der beruflichen Bildung führt bei der heutigen und der zukünftigen Arbeitskräftesituation dazu, daß die Zahl der Werktätigen, die bereit sind mit einfacher physischer Arbeit verbundene Pflichten zu übernehmen, schneller als die Zahl derartiger Arbeitsplätze abnimmt, was die Schwierigkeiten bei der Besetzung der offenen Stellen auf diesem Gebiet vergrößert.

Die durch die gesellschaftliche und wissenschaftlich-technische Entwicklung hervorgerufenen strukturellen Widersprüche auf dem Gebiet der Berufstätigkeit worden in den ökonomisch entwickelten kapitalistischen Ländern nicht nur durch eine relativ schnelle Mechanisierung der Arbeit gelöst. Eine wichtige Rolle in der Entwicklung der kapitalistischen Wirtschaft spielen auch solche Methoden zur Lösung struktureller Widersprüche, die entweder großen Teilen der Bevölkerung des betreffenden Landes oder anderen Ländern Schaden zufügen. Gemeint ist die Aufrechterhaltung eines niedrigen Bildungsniveaus für breite Schichten der Werktätigen, der massenhafte Einsatz ausländischer Arbeiter, das diskriminierende Verhältnis zu Arbeitern inländischer nationaler oder rassischer Minderheiten, aber auch die ungleichmäßige Teilung der Arbeit zwischen den ökonomisch entwickelten Ländern und den Entwicklungsländern.

Unter den Bedingungen des Sozialismus können strukturelle Widersprüche auf dem Gebiet der Berufstätigkeit nicht mit solchen Methoden gelöst werden. Die neuen sozialen Bedingungen in den sozialistischen Ländern begünstigen die Überwindung dieser Widersprüche bei Berücksichtigung der Interessen aller werktätigen Schichten.

Unter dem Einfluß der wissenschaftlich-technischen Revolution wird der Anteil der einfachen physischen Arbeit in den nächsten fünfzehn Jahren in der UVR schneller abnehmen. Dennoch werden offenbar selbst in der ersten Hälfte der achtziger Jahre annähernd 40 Prozent der in der Volkswirtschaft Beschäftigten eine Arbeit ausführen müssen, die nicht als qualifizierte Arbeit gelten wird.

Das ist jedoch nur scheinbar ein Widerspruch zu der Tatsache, daß wir im Zeitalter der wissenschaftlich-technischen Revolution leben. Die fortschrittlichsten Richtungen der Entwicklung von Wissenschaft und Technik werden sich auch in der UVR immer umfassender den Weg bahnen. Die wissenschaftlich-technische Revolution und vor allem die sie kennzeichnende komplexe Mechanisierung und Automatisierung der Produktion verdrängen mehr und mehr die schwere physische und einfache Arbeit. Freilich verläuft dieser Prozeß allmählich. Für die Anwendung der modernsten Technik müssen nicht nur die technischen, sondern auch die ökonomischen Voraussetzungen gegeben sein. Die breite Verwirklichung der komplexen Mechanisierung und Automatisierung kann nur dort erfolgen, wo die Massenproduktion sie nicht nur technisch, sondern auch unter dem Aspekt ökonomischer Kriterien notwendig und möglich macht.

Weiter ist in Rechnung zu stellen, daß der technische Fortschritt und das schnelle Wachstum der Arbeitsproduktivität in den Hauptzweigen der materiellen Produktion zu einer schnellen Verringerung des Beschäftigtenanteils in diesen Zweigen und sogar zur absoluten Verringerung der Beschäftigtenzahl in ihnen führen. Gleichzeitig wächst die Zahl der berufstätigen Bevölkerung in den Dienstleistungsberufen, wo es in vielen Fällen nötig ist, einfache Arbeit – wenn auch anderen Charakters – zu leisten.

Und schließlich können weder statistische Daten noch Plankennziffern in der erforderlichen Weise die Tatsache widerspiegeln, daß sich infolge der wissenschaftlich-technischen Revolution in allen Sphären der gesellschaftlichen Produktion der Inhalt und der Charakter der Arbeit wesentlich verändern.

Der technische Fortschritt und die Strukturveränderung der Wirtschaft erfordern ein immer höheres Niveau der allgemeinen und der beruflichen Bildung. Das mindert zwar die durch die gesellschaftliche und die technische Teilung der Arbeit bestimmten Unterschiede im Qualifikationsniveau zwischen den einzelnen Berufen (Fachgebieten), beseitigt sie jedoch nicht völlig.

Die Probleme der Versorgung der Volkswirtschaft mit Arbeitskräften, besonders in den Bereichen, die schwere physische Arbeit erfordern, machen es dringend notwendig, das Tempo der Mechanisierung und Automatisierung in den nächsten Jahren zu beschleunigen. Das ist ohne Zweifel in allen Fällen begründet, wo das höhere technische Niveau einen organischen Bestandteil einer neuen Technologie bildet. In den anderen Fällen ist bei der Einführung einer höheren Mechanisierung sowie bei der Automatisierung der Produktion zu berücksichtigen, in welchem Maße die durch den technischen Fortschritt erreichte Arbeitskräfteeinsparung den Aufwand für die Mechanisierung und Automatisierung kompensiert, obwohl natürlich im Sozialismus die Verbesserung der Arbeitsbedingungen eine unabdingbare Aufgabe darstellt, deren Lösung nicht in zu große Abhängigkeit von rein ökonomischen Kriterien gestellt werden darf.

In diesem Zusammenhang entsteht ein Widerspruch, der in Folgendem besteht: Die allmähliche Ausschöpfung der Arbeitskräfteressourcen wird es erfordern, die Mechanisierung und Automatisierung zu beschleunigen, aber die Lohneinsparung durch den wissenschaftlich-technischen Fortschritt wird, dem Entwicklungsniveau der Volkswirtschaft der UVR entsprechend, relativ klein sein. Dieser Widerspruch wird sich vor allem dort zeigen, wo Arbeit unter ungünstigen Bedingungen geleistet wird, sowie in der Sphäre der schweren physischen Arbeit, da hier die Versorgung mit Arbeitskräften immer größere Schwierigkeiten bereitet, während die Mechanisierungskosten beträchtlich über der Lohneinsparung liegen. Außerdem kann eine Veränderung der Lohnrelationen zur Lösung des Problems der Versorgung mit Arbeitskräften nur in einigen Bereichen beitragen, vor allem bei körperlich schweren Arbeiten, die nicht mechanisiert werden können.

Eben deshalb muß bei der Modernisierung der Grundfonds, aber auch bei Neuinvestitionen und insbesondere bei der Vervollkommnung der Produktions- und Arbeitsorganisation große Aufmerksamkeit darauf verwendet werden, nach Möglichkeit den Bedarf an Arbeitskräften für schwere physische Arbeit sowie einfache physische Arbeit zu verringern. In diesem Zusammenhang stellt sich die Aufgabe, mit der Strukturveränderung der Produktion den Bedarf an Werktätigen, die solche physischen Arbeiten ausführen sollen, zu senken.

Aufgaben zur Steigerung der Arbeitsproduktivität

In den vergangenen 20 Jahren wurde annähernd ein Fünftel des Zuwachses an Nationaleinkommen der UVR durch die Vergrößerung der Beschäftigtenzahl in der materiellen Produktion erzielt. In den nächsten 15 bis 20 Jahren kann nur ein Zehntel dieses Zuwachses auf extensive Weise erreicht werden. Wenn man nicht von der Beschäftigtenzahl, sondern vom Volumen des gesellschaftlichen Arbeitszeitfonds ausgeht, dann ergibt sich sogar, wie bereits ausgeführt wurde, daß wir überhaupt nicht über diese Quelle verfügen werden.

Das Tempo der wirtschaftlichen Entwicklung der UVR wird künftig durch das Wachstum der Arbeitsproduktivität in jedem Zweig und jedem Bereich der Produktion bestimmt werden, aber auch durch Veränderungen der Produktionsstruktur zugunsten der Produktionsarten und -zweige, in denen die Arbeitsproduktivität über dem Durchschnitt liegt.

In den vergangenen zwei Jahrzehnten hat der durchschnittliche jährliche Zuwachs an Nationaleinkommen je Beschäftigten der materiellen Produktion 4 bis 5 Prozent betragen. Würde in den folgenden 15 Jahren die Arbeitsproduktivität im gleichen Tempo wachsen, so würde das eine Verlangsamung des Wirtschaftswachstums bedeuten. Um das in den vergangenen zwei Jahrzehnten erzielte Tempo des ökonomischen Wachstums aufrechtzuerhalten, muß die Arbeitsproduktivität schneller als bisher wachsen. Dazu muß das Nationaleinkommen je Beschäftigten in der Sphäre der materiellen Produktion jährlich im Durchschnitt um etwa 5,5 Prozent wachsen (in der Industrie annähernd um 6 bis 6,5 Prozent). In Abhängigkeit vom Umfang der Arbeitszeitverkürzung muß auch die Produktivität je Arbeitsstunde schneller zunehmen.

Folglich stehen im Perspektivplanzeitraum wesentliche Veränderungen nicht so sehr im Tempo des ökonomischen Wachstums als vielmehr in den Bedingungen bevor, die zur Aufrechterhaltung des erreichten Tempos notwendig sind. Eben deshalb besteht eine der grundlegenden Aufgaben der Entwicklung der ungarischen Volkswirtschaft künftig darin, die Vorzüge der sozialistischen Gesellschaftsordnung vollständiger zu nutzen und die vorhandenen Reserven in der technischen Ausstattung und Nutzung der lebendigen Arbeit schneller aufzudecken.

Die Planberechnungen können nur eine partielle Antwort auf die Frage geben, in welchem Umfang diese Aufgabe gelöst werden wird. Bei der Planung können die objektiven Faktoren, die die Arbeitsproduktivität beeinflussen (Produktionsstruktur, Produktionsmittel usw.), nur quantitativ bestimmt werden. Andere wichtige Faktoren werden jedoch von der Planung nur teilweise oder gar nicht erfaßt (Organisationsniveau der Arbeit, Niveau der Leitung usw.). Und schließlich können die quantitativen Wechselbeziehungen nicht in jedem Falle direkt mathematisch exakt abgeleitet werden, sondern werden nur mit Hilfe von Hypothesen gekennzeichnet (zum Beispiel die Wechselbeziehung zwischen Produktivität und technischem Ausstattungsgrad der Arbeit). Planberechnungen auf der Grundlage von in- und ausländischen Erfahrungen sowie von Forschungen über einige die Arbeitsproduktivität beeinflussende Faktoren können deshalb nur begründete Hypothesen über die künftige Dynamik der Arbeitsproduktivität liefern.

Dabei wird berücksichtigt, daß die UVR günstige Möglichkeiten zu solchen Veränderungen in der Struktur der Produktion und der Erzeugnisse besitzt, die das Wachstum der Arbeitsproduktivität beschleunigen (zum Beispiel im Energieverbrauch, in der metallurgischen Produktion usw.). Das macht es notwendig, die Produktion einzelner Erzeugnisarten und einzelner Industriezweige stillzulegen, weil nur auf diese Weise Arbeitskräfte und Mittel für die sich dynamisch entwickelnden Zweige bzw. Erzeugnisgruppen bereitgestellt werden können. Mit der Arbeitskräftesituation hängt es auch zusammen, daß die UVR einen zunehmenden Teil der Produktionsinvestitionen dazu verwenden wird, die veralteten Grundfonds in den vorhandenen Betrieben zu ersetzen. Es ist offensichtlich, daß immer mehr Fachleute, die eine moderne Ausbildung erhalten haben, in die Leitung der Volkswirtschaft gelangen werden. Es wachsen auch die Möglichkeiten, die Vorteile der internationalen sozialistischen Arbeitsteilung in der Praxis zu verwirklichen.

Auf Grund aller dieser Umstände kann die Hypothese über die erwünschte Beschleunigung des Wachstums der Arbeitsproduktivität als real angesehen werden. Die Nutzung der aufgezählten günstigen Möglichkeiten, das heißt die Beschleunigung des Wachstums der Arbeitsproduktivität, erfordert jedoch große Anstrengungen zur weiteren Erhöhung der Effektivität der gesamten gesellschaftlichen Produktion.

Eines der Hauptmittel und eine der Hauptmethoden zur Erhöhung der Effektivität der gesellschaftlichen Produktion bildet die Weiterentwicklung des Systems der Leitung der Volkswirtschaft. Der Vervollkommnung dieses Systems wird in der UVR schon lange Zeit besondere Aufmerksamkeit gewidmet. Nach einer sorgfältigen Vorbereitungsarbeit, die unmittelbar von der USAP geleitet wurde, ist Anfang 1968 ein neues System der Leitung der Volkswirtschaft eingeführt worden. An der Lösung der Aufgaben zur Vervollkommnung der sozialistischen Planwirtschaft, zur Beschleunigung des Wachstums der Arbeitsproduktivität und zur Erhöhung der Effektivität der Produktion wird gearbeitet. Zu diesem Zweck wird an der gründlicheren wissenschaftlichen Fundierung der Wirtschaftspolitik, an der Ausarbeitung ihrer langfristigen Strategie, an der Vervollkommnung der volkswirtschaftlichen Planung sowie an der rationelleren Nutzung solcher Kategorien der wirtschaftlichen Rechnungsführung bei der Leitung der Wirtschaft gearbeitet, wie es der Preis, die Zinsen und ähnliches sind.

Ein wichtiges Ergebnis der letzten Jahre nach Einführung des neuen Systems der Leitung der Volkswirtschaft sind die größere Beachtung der Forderungen nach Wirtschaftlichkeit und Rentabilität, günstige Veränderungen in der Wirtschaftsstruktur und die Beschleunigung des Wachstums der Arbeitsproduktivität je Arbeitsstunde.

Die vollständige Entfaltung des neuen Systems der Leitung der Volkswirtschaft stellt jedoch einen langfristigen Prozeß dar, dessen Abschluß noch in weiter Ferne liegt.

Auf dem Novemberplenum 1972 des ZK der USAP sind die Resultate der Entwicklung der Volkswirtschaft der UVR nach dem X. Parteitag sowie einige Ergebnisse der Veränderung der Methoden zur Leitung der sozialistischen Wirtschaft allseitig behandelt worden. Auf Initiative des Zentralkomitees der USAP wurde eine Analyse der in den letzten Jahren gesammelten Erfahrungen auf dem Gebiet der Wirtschaftsleitung vorgenommen. „Die Regierungsorgane müssen auf der Grundlage dieser Analyse Korrekturen zu den ökonomischen Regulatoren ausarbeiten, die die planmäßige Entwicklung der Volkswirtschaft gewährleisten, und zwar so, daß sie im Jahre 1975, zu Beginn des neuen Fünfjahrplans, bereits eingeführt werden können“, heißt es im Beschluß des Plenums.[4]

In Durchführung der Beschlüsse des Plenums des ZK der USAP vom November 1972 sind bereits eine Anzahl von konkreten Maßnahmen zur Erhöhung der Effektivität der gesellschaftlichen Produktion, insbesondere zur besseren Nutzung der Arbeitskräfteressourcen getroffen worden. So ist zum Beispiel von 1973 an experimentell in einigen Industrie- und Baubetrieben eine neues Lohnsystem eingeführt worden, das in größerem Maße die Arbeitskräfteeinsparung stimuliert.

Die Erhöhung der Effektivität der sozialistischen Wirtschaft erfordert eine weitere Vervollkommnung der Planung der Volkswirtschaft, die, wie auf dem X. Parteitag der USAP festgestellt wurde, das Hauptelement der ökonomischen Politik und der Wirtschaftstätigkeit ist.[5] Daneben wird an der weiteren Verbesserung der ökonomischen Instrumente der Wirtschaftsleitung gearbeitet. Auf diesem Wege werden die perspektivischen Probleme der Vervollkommnung des Beschäftigtenstandes und der Steigerung der Arbeitsproduktivität erfolgreich gelöst werden.

4 Nepszabadsag vom 17. 11. 1972.

5 X s-ezd Vengerskoj socialističeskoj rabočej partii, a. a. O., S. 114.

KAPITEL V

Qualitative und quantitative Aspekte der Nutzung des gesellschaftlichen Arbeitsvermögens in der DDR bei der Intensivierung der Volkswirtschaft*

1. Probleme der Intensivierung des volkswirtschaftlichen Reproduktionsprozesses und der Entwicklung der Arbeitskräfte in der DDR

Bei der Schaffung der entwickelten sozialistischen Gesellschaft wächst gesetzmäßig die führende Rolle der Arbeiterklasse und ihrer Partei. Ihre historische Mission nach dem Sturz der kapitalistischen Ausbeutergesellschaft, der Aufbau der sozialistisch-kommunistischen Gesellschaft im Bündnis mit allen Werktätigen, verlangt die ständige Höherentwicklung der produktiven Potenzen der Arbeiterklasse sowie aller Werktätigen. Die bestimmende und ausschlaggebende Rolle der Arbeiterklasse in der Entwicklung der sozialistischen Gesellschaft entspringt aus der Übereinstimmung ihrer Klasseninteressen mit den objektiven Erfordernissen der Entwicklung der sozialistischen Gesellschaft, aus der Tatsache, daß sie als produktiv tätige Klasse die Mehrzahl der materiellen Güter der sozialistischen Gesellschaft erzeugt, weil sie die am höchsten organisierte, durch ihre marxistisch-leninistische Partei auf der Grundlage des Marxismus-Leninismus geführte Klasse ist. Die neuen, größeren Aufgaben, vor denen die Arbeiterklasse sowie alle mit ihr verbündeten Werktätigen bei der Schaffung der entwickelten sozialistischen Gesellschaft stehen, verlangen die weitere Erhöhung ihres Bildungs- und Qualifikationsniveaus. Die Werktätigen in den Ländern des Sozialismus machen täglich die Erfahrung, daß die sozialistische Gesellschaft ihre Wesenszüge nur entfalten kann, wenn es gelingt, mit einem immer geringeren Aufwand an gesellschaftlicher Arbeit die vorhandenen materiellen und geistigen Bedürfnisse der Werktätigen zu befriedigen und somit Arbeit und Mittel freisetzen zu können für die Befriedigung neuer gesellschaftlicher und individueller Bedürfnisse. Die immer bessere Befriedigung der materiellen und kulturellen Bedürfnisse – wie sie ausgehend vom ökonomischen Grundgesetz des Sozialismus von den Parteitagen der marxistisch-leninistischen Parteien der sozialistischen Länder als Hauptaufgabe für die ökonomische Entwicklung gestellt

* Diesem Kapitel liegt der Originaltext der deutschen Fassung zugrunde, der in der sowjetischen Ausgabe redaktionell gekürzt wurde.

wurde – erfordert den beharrlichen Kampf, um die Steigerung der gesellschaftlichen Arbeitsproduktivität, die Beschleunigung des wissenschaftlich-technischen Fortschritts und die Verbesserung der Qualität der Erzeugnisse zu garantieren. Der Hauptweg ist hierbei die umfassende Intensivierung des volkswirtschaftlichen Reproduktionsprozesses und die Erhöhung der Effektivität der gesellschaftlichen Arbeit in allen seinen Stufen und Bereichen. Inhalt und Hauptkettenglied dieses Prozesses ist die sozialistische Rationalisierung, die getragen wird von den Ideen und dem Schöpfertum der Arbeiterklasse und der in den anderen Bereichen des gesellschaftlichen Reproduktionsprozesses arbeitenden Werktätigen.

An jedem Arbeitsplatz gilt es, ein bestimmtes Ergebnis mit geringstmöglichem Aufwand bzw. mit einem bestimmten Aufwand ein höchstmögliches Ergebnis zu erzielen, das heißt, das Gesetz der Ökonomie der Zeit zur Wirkung zu bringen.

Besonders unter den Bedingungen der Intensivierung des Reproduktionsprozesses hängt die volkswirtschaftliche Effektivitätsentwicklung zu einem wesentlichen Teil von dem richtigen Einsatz des vorhandenen Arbeitspotentials entsprechend den quantitativen und qualitativen Anforderungen, von der rechtzeitigen Schaffung des notwendigen Bildungsvorlaufs, der Qualität der Ausbildung und der umfassenden Nutzung der erworbenen Fähigkeiten und Kenntnisse im Arbeitsprozeß ab. Hierbei wird bei der Intensivierung des volkswirtschaftlichen Reproduktionsprozesses in der DDR davon ausgegangen, daß die gegebene Zahl der Arbeitskräfte sich quantitativ kaum vergrößern wird, daß die entscheidenden Reserven vor allem in der qualitativen Entwicklung des Arbeitskräftepotentials und in ihrem effektiven Einsatz in den einzelnen Stufen und Bereichen des volkswirtschaftlichen Reproduktionsprozesses liegen.

Die völlige Einbeziehung der vorhandenen Arbeitskräfte in den Reproduktionsprozeß stellt hohe Anforderungen an die Leitung und Planung der Volkswirtschaft. Werden die sich hieraus ergebenden Probleme für die Dynamik und Proportionalität der Volkswirtschaft unterschätzt, so wäre sinkende Grundfondseffektivität, ungenügende Auslastung vorhandener Anlagen und Produktionsflächen sowie wachsende Störanfälligkeit der Anlagen eine unausbleibliche Folge. Gleichzeitig können die im sozialistischen Bildungswesen und in Wissenschaft und Technik geschaffenen Grundlagen für die Erhöhung der Effektivität der gesellschaftlichen Arbeit nicht voll zur Wirkung gebracht werden.

Die Entwicklung der übrigen Wachstumsfaktoren des volkswirtschaftlichen Reproduktionsprozesses muß also in Übereinstimmung mit der qualitativen und quantitativen Entwicklung des gesellschaftlichen Arbeitsvermögens erfolgen, wenn eine umfassende Intensivierung des volkswirtschaftlichen Reproduktionsprozesses erreicht werden soll. Dies ergibt sich aus der Tatsache, daß durch die wachsende Vergesellschaftung der Produktion objektiv die Verflechtung von Forschung, Investitionen, materieller Produktion sowie der Anzahl und Qualifikation der Arbeitskräfte wächst. Ein entscheidendes Problem ist hierbei die Sicherung eines ausgewogenen Verhältnisses zwischen Erweiterungs- und Erneuerungsinvestitionen sowie zwischen der Entwicklung der materiellen Produktion und solchen nichtmateriellen Bereichen wie Bildung, Wissenschaft, Kultur, Gesundheits- und Sozialwesen, Dienstleistungssphäre und anderen.

Angesichts des vollständigen Einsatzes des vorhandenen Arbeitspotentials unserer Volkswirtschaft können Erweiterungsinvestitionen nur dann vorgenommen werden, wenn sie der Sicherung der Proportionalität der Volkswirtschaft auf hohem wissenschaftlich-technischen Niveau dienen und damit zur Intensivierung der gesamten Volkswirtschaft beitragen. Die ungenügende Beachtung dieser Zusammenhänge war eine der Ursachen für Störungen der planmäßigen proportionalen Entwicklung der Volkswirtschaft und die Entstehung von Disproportionen in der Volkswirtschaft der DDR. Durch die Verletzung eines ausgewogenen Verhältnisses von Erweiterungs- und Erneuerungsinvestitionen vor allem durch die forcierte Entwicklung von extensiven Erweiterungsinvestitionen verstärkt sich nicht nur der Widerspruch zwischen dem vorhandenen Arbeitskräftebestand und dem Umfang von vorhandenen Arbeitsanforderungen sowie der Qualifikationsstruktur und dem Qualifikationsniveau der Arbeitskräfte, sondern im Ergebnis dieses Widerspruchs muß sich auch zwangsläufig die Grundfondseffektivität, der Auslastungsgrad der vorhandenen Anlagen und Produktionsflächen verschlechtern und die Störanfälligkeit der neuen Anlagen wachsen. Gleichzeitig ist die notwendige Konsequenz einer einseitigen Ausweitung von Erweiterungsinvestitionen, daß das Tempo der erforderlichen Erneuerungsinvestitionen in unzulässiger Weise gemindert und eine Situation herbeigeführt wird, die bewirkt, daß ein Teil der Werktätigen mit einem relativ hohen Bildungsniveau an veralteten Anlagen arbeiten muß und so gehindert ist, die erworbenen Fähigkeiten umfassend anzuwenden. Die veralteten Grundfonds binden die Werktätigen aber nicht nur in direkter, sondern auch in indirekter Form durch die wachsenden Reparaturleistungen für Tätigkeiten mit einer weit unter dem Durchschnitt der Volkswirtschaft liegenden Arbeitsproduktivität. Eine Unterschätzung der Erneuerungsinvestitionen schafft also von vornherein ungünstige Wirkungsbedingungen für die ökonomischen Gesetze des Sozialismus, was zu einem Brachliegen der produktiven Potenzen des Bildungs- und Qualifikationsniveaus eines beträchtlichen Teils der Werktätigen führt. Des weiteren darf man bei der Bestimmung des Verhältnisses von Erweiterungs- und Erneuerungsinvestitionen nicht die produktiven Potenzen, den Schatz von Erfahrungen und Kenntnissen, der sich im Rahmen vorhandener

Arbeitskollektive bildet, unterschätzen. Ein überhöhter Anteil von Erweiterungsinvestitionen vermindert die Nutzung vorhandener kollektiver Erfahrungen und Bildungspotenzen von Stamm-Belegschaften, da an die neugeschaffenen und hochkomplizierten Anlagen oft Arbeitskräfte mit geringen Erfahrungen und unzureichenden Spezialkenntnissen im Rahmen von politisch-ideologisch noch nicht gefestigten Arbeitskollektiven gestellt werden müssen. Ein großer Teil der Havarien an neuen Anlagen hat hierin seine Ursachen. Hinzu kommt, daß unter den heutigen Bedingungen die Erweiterungsinvestitionen nur dann die notwendige Effektivität bringen, wenn sie auf hohem wissenschaftlich-technischen Niveau im Rahmen der planmäßig-proportionalen Entwicklung realisiert werden können. Dies wiederum erfordert in der Regel Arbeitskräfte mit höherem Qualifikationsniveau in einer bestimmten Struktur. Selbst wenn die hierzu erforderliche Zahl von Arbeitskräften durch die sozialistische Rationalisierung freigesetzt werden könnte, darf die Problematik der bildungsmäßigen Vorbereitung der Arbeitskräfte für die neuen Aufgaben auf dem notwendigen Niveau und in der erforderlichen qualitativen Struktur nicht unterschätzt werden.

Die konsequente Intensivierung des volkswirtschaftlichen Reproduktionsprozesses erfordert also die Orientierung auf intensive Erweiterungsinvestitionen bei gleichzeitiger Sicherung der notwendigen Erneuerungsinvestitionen, um die umfassende Nutzung bereits vorhandener Erfahrungen und Qualifikationen der Werktätigen, vorhandener Produktionsflächen und Anlagen der materiell-technischen Territorialstruktur sicherzustellen. Aber auch für die Intensivierung der Investitionen sind zusätzliche Arbeitskräfte notwendig. So brauchten wir in der DDR zur Erhöhung der zeitlichen Auslastung der Produktionsanlagen – die gegenwärtig in der Industrie durchschnittlich 11 Stunden pro Tag beträgt – um nur eine Stunde 56000 Arbeitskräfte. Bei einem Freisetzungsaufwand pro Arbeitskraft von 55000 Mark in der Industrie würden wir also einen Gesamtaufwand von über drei Milliarden Mark benötigen, um diese Arbeitskräfte freizusetzen. Das sind mehr als 50 Prozent des gegenwärtigen Amortisationsaufkommens in unserer Volkswirtschaft.

Die Problemsituation, vor der wir in der DDR bei der Sicherung eines ausgewogenen Verhältnisses von Erweiterungs- und Erneuerungsinvestitionen stehen, ist ein gutes Beispiel dafür, daß jede Steigerung der gesellschaftlichen Arbeitsproduktivität und der Erhöhung der volkswirtschaftlichen Effektivität untrennbar mit der qualitativen und quantitativen Entwicklung der Arbeitskräfte, ihrer Qualifikationsstruktur und ihrem effektiven Einsatz entsprechend den gesellschaftlichen Erfordernissen verbunden ist. Dies hängt mit dem Wesen der Intensivierung des volkswirtschaftlichen Reproduktionsprozesses zusammen. Unter diesen Bedingungen spielt bei der Durchsetzung der ökonomischen Gesetze des

Sozialismus die Erhöhung des qualitativen Niveaus des gesellschaftlichen Arbeitsvermögens eine entscheidende Rolle, wobei das wachsende Wissen und Können der Werktätigen genutzt werden muß, da auf Grund des erreichten Entwicklungsstandes unserer Wirtschaft die Möglichkeiten einer extensiven Ausweitung des Arbeitskräftepotentials bereits voll ausgeschöpft sind. Gerade deshalb hängt bei der Intensivierung des Reproduktionsprozesses die volkswirtschaftliche Effektivitätsentwicklung zu einem wesentlichen Teil von der rechtzeitigen Schaffung des notwendigen Bildungsvorlaufs, der Qualität der Ausbildung, der Sicherung einer permanenten Weiterbildung der bereits ausgebildeten Kader ab. Hierbei wirken vier wesentliche Prozesse der Intensivierung auf die Anforderungen an das Qualifikationsniveau der Werktätigen ein:

– Dynamik der materiellen und geistig-kulturellen Befürfnisse der Mitglieder der sozialistischen Gesellschaft im Zuge des sich erhöhenden Reifegrades der sozialistischen Gesellschaft;

– die Beschleunigung des wissenschaftlich-technischen Fortschritts und der sozialistischen Rationalisierung, die sowohl die Modernisierung der vorhandenen Technik, der Arbeitsorganisation und die Mechanisierung als auch die Teilautomatisierung und die Automatisierung ausgewählter, volkswirtschaftlich bedeutsamer Vorhaben umfaßt;

– die wachsende Teilnahme der Werktätigen an der Leitung und Planung der Wirtschaft, des Staates und der Kultur;

– die Vertiefung der ökonomischen Integration in der sozialistischen Staatengemeinschaft und die Verwirklichung des Komplexprogramms der RGW-Länder.

Diesen Anforderungen kann nur entsprochen werden durch die Entwicklung des sozialistischen Bewußtseins sowie durch eine qualitativ hochstehende Fachausbildung in der erforderlichen Spezifikation, aufbauend auf dem Fundament einer soliden Grundausbildung.

Hierzu ist eine weit vorausschauende Bildungs- und Arbeitskräfteplanung erforderlich, um rechtzeitig notwendige Wandlungen in Inhalt, Struktur und Niveau der Qualifikation der Werktätigen zu erkennen, um rechtzeitig die erforderlichen Konsequenzen für die Bildung und Weiterbildung der Werktätigen zu ziehen und so eine kontinuierliche und stabile Entwicklung des gesellschaftlichen Arbeitsvermögens zu sichern. Hierbei müssen eine Reihe von Entwicklungsproblemen bewältigt werden. So ist zum Beispiel der Widerspruch zwischen dem erreichten hohen Niveau der Allgemeinbildung der Werktätigen in der DDR und dem Fehlen hochqualifizierter Spezialisten auf einigen für die Durchführung der wissenschaftlich-technischen Revolution entscheidenden Gebieten auf der einen Seite sowie dem Vorhandensein einer Vielzahl von Arbeitsplätzen, die nur geringe Anforderungen an das Qualifikationsniveau stellen (so sind in der sozialistischen Industrie der DDR immer noch etwa ein Drittel aller Produktionsarbeiter mit rein manueller Tätigkeit beschäftigt), auf der anderen Seite langfristig nur lösbar, wenn es uns gelingt, die Prozesse der Intensivierung mit der Entwicklung des Qualifikationsniveaus der Werktätigen in Übereinstimmung zu bringen.

Bei der Intensivierung des volkswirtschaftlichen Reproduktionsprozesses kommt der Entwicklung solcher nichtmateriellen Bereiche wie Bildungswesen, Wissenschaft, Gesundheit, Sozialwesen, Erholung, Dienstleistungssphäre und anderen eine entscheidende Bedeutung zu. Die Entwicklung dieser Bereiche hat eine effektivitätssteigernde Wirkung auf den gesamten Reproduktionsprozeß. Diese realisiert sich jedoch nicht im Selbstlauf. Die Entwicklung dieser Bereiche ist einerseits abhängig von dem erreichten Arbeitsproduktivitätsniveau in der materiellen Produktion, soll aber gleichzeitig so gestaltet werden, daß ein höchstmöglicher Beitrag zur allseitigen Entwicklung der sozialistischen Persönlichkeit und auch zur Steigerung der gesellschaftlichen Arbeitsproduktivität erfolgen kann. Oberflächliche Auffassungen, daß man die Prozesse der intensiv erweiterten Reproduktion mit Hilfe einer sprunghaften, extensiven Ausweitung dieser Bereiche meistern kann, haben sich als unrealistisch erwiesen, weil sie weder das tatsächlich erreichte Effektivitätsniveau in der Volkswirtschaft berücksichtigen noch eindeutig die Frage zu beantworten vermögen, welche Entwicklungsrichtung der Qualifikationsstruktur der Werktätigen, der Wissenschaft, der Dienstleistungssphäre und anderer Bereiche für die Erfüllung der Hauptaufgabe der ökonomischen Entwicklung und die Intensivierung des Reproduktionsprozesses die bestmögliche ist. Dies erfordert, daß die Entwicklung dieser nichtmateriellen Bereiche auch vorwiegend intensiv erfolgen muß. Ihre sprunghafte, rein extensive Ausweitung führt dagegen zu einer starken Erhöhung der gesellschaftlichen Aufwendungen, ohne die effektivitätserhöhende Wirkung zu erzielen.

Gerade aus diesem Grunde muß an die effektive Integration der Forschungs- und Bildungsprozesse in den gesellschaftlichen Reproduktionsprozeß, an ihren Beitrag zur Steigerung seiner Effektivität höchste Anforderungen gestellt werden. Deshalb hat der VIII. Parteitag der SED beispielsweise als Hauptentwicklungsrichtung desQualifikationsniveaus der Werktätigen die Intensivierung der Bildungsprozesse genannt, vor allem durch die Erhöhung der Qualität der Ausbildung, die bessere Ausnutzung des bereits erreichten Bildungsniveaus der Werktätigen, die Verbesserung ihres Einsatzes und die ausgewogene, planmäßig proportionale Entwicklung der Qualifikationsstruktur der Werktätigen, wobei die Ausbildung von hochqualifizierten Facharbeitern eine grundlegende Aufgabe unserer Bildungspolitik darstellt.[1]

[1] E. Honecker, Bericht des ZK an den VIII. Parteitag der SED, Berlin 1971, S. 74.

In den folgenden Abschnitten soll auf grundlegende Probleme der quantitativen und qualitativen Entwicklung des gesellschaftlichen Arbeitsvermögens und seines effektiven Einsatzes näher eingegangen werden.

2. *Grundprobleme der Entwicklung des gesellschaftlichen Arbeitsvermögens und seiner Struktur in der DDR*

Der VIII. Parteitag der SED hat den Problemen, die mit der effektiven und planmäßigen proportionalen Entwicklung der Arbeitskräfteressourcen verbunden sind, große Beachtung geschenkt. So muß zur Erfüllung der Hauptaufgabe des VIII. Parteitages der SED der gesamte Produktionszuwachs während des Fünfjahrplanes 1971 bis 1975 durch die Erhöhung der gesellschaftlichen Arbeitsproduktivität gesichert werden. So wird das Produktionsvolumen beträchtlich zunehmen, obwohl die Zahl der Arbeitskräfte fast gleich bleibt. Deshalb muß die Arbeitsproduktivität zum Beispiel in der Industrie in dieser Periode um mehr als 30 Prozent erhöht werden, was der Einsparung von etwa 2 Mio Arbeitskräften entspricht. Es muß also mit einem minimalen Aufwand an lebendiger Arbeit eine möglichst große Masse vergegenständlichter Arbeit mit höchster Effektivität eingesetzt werden.

Einflüsse der demographischen Struktur auf die Entwicklung des gesellschaftlichen Arbeitsvermögens

Die Erweiterung des gesellschaftlichen Arbeitsvermögens wird quantitativ begrenzt durch Umfang und Struktur der natürlichen Bevölkerungsdynamik, insbesondere durch die Entwicklung der Bevölkerung im arbeitsfähigen Alter. So beeinflussen der natürliche Zugang der Bevölkerung (Geburtenzahl) und der natürliche Abgang (Sterblichkeit) unmittelbar die Entwicklung der Wohnbevölkerung, vor allem deren Alters- und Geschlechtsstruktur, die wiederum Auswirkungen auf die Zahl der Bevölkerung im arbeitsfähigen Alter hat.

In der DDR verlief die Entwicklung der Wohnbevölkerung in den Jahren von 1950 bis 1964 fast ständig rückläufig.[2] In diesen Jahren war zu verzeichnen, daß die ungeheuren Menschenverluste und der Geburtenrückgang als Folgen der beiden imperialistischen Weltkriege die Alters-

[2] Die Bevölkerung der DDR ging von 18,4 Mio im Jahre 1950 auf 17,1 Mio im Jahre 1970 zurück. Soweit Quellen über statistische Angaben nicht gesondert vermerkt sind, fußen sie auf Veröffentlichungen der Statistischen Jahrbücher der DDR und anderen statistischen Publikationen.

struktur der Bevölkerung wesentlich verschlechterten, was in der Erhöhung des natürlichen Abgangs und in der Verminderung des natürlichen Zugangs zum Ausdruck kam. Diese negativen Tendenzen wurden bis zum Jahre 1961 durch die Störaktionen des westdeutschen Imperialismus gegen den sozialistischen Aufbau in der DDR noch verstärkt. Dadurch ist im Vergleich zu anderen Ländern eine relativ starke Überalterung der Bevölkerung und damit der Berufstätigen in der Wirtschaft der DDR eingetreten. Erst seit Mitte der 60er Jahre zeichnet sich eine leichte Zunahme der Wohnbevölkerung und damit auch eine Verbesserung ihrer Altersstruktur ab. Auf Grund der genannten Faktoren ist der Anteil der Bevölkerung im arbeitsfähigen Alter in der DDR an der Gesamtbevölkerung von 64 Prozent im Jahre 1950 auf 58 Prozent im Jahre 1970 gesunken.

Voraussichtlich wird auch in den nächsten Jahren im Vergleich zu den anderen RGW-Ländern nur eine geringe Zunahme der Bevölkerung einschließlich der im arbeitsfähigen Alter eintreten. Bedingt wird diese Tendenz vor allem durch einen relativ hohen natürlichen Abgang infolge der ungünstigen Altersstruktur und einem relativ niedrigen Anteil der Frauen im gebärfähigen Alter an der weiblichen Bevölkerung (nur etwa 37 Prozent im Jahre 1970). Somit wird in den nächsten Jahren nur eine geringe quantitative Erweiterung des gesellschaftlichen Arbeitsvermögens in der DDR erfolgen, was unter diesem Aspekt dessen qualitative Vervollkommnung und effektivere Nutzung als vordringliche Aufgabe in den Vordergrund rücken läßt.

Als spezifische Auswirkungen von demographischen Einflüssen auf die Entwicklung des gesellschaftlichen Arbeitsvermögens in der DDR sind anzuführen:

1. Als wesentlicher Faktor der Bevölkerungsentwicklung bestimmt deren *Geschlechtsstruktur* entscheidend den Einsatz und die Nutzung des gesellschaftlichen Arbeitsvermögens in der Wirtschaft der DDR. So fand die Verwirklichung der Gleichberechtigung der Frau in der sozialistischen Gesellschaft der DDR ihren sichtbaren Ausdruck ebenso in der planmäßigen Schaffung der notwendigen Voraussetzungen für deren systematische Einbeziehung in den volkswirtschaftlichen Reproduktionsprozeß wie in ihrer Förderung und Qualifizierung. Demzufolge ist der Anteil der weiblichen Berufstätigen an der Gesamtzahl der Berufstätigen in der Wirtschaft der DDR in dem Zeitraum von 1950 bis 1970 von 40 Prozent auf 48 Prozent angestiegen. Besonders ausgeprägt ist die Zunahme des Anteils der weiblichen Arbeiter und Angestellten in der Wirtschaft der DDR, der sich im gleichen Zeitraum von 36 Prozent auf rund 50 Prozent erhöhte. Wesentliche Ursachen dieser Tendenz liegen in den enormen Anstrengungen des sozialistischen Staates zur Erleichterung der Arbeitsbedingungen und der Schaffung solcher Voraussetzungen, die spezifische Besonderheiten

in der Tätigkeit weiblicher Berufstätiger im Arbeitsprozeß stärker berücksichtigen.

Weit über dem Durchschnitt der Volkswirtschaft liegt der Einsatz der weiblichen Berufstätigen im Handel und in den Bereichen der nichtmateriellen Sphäre. Dagegen sind noch erhebliche Anstrengungen erforderlich, um durch Bereitstellung geeigneter Arbeitsplätze für Frauenarbeit und effektivere Berufsausbildung den Anteil der weiblichen Berufstätigen zum Beispiel auch in der Bauwirtschaft und im Verkehr weiter zu verbessern.

Beachtenswert ist auch eine solche Tendenz, daß in der Land- und Forstwirtschaft der DDR der Anteil der weiblichen Berufstätigen zurückging. Um dieser Entwicklung Einhalt zu gebieten, sind in diesem Bereich solche effektivitätssteigernden Potenzen zu mobilisieren, die eine Vervollkommnung der Einsatzmöglichkeiten der weiblichen Berufstätigen (vor allem im Ergebnis der planmäßigen Berufsausbildung) ermöglichen und die insbesondere deren Qualifizierung auf ein höheres Niveau heben.

Ausgehend von der Entwicklung der Bevölkerung nach dem Geschlecht wird bis zum Jahre 1975 der Anteil der weiblichen Berufstätigen in der Wirtschaft der DDR voraussichtlich fast unverändert gegenüber dem Jahre 1970 sein. Um den Einsatz der weiblichen Berufstätigen in der Wirtschaft der DDR weiter zu fördern, ergibt sich die Aufgabe, daß systematisch die außerhalb des Arbeitsprozesses sich ergebenden zusätzlichen Beanspruchungen der Frauen in der Familie bzw. dem Haushalt aufwandsmäßig gemindert, die Arbeitsbedingungen weiter verbessert, die Betreuung der Kinder durch gesellschaftliche Einrichtungen (Kinderkrippen und -gärten, Schulhorte usw.) weiter ausgebaut, die Einkaufsmöglichkeiten erleichtert und die Dienstleistungen vervollkommnet werden.

Ein weiteres wichtiges Problem besteht auch in der Untersuchung wichtiger sozialökonomischer Auswirkungen des auch international sehr hohen weiblichen Beschäftigungsgrades in der Wirtschaft der DDR zum Beispiel auf die Geburtenhäufigkeit bzw. die Familiengröße, insbesondere auf das generative Verhalten hinsichtlich der seit einigen Jahren erkennbaren Verminderung der Bereitschaft für das zweite und dritte Kind in den Familien verschiedener sozialer Gruppen bzw. Schichten der Bevölkerung der DDR.

2. Von entscheidender Bedeutung für den rationellen Einsatz, die effektivere Nutzung und die Höhe des natürlichen Abgangs des gesellschaftlichen Arbeitsvermögens (Erreichung der Altersgrenze, Invalidität usw.) sind die demographischen Einflüsse, die aus der Dynamik der *Altersstruktur* der Bevölkerung resultieren. Auf Grund der bereits an anderer Stelle genannten Ursachen der negativen Altersstruktur der Wohnbevölkerung ergaben sich für das gesellschaftliche Arbeitsvermögen in der

Wirtschaft der DDR solche Auswirkungen, daß zum Beispiel der Anteil der ständig Berufstätigen im Alter unter 50 Jahren erst in den letzten Jahren weiter zunahm (von etwa 66 Prozent im Jahre 1966 auf etwa 70 Prozent im Jahre 1970). Im gleichen Zeitraum ist auch der Anteil der ständig Berufstätigen im Alter zwischen 50 bis unter 60 Jahren (Frauen) bzw. unter 65 Jahren (Männer) von 25 auf 20 Prozent zurückgegangen. Unverändert blieb jedoch bisher der Anteil der über 60- bzw. über 65-jährigen an der Zahl der ständig Berufstätigen (etwa 9 Prozent). So entfielen im Jahre 1970 auf 100 Personen im arbeitsfähigen Alter 73 Personen im nichtarbeitsfähigen Alter.

Eine relativ starke Überalterung der Berufstätigen (50 Jahre und älter) ist besonders in der Leicht-, Textil- und Lebensmittelindustrie sowie in der Landwirtschaft festzustellen.

Bedingt durch die ungünstige Altersstruktur der Wohnbevölkerung der DDR ist festzustellen, daß die Anzahl und der Anteil der im Rentenalter beschäftigten Berufstätigen in der Wirtschaft der DDR (weibliche Berufstätige über 60 Jahre und männliche Berufstätige über 65 Jahre) bis Ende der 60er Jahre zunahm und eine geringe rückläufige Tendenz erst seit 1969 eintrat. Als eine sehr wichtige Aufgabe in der Wirtschaft der DDR sind die Probleme der effektiveren Beschäftigungsmöglichkeiten alternder Menschen im Arbeitsprozeß und der Verbesserung ihrer Disponibilität zu lösen. Vielfach liegen bei den Berufstätigen im Rentenalter eine hohe Qualifikation, umfangreiche Arbeitserfahrungen und eine starke Einsatzbereitschaft vor. Im Zuge der schrittweisen Verbesserung der Arbeitsbedingungen als eines wichtigen Ergebnisses der Nutzung des wissenschaftlich-technischen Fortschritts im Sozialismus sind vor allem in verstärktem Ausmaß geeignete Arbeitsplätze für ältere Menschen bereitzustellen. Dadurch könnte zukünftig einer rückläufigen Tendenz in der Rentnerbeschäftigung wirksam begegnet werden. Vor allem sind auch weitere Anstrengungen der sozialistischen Gesellschaft erforderlich, um die gesundheitliche Betreuung, die Urlaubsregelung, die Schichtarbeit und ähnliches vor allem auch für ältere Berufstätige, insbesondere im Rentenalter, weiter zu verbessern.

Haupttendenzen in der Einsatzstruktur des gesellschaftlichen Arbeitsvermögens in der Wirtschaft der DDR

Die mit der Verwirklichung der Ziele der jeweiligen Etappe des sozialistischen Aufbaus in der DDR an Umfang, Tempo und Effektivität bestimmenden Entwicklungstendenzen im System der Produktivkräfte und ihrer Bewegungsformen, der sozialistischen Produktionsverhältnisse, sowie in den politisch-ideologischen, wissenschaftlichen, kulturell-erzieherischen Einrichtungen und anderen Institutionen des gesellschaftlichen Lebens führten zu grundlegenden Veränderungen im Einsatz und der Nutzung des gesellschaftlichen Arbeitsvermögens. Dies betrifft qualitative und quantitative Entwicklungstendenzen im Rahmen der Gesamtstruktur und auch einzelner Elemente des gesellschaftlichen Arbeitsvermögens im Prozeß der Intensivierung der volkswirtschaftlichen Reproduktion.

Die rasche Vervollkommnung des gesellschaftlichen Arbeitsvermögens im Zuge des Vergesellschaftungsprozesses der Produktion und der Arbeit, insbesondere im Ergebnis der weiteren Vertiefung der sozialistischen ökonomischen Integration (zum Beispiel der Konzentration, Spezialisierung und Kooperation), hatte erhebliche Auswirkungen auf die qualitative und quantitative Struktur des gesellschaftlichen Gesamtarbeiters und somit auf die Erhöhung des Intensitätsgrades der sozialistischen Wirtschaft der DDR.

Der auf die bessere Nutzung der ökonomischen Gesetzmäßigkeiten des Sozialismus ausgerichtete objektiv verlaufende Prozeß des wissenschaftlich-technischen Fortschritts im Sozialismus ermöglichte bereits in den 50er Jahren, daß die Vollbeschäftigung der Werktätigen gesichert, die Arbeitsbedingungen wesentlich verbessert, die weitere Verkürzung der Arbeitszeit ohne Lohneinbuße eingeführt[3], die Qualifizierung der Werktätigen durch inner- und überbetriebliche Einrichtungen allseitig gefördert und seitens des sozialistischen Staates bedeutende Mittel für den Arbeits- und Gesundheitsschutz zur Verfügung gestellt wurden. Mit der schrittweisen Durchsetzung der Wirtschaftsreform zu Beginn der 60er Jahre gewann der Vergesellschaftungsprozeß der Produktion und der Arbeit in der DDR an Intensität. Diese führte im Zuge der weiteren Festigung des sozialistischen Arbeitsbewußtseins und der gesellschaftlichen Beziehungen zur planmäßigen Vervollkommnung der Hauptproduktivkraft der sozialistischen Gesellschaft, dem gesellschaftlichen Arbeitsvermögen.

Folgende Entwicklungstendenzen führten zu grundlegenden Veränderungen in der qualitativen und quantitativen Struktur des gesellschaftlichen Arbeitsvermögens, die zugleich mit erheblichen Wirkungen und Rückwirkungen auf den Inhalt, das Tempo, die Effektivität und die Zielrealisierung des Reproduktionsprozesses der sozialistischen Wirtschaft in der DDR verbunden waren:

1. Die *Entwicklung der Gesamtzahl der Berufstätigen* in der Wirtschaft

3 Ende der 50er Jahre wurde die 45-Stunden-Arbeitswoche eingeführt. Mit der schrittweisen Einführung der 5-Tage-Arbeitswoche Ende der 60er Jahre wurde die Wochenarbeitszeit je Berufstätigen auf 42,6 Stunden reduziert.

der DDR erhöhte sich in den Jahren 1950 bis 1960 von 7194000 auf 7645000 (um 451000) Personen und bis 1970 auf 7769000 (im Vergleich zu 1960 um weitere 124000) Personen. Die Entwicklung des gesellschaftlichen Arbeitsvermögens zwischen beiden Zeiträumen läßt deutlich erkennen, daß bereits in den 50er Jahren die Möglichkeiten der quantitativen Erweiterung des gesellschaftlichen Arbeitsvermögens durch die schrittweise Einbeziehung von bisher nicht berufstätigen arbeitsfähigen Personen genutzt wurden. Damals bestand zum Beispiel ein wichtiges soziales Problem, und zwar die Einbeziehung von während des faschistischen Raubkrieges schwerbeschädigten Menschen unter Berücksichtigung ihres Gesundheitszustandes und ihrer persönlichen Berufswünsche in den Arbeitsprozeß. Diese Aufgabe wurde seitens der Betriebe und der zuständigen staatlichen Organe in relativ kurzer Zeit gelöst. Bereits im Jahre 1955 hatten 98 Prozent aller Schwerbeschädigten auf dem Wege der Bereitstellung von geeigneten Arbeitsplätzen bzw. der Umschulung in den Betrieben, Einrichtungen und den Verwaltungen Arbeit aufgenommen.

Auch die Einbeziehung von Arbeitsuchenden in den Arbeitsprozeß wurde im Zuge der stürmischen Entwicklung der Wirtschaft in der DDR bereits bis Mitte der 50er Jahre gelöst. Damit wurde das verfassungsmäßig garantierte Recht auf Arbeit verwirklicht und für immer gesichert. So gab es im Jahresdurchschnitt 1950 noch etwa 325000 Arbeitsuchende. Ihre schnelle Einbeziehung in den Arbeitsprozeß ist dank der Zusammenarbeit der Betriebe mit den staatlichen Organen in den meisten Fällen nach ihren Fähigkeiten und Interessen und vor allem auf dem Wege der Umschulung in Berufe, die dem Aufbau der sozialistischen Wirtschaft dienen, erfolgt.

In der Struktur des gesellschaftlichen Arbeitsvermögens der Wirtschaft der DDR zeichnete sich seit Beginn der 60er Jahre eine solche Entwicklungsrichtung ab, daß nur eine relativ geringe quantitative Zunahme der Berufstätigen erfolgte. Dieser Prozeß leitete in enger Verbindung mit der Verwirklichung der Wirtschaftsreform den schrittweisen Übergang zur vorwiegend intensiv erweiterten Reproduktion ein. Dieser wurde vor allem durch den Sieg der sozialistischen Produktionsverhältnisse auf dem Lande in den 60er Jahren begünstigt.

2. Entscheidende qualitative und quantitative Veränderungen des gesellschaftlichen Arbeisvermögens in der Wirtschaft der DDR traten im Zuge der umfassenderen Nutzung der Vorzüge und Triebkräfte der sozialistischen Gesellschaft, der weiteren Vervollkommnung der Produktivkräfte und Festigung der sozialistischen Produktionsverhältnisse in der *klassenmäßigen bzw. sozialen Zusammensetzung des gesellschaftlichen Gesamtarbeiters* ein. Sie stehen im unmittelbaren Zusammenhang mit der Entstehung und zunehmenden Wirkung des neuen sozialistischen Charak-

ters der Arbeit. So wurden grundlegend die Stellung und der Inhalt der Beziehungen der Werktätigen im Reproduktionsprozeß der Wirtschaft der DDR vervollkommnet. In den einzelnen Etappen des Aufbaus des Sozialismus in der DDR nahm die Struktur des gesellschaftlichen Gesamtarbeiters zugunsten des sozialistischen Eigentums kontinuierlich zu.[4] Dadurch wurden die Bedingungen für die umfassendere Nutzung der ökonomischen Gesetze des Sozialismus erheblich erweitert.

Entscheidende politisch-ideologische und produktive Potenzen in Form der aktiven Mitarbeit und Mitgestaltung der Werktätigen im sozialistischen Wettbewerb, in der Neuerer- und Erfinderbewegung, in den ständigen Produktionsberatungen, in den gewählten Volksvertretungen und anderen Gremien zur weiteren Festigung des sozialistischen Staates, seiner Wirtschaft und Kultur wurden erschlossen und mobilisiert. Die sichtbar ansteigende Tendenz der absoluten und relativen Zunahme der Beschäftigten in den sozialistischen Betrieben war begleitet von einem Anstieg der Beschäftigten in den Betrieben mit staatlicher Beteiligung und demzufolge von einer ständigen Abnahme der Berufstätigen in den privaten Betrieben der Wirtschaft der DDR.

Die bereits in den fünfziger Jahren entwickelten und bewährten Formen der Zusammenarbeit zwischen sozialistischen, halbstaatlichen und zunehmend auch mit privaten Betrieben, zum Beispiel in Form von Kooperationsbeziehungen, der Erzeugnisgruppenarbeit, der Spezialisierung der Erzeugnisse, gemeinsamen Verkaufsorganisationen und ähnlichem führten zur Erschließung bedeutender effektivitätserhöhender Potenzen. Sie fanden in der kontinuierlichen und stabilen Entwicklung des Nationaleinkommens ihren sichtbaren Ausdruck, das in den vergangenen zwei Jahrzehnten je Kopf der Bevölkerung verfünffacht werden konnte (von etwa 1200 Mark im Jahre 1949 auf etwa 6300 Mark im Jahre 1970). Diese Entwicklung entsprach den wirtschaftspolitischen Zielen von Partei und Regierung sowie der in der Nationalen Front zusammengeschlossenen demokratischen Kräfte.

Eine wichtige Etappe in der sozialökonomischen Entwicklung der DDR wurde zu Beginn des Jahres 1972 eingeleitet. Durch die Überwindung der Überreste des Eigentums an den Produktionsmitteln mit nichtsozialistischem Charakter wurde ein entscheidender Beitrag zur Sicherung der sozialpolitischen Einheit der Arbeiterklasse sowie zur wirksamen Herausbildung von sozialistischen Denk- und Verhaltensweisen geleistet. Über 11000 kleinere und mittlere Produktionsbetriebe, die sich bisher noch ganz oder teilweise in Privatbesitz befanden, wurden auf der Grundlage

[4] So betrug der Anteil der Berufstätigen in der sozialistischen Wirtschaft 53,4 Prozent im Jahre 1952 und erhöhte sich auf 85,3 Prozent im Jahre 1970.

der Freiwilligkeit in Volkseigentum überführt. Somit waren im Jahre 1972 von den Arbeitern und Angestellten 99,4 Prozent in sozialistischen Betrieben tätig. Ende des Jahres 1971 waren es dagegen nur 82 Prozent.[5] Dadurch wurde die Rolle der Arbeiterklasse als führender Kraft in Staat, Wirtschaft und Gesellschaft weiter gestärkt.

3. Im Ergebnis der kontinuierlichen Zunahme der Berufstätigen in den sozialistischen Betrieben und halbstaatlichen Betrieben und ihres Rückganges in den privaten Betrieben sind zugleich grundlegende *Veränderungen in der sozialökonomischen Stellung* des gesellschaftlichen Gesamtarbeiters in der Wirtschaft der DDR vor sich gegangen. Zum Beispiel hat sich in dem Zeitraum von 1950 bis 1970 der Anteil der Arbeiter und Angestellten in der Wirtschaft der DDR von etwa 70 Prozent auf 84 Prozent erhöht sowie der Selbständigen und mithelfenden Familienangehörigen von etwa 30 Prozent auf 3,5 Prozent vermindert. Im Jahre 1955 betrug zum Beispiel der Anteil der Mitglieder von Produktionsgenossenschaften an der Gesamtzahl der Berufstätigen in der Wirtschaft der DDR nur 2,5 Prozent. Bis zum Jahre 1970 erhöhte er sich auf 13 Prozent. Im Ergebnis der sozialistischen Umgestaltung der Landwirtschaft erhöhte sich auch die Anzahl der Genossenschaftsmitglieder bis zum Jahre 1970 (im Vergleich zum Jahre 1955) auf etwa 523 Prozent.

Diese wichtigen Tendenzen in der sozialökonomischen Stellung der Berufstätigen lassen deutlich erkennen, daß die Arbeiterklasse einschließlich ihrer Intelligenz in der zahlenmäßigen Stärke erheblich zugenommen hat. So ist die Arbeiterklasse als Hauptkraft bei der Schaffung der sozialistischen Gesellschaft qualitativ und quantitativ erheblich gewachsen. Gemeinsam mit der Klasse der Genossenschaftsbauern und der sozialistischen Intelligenz stellte sie im Jahre 1970 fast 97 Prozent des gesellschaftlichen Arbeitsvermögens in der Wirtschaft der DDR dar.

4. Im Zuge der raschen Steigerung der gesellschaftlichen Produktion und der Leistungen auf der Grundlage der weiteren Vervollkommnung der Produktivkräfte, der Entwicklung des sozialistischen Arbeitsbewußtseins und anderer persönlichkeitsbildender Elemente sowie der weiteren Festigung der gesellschaftlichen Beziehungen traten in der Wirtschaft der DDR zum Teil bedeutsame Veränderungen ein. Sie führten zum Beispiel in der Struktur des gesellschaftlichen Arbeitsvermögens, vor allem innerhalb und zwischen den Sphären und Bereichen der Wirtschaft der DDR, zu erheblichen Effekten.

Im besonderen Maße wurde das gesellschaftliche Arbeitsvermögen in den Sphären und Bereichen der Volkswirtschaft durch die Entwicklung

[5] E. Honecker, Unser Bündnis stärkt den Sozialismus, in: Horizont, Nr. 43/1972, S. 3.

des gesellschaftlichen Bedarfs an Erzeugnissen und Leistungen sowie die erzielten Ergebnisse des wissenschaftlich-technischen Fortschritts beeinflußt. Die dadurch verursachten Verteilungs- und Umverteilungsprozesse des gesellschaftlichen Arbeitsvermögens in den Sphären und Bereichen der Wirtschaft der DDR wurden entsprechend den gesellschaftlichen Erfordernissen zur Gestaltung einer effektiven Wirtschaftsstruktur (Erzeugnis-, Aufwands-, Bereichs- und Territorialstruktur) in der DDR planmäßig eingeleitet. Hierbei ergaben sich seit Mitte der 50er Jahre zunehmend erhebliche Begrenzungen, insbesondere bedingt durch einen bereits erzielten hohen Beschäftigungsgrad des verfügbaren gesellschaftlichen Arbeitsvermögens. Dieser betrug im Jahre 1970 bei den Frauen etwa 82 Prozent und bei den Männern rund 97 Prozent. Somit äußert er sich in einer sichtbaren Ausschöpfung der außerhalb des Arbeitsprozesses vorhandenen quantitativen Arbeitskräftereserven. Die eingeleiteten Verteilungs- und Umverteilungsprozesse des gesellschaftlichen Arbeitsvermögens in den Sphären und Bereichen der Wirtschaft der DDR wurden vor allem durch den bereits genannten Überalterungsgrad der Berufstätigen wesentlich beeinflußt.

Folgende Haupttendenzen in der *Entwicklung des gesellschaftlichen Arbeitsvermögens in den Sphären und Bereichen* der Wirtschaft der DDR zeichneten sich in den Jahren von 1950 bis 1970 ab:

1. Im Zeitraum von 1950 bis 1960 nahm die Zahl der Berufstätigen in den produzierenden Bereichen (materielle Sphäre) um etwa 310000 zu und in den nichtproduzierenden Bereichen (nichtmaterielle Sphäre) nur um etwa 140000. In der Periode von 1950 bis 1970 ging dagegen in den produzierenden Bereichen der Wirtschaft der DDR die Zahl der Berufstätigen um etwa 115000 Personen zurück. Ihr Anteil an den gesamten Berufstätigen in der Wirtschaft der DDR verringerte sich von 85,4 Prozent im Jahre 1960 auf 82,6 Prozent im Jahre 1970. Im nichtproduzierenden Bereich erhöhte sich im gleichen Zeitraum die Zahl der Berufstätigen um 239000 Personen, so daß sich ihr Anteil in der Wirtschaft insgesamt von 14,6 Prozent im Jahre 1960 auf 17,4 Prozent im Jahre 1970 erhöhte. Diese Tendenz charakterisiert die zunehmende Bedeutung und die wachsenden Anforderungen an die nichtmaterielle Sphäre im Zuge der vorwiegend intensiv erweiterten Reproduktion der Wirtschaft der DDR sowie ihren Beitrag zur schrittweisen Verbesserung des materiellen und kulturellen Lebensniveaus der sozialistischen Gesellschaft. Vor allem haben solche Bereiche der nichtmateriellen Sphäre wie Bildung, Wissenschaft, Kultur, Gesundheits- und Sozialwesen, Erholung und andere eine wesentliche Vervollkommnung erfahren.

2. Entsprechend den Erfordernissen einer modernen Industriezweigstruktur (insbesondere der raschen Überwindung der nach dem zweiten

Weltkrieg entstandenen Disproportionen in der Industriezweigstruktur auf dem Territorium der DDR) nahm in der Industrie der DDR die Zahl der Berufstätigen kontinuierlich zu (um etwa 575000 Berufstätige in den Jahren 1950 bis 1970). Dies war im gesamtwirtschaftlichen Maßstab mit einer wesentlichen effektivitätserhöhenden Wirkung hinsichtlich des raschen Wachstums des Nationaleinkommens je Einwohner bzw. je Beschäftigten verbunden und diente der Vervollkommnung der materiell-technischen Basis des Sozialismus in der DDR.

3. Eine erheblich geringere Zunahme der Berufstätigen ist in der Bauwirtschaft, im Verkehr und im Handel festzustellen. So blieb die Anzahl der Berufstätigen in diesen Bereichen seit Mitte der fünfziger Jahre fast unverändert.

4. Ein wesentlicher Rückgang der Berufstätigen hat sich in der Land- und Forstwirtschaft vollzogen (um etwa 1050000 Berufstätige in den Jahren 1950 bis 1970), der vor allem als Ergebnis der effektivitätssteigernden Maßnahmen bei der sozialistischen Umgestaltung der Landwirtschaft der DDR zu betrachten ist.

Künftig werden die Verteilungs- und Umverteilungsprozesse des gesellschaftlichen Arbeitsvermögens in den Sphären und Bereichen der Wirtschaft der DDR im Ergebnis des Vergesellschaftungsprozesses der Produktion und der Arbeit, insbesondere im Zuge der weiteren Vertiefung der sozialistischen ökonomischen Integration, an Umfang und Intensität zunehmen. Die überwiegend intensiv erweiterte Reproduktion der Wirtschaft der DDR wird sich in den nächsten Jahren bei einem quantitativ fast gleichbleibenden Arbeitsvermögen vollziehen. Nach Vorausberechnungen, basierend auf der Entwicklung der arbeitsfähigen Bevölkerung und des Beschäftigtengrades, wird sich bis zum Jahre 1975 die Zahl der ständig Berufstätigen in der Wirtschaft der DDR nur unbedeutend erhöhen. Demzufolge kommt der qualitativen Vervollkommnung, dem rationellen Einsatz und der effektiveren Nutzung des gesellschaftlichen Arbeitsvermögens unter den Bedingungen der Intensivierung der Wirtschaft der DDR wachsende Bedeutung zu.

Folgende Tendenzen werden sich voraussichtlich in den nächsten Jahren im Rahmen des gesellschaftlichen Arbeisvermögens in den Sphären und Bereichen der Wirtschaft der DDR abzeichnen:

1. In der Industrie wird auf Grund umfassender Maßnahmen der Mechanisierung, Teilautomatisierung und Automatisierung ausgewählter Vorhaben die Effektivität der gesellschaftlichen Arbeit kontinuierlich zunehmen. Hierbei ist die sozialistische Rationalisierung das Hauptkettenglied zur Intensivierung der volkswirtschaftlichen Reproduktion. Die dadurch bewirkte absolute und relative Einsparung von Arbeitskräften hat den Arbeitskräftebedarf (zum Beispiel auch für neu zu schaffende Arbeits-

plätze in der Energiewirtschaft, der chemischen Industrie und anderen Bereichen) abzudecken und zu sichern, daß in bestimmtem Umfange disponible Arbeitskräfte in hocheffektive Industriezweige umgesezt werden können. Trotz wachsender, vorhandener und neu entstehender Bedürfnisse nach industriellen Erzeugnissen und Leistungen und des damit verbundenen kontinuierlichen Produktionsanstiegs kann auf dem Wege der Einsparung des derzeit noch relativ hohen manuellen Arbeitskräfteeinsatzes (rund 30 Prozent der Produktionsarbeiter der sozialistischen Industrie waren im Jahre 1970 überwiegend manuell tätig) damit gerechnet werden, daß die Anzahl der Berufstätigen in der Industrie sich nicht stark verändert. Bei rationeller Nutzung der vielfach noch vorhandenen innerbetrieblichen Arbeitskräftereserven, der raschen Nutzbarmachung der produktiven Potenzen von Wissenschaft und Bildung sowie im Zuge der weiteren Entwicklung der Produktivkräfte und Produktionsverhältnisse, insbesondere im Prozeß der weiteren Vertiefung der sozialistischen ökonomischen Integration, entstehen neue – und vermehren sich die vorhandenen – Quellen zur Erhöhung der Effektivität der gesellschaftlichen Arbeit. Als wesentliche Aufgabe ist möglichst ohne Störungsverluste zu gewährleisten, daß die Verteilung bzw. Umverteilung disponibler Arbeitskräfte insbesondere zugunsten derjenigen Zweige in der Industrie erfolgt, die eine rasche Erhöhung der Effektivität der gesellschaftlichen Arbeit sichern können. Hierbei erweisen sich leistungsfördernde Lohn- und Prämiensysteme, Formen der moralischen Stimulierung zur Erhöhung des Leistungswillens und der Einsatzbereitschaft der Werktätigen sowie die produktivitätswirksame Verwendung der gesellschaftlichen Fonds zunehmend als wichtige Instrumente des rationellen Arbeitskräfteeinsatzes.

2. Fußend auf der weiteren Vertiefung des Vergesellschaftungsprozesses der Produktion und der Arbeit, insbesondere der raschen Zunahme der industriellen Serien- und Massenproduktion, wird die Zahl der Berufstätigen im Handwerk voraussichtlich weiter zurückgehen. Dies betrifft vor allem das mit hohem Arbeits- und Kostenaufwand produzierende Handwerk. Dagegen werden ausgehend vom gesellschaftlichen Bedarf die Reparaturleistungen des Handwerks bei zunehmender Effektivität der Arbeit weiter ansteigen und vor allem in modernen Dienstleistungseinrichtungen stärker konzentriert werden.

3. In der Land- und Forstwirtschaft können im Zuge der umfassenden Nutzung der Erkenntnisse des wissenschaftlich-technischen Fortschritts, der weiteren Konzentration, Spezialisierung und Kooperation, der schrittweisen Anwendung industriemäßiger Formen der Produktion, der Vervollkommnung der Leitung und Organisation weitere erhebliche Reserven für die Erhöhung der Effektivität der gesellschaftlichen Arbeit erschlossen werden. Die dadurch bewirkte Einsparung von disponiblen Arbeitskräften

wird vor allem den Rückgang von Arbeitskräften auf Grund des hohen Überalterungsgrades der Berufstätigen in diesem Bereich kompensieren und eine weitere Umverteilung von Berufstätigen zugunsten effektiverer Bereiche (zum Beispiel der Bauwirtschaft) ermöglichen.

4. Auch für die Berufstätigen im Verkehrswesen wachsen die Arbeitsanforderungen erheblich. Die weitere Erhöhung der Effektivität der gesellschaftlichen Arbeit in diesem Bereich ist insbesondere durch die schrittweise Einführung des hochproduktiven Containerverkehrs (die Verkehrsleistung je Beschäftigten erhöht sich dadurch um das Vierfache), durch weitere Konzentration des Fahrzeugparks, durch Typenbereinigung an Fahrzeugen, durch die Senkung des Reparaturaufwandes und anderem zu gewährleisten.

5. Im Handel werden ebenfalls im Zuge der Verwirklichung von effektivitätserhöhenden Maßnahmen (Modernisierung der Verkaufseinrichtungen, Ausbau des Handelsnetzes, Anwendung effektiverer Handelsmethoden, Erweiterung des Versandhandels und anderem) höhere Maßstäbe als bisher an die Einsatzbereitschaft, die Qualifikation und die Nutzung der Arbeitszeit gestellt.

6. Wachsende Bedeutung kommt auch effektivitätserhöhenden Maßnahmen in den Bereichen der nichtmateriellen Sphäre zu. Die weitere Entwicklung dieser Sphäre wird unter den Bedingungen der verstärkten Intensivierung des Reproduktionsprozessss der Wirtschaft der DDR zu einem wichtigen Erfordernis. Vor allem wird durch die weitere Entwicklung von Wissenschaft, Bildung, Kultur, Gesundheits- und Sozialwesen und anderen Bereichen dieser Sphäre entscheidend zur Verwirklichung effektivitätserhöhender Maßnahmen, das heißt zur raschen Intensivierung der materiellen Produktion, beigetragen.

Wichtige materielle, personelle und finanzielle Voraussetzungen für die Entwicklung der nichtmateriellen Sphäre sind durch die Erhöhung der Effektivität der gesellschaftlichen Arbeit in dieser Sphäre selbst und im Ergebnis der weiteren Intensivierung der Bereiche der materiellen Produktion zu schaffen. Bei eventuellen Umsetzungen von disponiblen Arbeitskräften aus den Bereichen der materiellen Produktion in die nichtmaterielle Sphäre sind die zu erwartenden Effektivitätsgewinne bzw. -verluste für die gesamte Volkswirtschaft möglichst exakt zu ermitteln und zu bilanzieren.

Von wachsender Bedeutung für den effektivsten Ablauf von Verteilungs- bzw. Umverteilungsprozessen im Rahmen des gesellschaftlichen Arbeitsvermögens der materiellen und auch der nichtmateriellen Sphäre ist die weitere Vertiefung der ökonomischen Integration der sozialistischen Länder. Die von ihr ausgehenden Wirkungen im Zuge der Konzentration, Spezialisierung, Kooperation, gemeinsamer Investitionsvorhaben und anderem sind neben Veränderungen in der Produktions- bzw. Leistungsstruktur mit neuen Tendenzen in der Struktur des gesellschaftlichen

Arbeitsvermögens innerhalb und zwischen den Bereichen der materiellen und nichtmateriellen Sphäre verbunden. Dies betrifft zum Beispiel die Vervollkommnung der Berufsstruktur, die Relationen zwischen dem Einsatz der Produktionsgrund- und Hilfsarbeiter sowie anderer Beschäftigtengruppen im Zuge der Rationalisierung aufwendiger Arbeitsverrichtungen, die Erhöhung des Qualifikationsniveaus, die Zunahme der geistigen Arbeit und vor allem ihres schöpferischen Niveaus, die wachsende Verflechtung zwischen lörperlicher und geistiger Arbeit und ähnliches. Die Analyse und Prognose dieser im Zuge der Intensivierung der Wirtschaft der DDR auftretenden Tendenzen sind künftig als ein Schwerpunkt für die Planung, das heißt den wirtschaftspolitischen Entscheidungsprozeß, anzusehen.

3. Die Entwicklung des Qualifikationsniveaus der Werktätigen in der DDR und Probleme seiner effektiven Nutzung

Die Intensivierung des volkswirtschaftlichen Reproduktionsprozesses bei der Schaffung der entwickelten sozialistischen Gesellschaft erfordert die Erhöhung der politisch-ideologischen und fachlichen Qualität der Ausbildung, die weitere Erhöhung und die effektive Nutzung des Qualifikationsniveaus der Werktätigen und die Sicherung einer zielgerichteten, mit dem Arbeitsprozeß verbundenen permanenten Weiterbildung der Werktätigen.

Die wachsende Rolle der Arbeiterklasse in der sozialistischen Gesellschaft zeigt sich auch in der steigenden gebrauchswert- und wertschaffenden Potenz der Arbeitskräfte, das heißt in der Fähigkeit, ihre Arbeit in einer wachsenden Anzahl von materiellen Gebrauchswerten zu vergegenständlichen, die wiederum maßgebend geformt ist durch die Anstrengungen der Lehrenden und Lernenden in der allgemeinbildenden Schule, in der Berufsbildung, im Hoch- und Fachschulwesen und in der Aus- und Weiterbildung der Werktätigen.

Diese wachsende gebrauchswert- und wertschaffende Potenz offenbart sich in einer wachsenden Fülle des materiellen Reichtums der sozialistischen Gesellschaft, in steigender gesellschaftlicher Arbeitsproduktivität und in der wachsenden Fähigkeit der sozialistischen Gesellschaft, die materiellen und geistigen Bedürfnisse der Werktätigen immer besser zu befriedigen. Deshalb steht seit Bestehen unseres Staates die Entwicklung des Qualifikationsniveaus und der Qualifikationsstruktur der Werktätigen im Mittelpunkt der Aufmerksamkeit der Partei der Arbeiterklasse. Ausdruck dieser Bemühungen ist die außerordentlich dynamische Veränderung der Qualifikationsstruktur der Werktätigen in den vergangenen 15 Jahren.

So erhöhte sich der Anteil der Hochschulkader an den Beschäftigten der Volkswirtschaft der DDR von 1,6 Prozent im Jahre 1955 auf 3 Prozent im Jahre 1970, während der Anteil der Fachschulabsolventen in diesem Zeitraum von 2,8 Prozent auf 6 Prozent stieg und der der Facharbeiter sich von 25,6 Prozent auf 50,0 erhöhte. Der Anteil der angelernten und übrigen Beschäftigten sank dagegen in derselben Zeit von 70,0 Prozent auf 40,0 Prozent (Tabelle 15).

Das schnelle Wachstum des Qualifikationsniveaus der Werktätigen weist auf der anderen Seite darauf hin, daß sowohl die Wirkung von Bildung und Qualifikation auf die volkswirtschaftliche Effektivität als auch die Aufwendungen für ihre Erweiterung und Erneuerung eine volkswirtschaftliche Dimension erreicht haben, die eine höhere Qualität der sozialistischen Arbeitskräfte- und Bildungsplanung erfordert. Hierbei stehen wir vor dem Problem, die Erfordernisse des ökonomischen Grundgesetzes des Sozialismus und des Gesetzes der Ökonomie der Zeit sowohl im Wechselverhältnis von Bildungswesen und volkswirtschaftlichem Reproduktionsprozeß als auch im sozialistischen Bildungswesen selbst immer vollkommener durchzusetzen. Ein Kardinalproblem der wissenschaftlich fundierten Planung besteht darin, ein solches Verhältnis in der Entwicklung der materiellen Produktion, des Bildungswesens und der übrigen Bereiche der Volkswirtschaft zu sichern, daß eine optimale Steigerung des gesellschaftlichen Reichtums möglich wird. Dieser stoffliche Reichtum ist in der sozialistischen Gesellschaft nicht Selbstzweck, sondern lediglich Mittel des wirklichen Reichtums dieser Gesellschaft, der „entwickelten Produktivkraft aller Individuen“[6].

Ausdruck der gestiegenen Rolle des Bildungs- und Qualifikationsniveaus der Werktätigen bei der Intensivierung der Volkswirtschaft ist das gestiegene Gewicht der Bildungsfonds im Reproduktionsprozeß. Bereits Karl Marx hat darauf hingewiesen, daß die Bildung des Individuums „vom Standpunkt des unmittelbaren Produktionsprozesses aus“ als „Produktion von capital fixe“[7] betrachtet werden kann. Ähnlich wie in den anderen Bestandsgrößen des Nationalreichtums – Wissenschaftsfonds, Grundfonds, Umlaufmittelfonds und anderen – sind auch im Qualifikationsniveau der Arbeitskräfte gesellschaftliche Arbeitsaufwendungen akkumuliert. Diese sich bei der Heranbildung der qualifizierten Arbeitskräfte in deren Qualifikationsniveau niederschlagenden Bildungsfonds enthalten alle Aufwendungen, die für deren Ausbildung an den allgemeinbildenden Schulen, in der Berufsausbildung sowie an Fach- und Hochschulen notwendig waren. So kostete zum Beispiel 1968 die Ausbildung eines Hoch-

[6] K. Marx, Grundrisse der Kritik der politischen Ökonomie, Berlin 1953, S. 596.
[7] Ebenda, S. 599.

Tabelle 15

Berufstätige nach Qualifikationsstufen (ohne Lehrlinge) in der Volkswirtschaft der DDR (in 1000 Personen)

Qualifikationsstufen	1957	1960	1961	1962	1963	1964	1965	1966	1967	1968	1969	1970
Ungelernte und Angelernte	4737,5	4383,4	4311,9	4210,5	3958,0	3842,8	3685,2	3555,4	3461,3	3303,2	3158,0	2985,6
Facharbeiter	2792,5	2943,5	3028,5	3083,8	3149,1	3227,4	3339,5	3437,2	3524,1	3643,6	3781,9	3933,9
Fachschulabschluß	167,6	263,4	285,5	315,9	347,7	379,4	425,5	448,5	470,4	492,4	518,0	545,5
Hochschulabschluß	112,1	148,7	160,8	176,1	191,2	208,2	225,6	242,7	257,9	272,6	288,0	304,3
Berufstätige insgesamt	7809,6	7739,0	7786,7	7786,3	7646,0	7657,8	7675,8	7683,8	7713,7	7711,8	7745,9	7769,3

Berechnungsgrundlage: Für Hoch- und Fachschulabsolventen – für 1964; Anteil der Hoch- und Fachschulabsolventen an gesamten Berufstätigen wie Anteil an Berufstätigen in der sozialistischen Wirtschaft; entsprechende rückläufige und fortlaufende Berechnungen.
Für Facharbeiter – Angaben der Staatlichen Plankommission für 1964. Entsprechende rückläufige und fortlaufende Berechnungen.
Für Un- und Angelernte – Differenzrechnung zu den Berufstätigen (insgesamt) ohne Lehrlinge.
Quelle: Statistisches Jahrbuch der DDR 1971, S. 54, 55, 370, 374, 382, 441 – Ebenda 1966, S. 443 – Ebenda 1960/61, S. 124, 128, 133 – Ebenda 1959, S. 127 – Ebenda 1958, S. 123.

schulkaders (vom Kindergarten bis zur Hochschule) etwa 46000 M, für einen Fachschulkader mußten 23000 M aufgewendet werden, ein Facharbeiter erforderte 16000 M Ausbildungskosten (damit sind nur die Staatshaushaltskosten erfaßt, unberücksichtigt bleiben aus statistischen Gründen die betrieblichen Bildungsausgaben).

In den Bildungsfonds wird versucht, jene Fonds an Wissen, Fähigkeiten und Fertigkeiten der Werktätigen zu erfassen, die Karl Marx als „die jedesmalige Voraussetzung der Gesamtproduktion, also die Hauptakkumulation des Reichtums ... (die) aber in der lebendigen Arbeit selbst existiert“[8], bezeichnet hat.

Die Bildungsfonds stellen hierbei einen wichtigen Teil der Reproduktionskosten der Werktätigen unterschiedlichen Qualifikationsniveaus dar, die aus der Summe ihrer Lebens- und Bildungskosten bestehen und somit einen wichtigen Indikator für die wertschaffende Potenz von Arbeitskräften unterschiedlicher Qualifikation darstellen. Hieraus ergibt sich, daß die Bildungsfonds nicht wie die materiellen Produktionsfonds durch die konkrete Arbeit auf das zu schaffende Produkt übertragen werden und damit aus dem Ersatzfonds reproduziert werden können. Die Bildungsfonds können nur aus dem von der lebendigen, wertschaffenden Arbeit geschaffenen Neuwert reproduziert werden, wobei ihre einfache Reproduktion (auf Grund des Ausscheidens von Arbeitskräften, notwendigen Umschulungsmaßnahmen zur Sicherung des gesellschaftlich notwendigen Bildungsniveaus im Rahmen einer bestimmten Qualifikation) einen entscheidenden Teil des notwendigen Produkts bildet, während die erweiterte Reproduktion der Bildungsfonds (die Erhöhung des Qualifikationsniveaus der Werktätigen, Erhöhung der Zahl der ausgebildeten Werktätigen usw.) im Sozialismus einen Teil des für die Akkumulation bestimmten Mehrprodukts darstellt. Gleichzeitig erfolgt die einfache und erweiterte Reproduktion der außerhalb des produktiven Bereichs eingesetzten Bildungsfonds aus dem für die gesellschaftliche Konsumtion bestimmten Teil des Mehrprodukts. Die Bildungsfonds stellen somit eine Bestandsgröße und einen unter den Bedingungen der intensiv erweiterten Reproduktion wachsenden Bestandteil des Nationalreichtums der sozialistischen Gesellschaft dar.

Erste Berechnungen ergaben, daß der Bruttobestand an Bildungsfonds durchaus eine Größe ist, die bei der effektiven Gestaltung des volkswirtschaftlichen Reproduktionsprozesses nicht vernachlässigt werden kann. Der Bruttobestand an Bildungsfonds wuchs in der Volkswirtschaft der DDR von 68,8 Milliarden Mark des Jahres 1957 auf 126,9 Milliarden

[8] K. Marx, Theorien über den Mehrwert, 3. Teil, in: K. Marx/F. Engels, Werke, Bd. 26. 3; S. 290.

Mark im Jahre 1970. Der Bruttobildungsfonds ist somit eine Größe, die hinsichtlich ihrer Dynamik mit den anderen Bestandsgrößen des Nationalreichtums verglichen werden kann. So stieg das Volumen der Bruttobildungsfonds in den produktiven Bereichen von 55,9 Milliarden Mark im Jahre 1957 auf 90,7 Milliarden Mark im Jahre 1969, während sich die Bruttogrundfonds dieser Bereiche im gleichen Zeitraum von 145,0 auf 262,7 Milliarden Mark erhöhten (vgl. Tabelle 16).

Es handelt sich hierbei natürlich um volkswirtschaftliche Durchschnittsgrößen. Es gibt Industriezweige – wie die Elektrotechnik/Elektronik, wissenschaftlicher Gerätebau, Chemie und andere –, wo die Relation Bildungsfonds und Grundfonds wesentlich günstiger für die Bildungsfonds ausfällt. So ergaben Untersuchungen im Kombinat Carl Zeiss Jena, daß hier im Jahre 1968 die Bildungsfonds um 36 Prozent höher lagen als die Grundfonds; wobei sowohl für die Berufsbildung und die Weiterbildung das Kombinat in wachsendem Maße die Bildungsaufwendungen selbst erwirtschaften muß.

Interessant sind die sichtbar werdenden Entwicklungsrelationen von Bildungsfonds und Grundfonds. In einer Periode der vorwiegend extensiv erweiterten Reproduktion, von 1957 bis 1961, stiegen die Bildungsfonds im materiellen Bereich der Volkswirtschaft auf 136 Prozent, während sich die materiellen Grundfonds auf 118 Prozent erhöhten. Mit dem verstärkten Übergang zum intensiven Typ der erweiterten Reproduktion seit Beginn der 60er Jahre, vor allem durch Steigerung der Arbeitsproduktivität in der materiellen Produktion und die faktische Konstanz der Gesamtbeschäftigtenzahl, kehrte sich diese Relation des Entwicklungstempos von Grundfonds und Bildungsfonds um. Während sich die Bildungsfonds in der materiellen Produktion von 1961 bis 1969 nur auf 119 Prozent erhöhten, stiegen die Grundfonds in der materiellen Produktion auf 153 Prozent. In dieser Entwicklung wird gleichzeitig die besondere Situation für den sozialistischen Akkumulationsprozeß in der DDR seit Beginn der 60er Jahre sichtbar, in der ein immer größerer Teil der Akkumulationsmittel der sozialistischen Gesellschaft für die Substitution von Arbeitskräften durch Produktionsfonds notwendig wird, um das für die Entwicklung der Bereiche außerhalb der materiellen Produktion notwendige Arbeitspotential zu sichern. Die Entwicklung der Bildungsfonds in den 50er Jahren spiegelt gleichzeitig die Anstrengungen wider, das Bildungsniveau der Werktätigen in schnellem Tempo zu erhöhen und damit einen Vorlauf für die Lösung der Aufgaben des sozialistischen Aufbaus zu schaffen.

Es wäre verfrüht, aus den analysierten Relationen allgemeine Gesetzmäßigkeiten über die Entwicklungstendenzen von Bildungsfonds und materiellen Produktionsfonds abzuleiten. Die gegenwärtige Entwicklung ist jedoch offensichtlich ein Ausdruck der Tatsache, daß mit der verstärkten

Tabelle 16

Bestandsentwicklung der Brutto-Bildungsfonds (in Millionen Mark)

Qualifikationsstufen	1957	1960	1961	1962	1963	1964	1965	1966	1967	1968	1969	1970
Ungelernte und Angelernte	31381	37732	36716	35667	33686	33951	34298	33716	34263	32534	30812	31815
Facharbeiter	30070	43914	47002	46161	45797	47265	51445	54095	55945	57347	59156	67514
Fachschulabschluß	3077	6214	6719	7080	7770	8579	9890	10690	11224	11047	11987	12853
Hochschulabschluß	4291	6170	6549	7223	7706	8601	9883	10965	11880	12510	13135	14685
Berufstätige insgesamt	68819	94030	96986	96131	94959	98396	105516	109466	113312	113438	115090	126867

Durchsetzung des wissenschaftlich-technischen Fortschritts die Ausstattung der Arbeitskräfte mit Grundfonds rasch anwächst. Zum anderen wirkt sich hier die nur gering steigende Arbeitskräftezahl in der Wirtschaft der DDR aus, obwohl die Bildungsfonds infolge der Veränderung der Qualifikationsstruktur stark angewachsen sind. Die Erhöhung des Anteils von Arbeitskräften mit Hoch- und Fachschulausbildung sowie mit Berufsausbildung, die verstärkte Ausrüstung der Bildungseinrichtungen mit modernen Unterrichtsmitteln und die Erhöhung des Qualifikationsniveaus der Lehrkräfte lassen trotz einer fast gleichbleibenden Beschäftigtenzahl in den nächsten Jahren eine weitere Erhöhung der Bestandsgröße Bildungsfonds erwarten.

Die Bildungsfondsintensität des Nationaleinkommens in der materiellen Produktion erhöhte sich unter den Bedingungen der vorwiegend extensiven erweiterten Reproduktion von 1 im Jahre 1957 auf 1,05 im Jahre 1961 und sank von diesem Zeitpunkt beim Übergang zur vorwiegend intensiv erweiterten Reproduktion bis 1969 auf 0,88.

Die Grundfondsintensität des Nationaleinkommens sank dagegen von 2,59 im Jahre 1957 auf 2,30 im Jahre 1961, stieg von 1961 bis 1966 auf 2,60 und sank seit dieser Zeit auf 2,56 im Jahre 1969. Diese Entwicklungstendenz der Bildungsfonds- und Grundfondsintensität wird entscheidend bestimmt durch die Dynamik der beiden Fondsarten in den einzelnen Zeiträumen.

In einer Zeitperiode der vorwiegend extensiv erweiterten Reproduktion stiegen die Bildungsfonds im materiellen Bereich der Volkswirtschaft von 1957 bis 1961 auf 136 Prozent, während sich die materiellen Grundfonds auf 118 Prozent erhöhten. Mit dem verstärkten Übergang zum intensiven Typ der erweiterten Reproduktion seit Beginn der 60er Jahre, vor allem durch Steigerung der Arbeitsproduktvität in der materiellen Produktion und die faktische Konstanz der Gesamtbeschäftigtenanzahl, kehrte sich die Tendenz bei der Entwicklung der Grund- und Bildungsfonds faktisch um. Während die Bildungsfonds in der materiellen Produktion von 1961 bis 1968 sich nur auf 118 Prozent erhöhten, stiegen die Grundfonds in der materiellen Produktion auf 146 Prozent. Zunächst ist dies ein überraschendes Ergebnis. Vor diesen Berechnungen teilten wir den in der internationalen Literatur vorherrschenden Standpunkt, daß der Übergang zur vorwiegend intensiv erweiterten Reproduktion zwangsläufig mit (auf Grund der wachsenden Rolle der Bildung als effektivitätsbestimmen-

Tabelle 17

Die Entwicklung der Bildungsfondsintensität und der Grundfondsintensität pro Einheit Bruttoprodukt und pro Einheit Nationaleinkommen in der DDR

Jahre	Intensität der Bildungsfonds der Volkswirtschaft der DDR		Intensität der Bildungsfonds im materiellen Bereich der Volkswirtschaft der DDR		Entwicklung der Grundmittelfondsintensität	
	pro Einheit Nationaleinkommen	pro Einheit Bruttoprodukt	pro Einheit Nationaleinkommen	pro Einheit Bruttoprodukt	pro Einheit Nationaleinkommen	pro Einheit Bruttoprodukt
1957	1,23	0,63	1,00	0,52	2,59	1,34
1958	1,25	0,64	1,02	0,52	2,40	1,23
1959	1,30	0,66	1,06	0,54	2,30	1,16
1960	1,33	0,66	1,08	0,53	2,29	1,13
1961	1,33	0,65	1,05	0,51	2,30	1,16
1962	1,29	0,63	1,01	0,49	2,45	1,16
1963	1,24	0,53	0,97	0,41	2,53	1,08
1964	1,22	0,51	0,96	0,40	2,55	1,07
1965	1,25	0,51	0,97	0,40	2,58	1,07
1966	1,24	0,51	0,96	0,39	2,60	1,06
1967	1,22	0,49	0,94	0,38	2,57	1,04
1968	1,16	0,46	0,90	0,36	2,57	1,03
1969	1,12	0,44	0,86	0,34	2,56	1,01
1970	1,17	0,46	0,90	0,35	2,53	1,00

der Faktor) der Steigerung der Bildungsfondsintensität verbunden sein muß. Die Berechnungen zeigen aber, daß auf Grund der faktischen Konstanz des Arbeitskräftepotentials mit dem Übergang zur vorwiegend intensiv erweiterten Reproduktion eine unter den Bedingungen der vorwiegend extensiv erweiterten Reproduktion für die Dynamik der Bildungsfonds ausschlaggebende Komponente, die Zunahme der Beschäftigten in der materiellen Produktion, fast völlig zum Erliegen kommt.

So ließ sich für die Entwicklung der Bildungsfonds in den materiellen Bereichen der Volkswirtschaft im Zeitraum von 1963 bis 1968 die Wirkung folgender zwei Einflußfaktoren feststellen:

An der Zunahme der Bruttobildungsfonds in diesem Zeitraum in Höhe von 15,2 Milliarden Mark waren im betreffenden Zeitraum die Entwicklung der Bildungskosten mit etwa 65 Prozent und die Verbesserung der Qualifikationsstruktur mit etwa 32 Prozent beteiligt. (Etwa drei Prozent der Zu-

Tabelle 18

Entwicklung des Nationaleinkommens pro Beschäftigten im materiellen Bereich der Volkswirtschaft (Arbeitsproduktivität), die Entwicklung der Bildungsfonds pro Beschäftigten im materiellen Bereich, die Entwicklung der Bildungsfondsintensität und die Ausstattung eines Beschäftigten mit Grundmittelfonds in der DDR

Jahre	Nationaleinkommen je Beschäftigten im materiellen Bereich (Arbeitsproduktivität) (in Mark)	Bildungsfonds je Beschäftigten im materiellen Bereich (in Mark)	Bildungsfondsintensität	Grundmittelfonds je Beschäftigten im materiellen Bereich (in Mark)
1	2	3	4	5
1957	8530	8350	1,00	22090
1958	9470	9400	1,02	22730
1959	10340	10560	1,06	23750
1960	10870	11490	1,08	24930
1961	11250	11780	1,05	26450
1962	11530	11640	1,01	28230
1963	11990	11650	0,97	30290
1964	12550	12000	0,96	32040
1965	13130	12790	0,97	33930
1966	13800	13230	0,96	35040
1967	14470	13640	0,94	37720
1968	15290	13680	0,90	39110
1969	16030	13750	0,86	40950
1970	16890	15190	0,90	42720

Quelle: Statistisches Jahrbuch der DDR 1971, S. 19, 21.

nahme der Bildungsfonds konnte nicht eindeutig einem dieser beiden Einflußfaktoren zugerechnet werden.)

Tabelle 17 zeigt die Entwicklung der Bildungsfondsintensität und der Grundfondsintensität pro Einheit Bruttoprodukt und pro Einheit Nationaleinkommen in der DDR.

In Tabelle 18 wird die Entwicklung der Arbeitsproduktivität, der Bruttobildungsfondsausstattung der Beschäftigten im materiellen Bereich des Reproduktionsprozesses und ihre Ausstattung mit Bruttogrundmittelfonds sowie die Entwicklung der Bildungsfondsintensität verglichen.

Die Entwicklung der Bildungsfonds im Vergleich zu den Grundmittelfonds, zum gesellschaftlichen Gesamtprodukt und zum Nationaleinkommen wird in Tabelle 19 veranschaulicht.

Natürlich kann man allein auf der Grundlage der Entwicklung der Bildungsfondsintensität noch keine Schlußfolgerungen darüber ziehen, wie die Erhöhung des Qualifikationsniveaus der Arbeitskräfte auf die Effektivität der Produktion einwirkt. Die Bildung kann nur im Zusammenwirken mit anderen Wachstumsfaktoren über Prozesse der Produktivitätssteigerung ökonomisch realisiert werden. Eine verbesserte Ausbildung und höhere Qualifikation kann daher nur dann effektivitätssteigernde Wirkung haben, wenn der Werktätige seinen Fähigkeiten und Kenntnissen entsprechend eingesetzt wird. Dies verlangt unter anderem eine Ausstattung des Arbeitsplatzes mit hocheffektiven Arbeitsmitteln und Arbeitsgegenständen. Es gibt keinen automatischen Zusammenhang zwischen Erhöhung des Qualifikationsniveaus und Steigen des Nationaleinkommens. Es ist daher unmöglich, allein aus der Entwicklung der Bildungsfondsintensität auf Auswirkungen der Qualifikationserhöhung auf die Effektivität des Reproduktionsprozesses zu schließen. Eine Erhöhung des Bildungsfonds bedeutet nur dann eine Erhöhung der Potenzen der Volkswirtschaft, wenn die Bildungsfonds rationell eingesetzt werden. Das bezieht sich sowohl auf den qualifikationsgerechten Einsatz der Arbeitskräfte als auch auf das aufeinander abgestimmte Zusammenwirken der Bildungsfonds mit dem Produktions- und mit den Forschungsfonds. Das entscheidende Kriterium für die gestiegene Effektivität der Produktion ist die Senkung des Gesamtaufwandes für die Produktion des Nationaleinkommens in bedarfsgerechter Struktur, wobei sich die einzelnen Aufwandskomponenten durchaus unterschiedlich entwickeln können.

Ein entscheidendes Problem für die Erhöhung der ökonomischen Potenz der Bildung ist die Sicherung einer effektiven Relation von Direktausbildung und Weiterbildung.

Die weitere Gestaltung der entwickelten sozialistischen Gesellschaft macht es erforderlich, daß das einheitliche sozialistische Bildungswesen im Hinblick auf das lebenslange Lernen der Mitglieder der sozialistischen

Tabelle 19

Gesellschaftliches Gesamtprodukt, Nationaleinkommen, Grundmittelfonds und Bildungsfonds (in Milliarden Mark)

Bezeichnung	1957	1960	1961	1962	1963	1964	1965	1966	1967	1968	1969	1970
gesellschaftliches Gesamtprodukt[1]	108,5	142,9	148,2	153,1	179,9	192,9	204,2	216,2	229,6	244,7	260,6	275,1
Nationaleinkommen[1]	56,2	70,6	72,9	74,4	76,7	80,5	84,2	88,3	93,0	97,8	102,9	108,3
Bildungsfonds insgesamt	68,8	94,0	97,0	96,1	95,0	98,4	105,5	109,5	113,3	113,4	115,1	126,9
Grundmittelfonds in den produzierenden Bereichen[1]	145,0	161,9	171,4	182,1	193,7	205,5	217,6	229,2	239,1	250,6	261, 2	274,0
Bildungsfonds in den produzierenden Bereichen	55,9	75,9	76,2	74,9	74,5	76,9	82,0	84,6	87,6	87,7	88,2	97,4

1 ab 1963 unter Berücksichtigung der Grundmittelumbewertung und der Industriepreisreform und zu Preisen von 1967

Quellen: Statistisches Jahrbuch der DDR 1971, S. 19, 48, 57.

Gesellschaft konzipiert wird. Die Werktätigen werden somit während ihrer gesamten Berufstätigkeit in den zielgerichteten und kontinuierlichen Bildungsprozeß einbezogen. Dies gilt für alle Werktätigen, aber vor allem auch für die hochqualifizierten Kader. In einigen Bereichen der Volkswirtschaft der DDR ist bereits heute ein Hochschulabsolvent, der sich in einer Zeitperiode von 4 bis 5 Jahren nicht weiterqualifiziert hat, nicht mehr zu Spitzenleistungen in seinem Tätigkeitsbereich fähig. Bereits heute werden etwa 25 Prozent der Bildungsmittel für die Erwachsenenqualifizierung ausgegeben, und jeder vierte Werktätige (das sind fast 2 Millionen Werktätige) bildet sich in irgendeiner Form weiter.

Wenn wir für das Wissen des volkswirtschaftlichen Gesamtarbeiters nur eine Erneuerungsrate von 2 Prozent pro Jahr annehmen würden – diese relativ niedrige Rate scheint uns deshalb realistisch zu sein, weil ja nicht alle Bestandteile des Wissens in gleicher Weise erneuert werden müssen –, so würde dies bedeuten, daß wir pro Jahr über 2 Milliarden Mark aufwenden müßten, um dem Veralterungsprozeß der Bildungsfonds entgegenwirken zu können.

Die Beschlüsse der Partei- und Staatsführung der DDR haben zu einer großen Aktivität der Werktätigen auf dem Gebiet der Weiterbildung geführt. Weiterbildungsmaßnahmen sind ein untrennbarer Bestandteil der Wettbewerbsprogramme der Werktätigen. So heißt es im Aufruf der Thälmann-Werker zum sozialistischen Wettbewerb 1972, daß solche Voraussetzungen zu schaffen sind, daß „jeder zweite Thälmann-Werker durch zielgerichtetes Lernen sein Wissen und Können erhöht“. Hier ist „besonders die aufgaben- und objektbezogene Qualifizierung der Produktionsarbeiter breit zu entwickeln“[9].

Diese Aktivität der Werktätigen stellt hohe Anforderungen an die Qualität der Weiterbildungsveranstaltungen. Für die intensive Gestaltung von Weiterbildungsprozessen scheint von besonderer Bedeutung zu sein:

– die Weiterbildungsmaßnahmen aus den Erfordernissen der Erhöhung der gesellschaftlichen Arbeitsproduktivität und der Entwicklung der sozialistischen Persönlichkeit der Werktätigen abzuleiten;

– bei der Vorbereitung und Durchführung von Weiterbildungsmaßnahmen von vornherein eine hohe Effektivität anzustreben, wobei mindestens eine solche Effektivität erreicht werden muß, daß sie die laufenden Aufwendungen und das entgangene Einkommen rechtfertigt;

– wie es gelingt, an die vorhandenen Kenntnisse und Fähigkeiten der Teilnehmer anzuknüpfen und sie zur aktiven Mitarbeit anzuregen, da hiervon die Qualität der Weiterbildung entscheidend abhängt.

9 Was der VIII. Parteitag beschloß, wird sein, in: Neues Deutschland vom 4. 1. 1972, S. 3.

Der rasche wissenschaftlich-technische Fortschritt und die in diesem Zusammenhang wachsende Veraltung einiger Bestandsteile unseres Wissens stellen nicht nur an die kontinuierliche und zielgerichtete Weiterqualifizierung höhere Anforderungen, sondern führen auch zu tiefgreifenden Wandlungen in der Direktausbildung. Eine zielgerichtete und qualifizierte Weiterbildung macht es möglich, die Ausbildungszeiten in der Direktausbildung intensiver zu nutzen.

4. Probleme der Verbesserung der Arbeitskräfte- und Bildungsplanung

Die wachsende Bedeutung des Bildungs- und Qualifikationsniveaus der Werktätigen bei der Intensivierung des volkswirtschaftlichen Reproduktionsprozesses stellt neue und höhere Anforderungen an die sozialistische Arbeitskräfte- und Bildungsplanung.

Um Bildung und Qualifikation als ökonomischen Wachstumsfaktor bei der Gestaltung der entwickelten sozialistischen Gesellschaft nutzen zu können, gilt es, die effektiven Proportionen zwischen Bildungswesen und volkswirtschaftlichem Reproduktionsprozeß sowie die effektiven Proportionen im Bildungswesen selbst besser als bisher zu ermitteln und im Entscheidungsprozeß zu berücksichtigen. Eine langfristige Arbeitskräfte- und Bildungsbilanz unserer Gesellschaft könnte wesentlich dazu beitragen, diese Aufgabe zu lösen. Die eine Seite dieser Bilanz hätte die prognostische Entwicklung des Bedarfs an Arbeitskräften einer spezifischen Qualifikation zu erfassen. Die Prognose des mit dem natürlichen Bevölkerungswachstum bilanzierten Bedarfs an qualifizierten Arbeitskräften muß konfrontiert werden mit den vorhandenen und den bereits projektierten Kapazitäten des Bildungswesens. Der Sinn eines solchen Vorgehens besteht darin, künftige Engpaß- und Überschußsituationen zu stimulieren, um von vornherein einer Verschwendung von Bildungsaufwendungen entgegenwirken zu können.

Das entscheidende Problem für die Realistik der mit der sozialistischen Bildungsbilanz zu gewinnenden Ergebnisse ist die Bestimmung des notwendigen Entwicklungstempos der Kader in den einzelnen Qualifikations- und Berufsgruppen. Hier hat der VIII. Parteitag der SED eine Reihe wichtiger Erkenntnisse gebracht. Er hat jene Auffassungen widerlegt, die besagten, daß die Probleme der vorwiegend intensiv erweiterten Reproduktion vor allem durch eine sprunghafte, extensive Entwicklung von Hochschul- und Fachschulabsolventen gemeistert werden könnten.

Auf dem VIII. Parteitag der SED wurde gezeigt, daß die Hauptentwicklungsrichtung des Qualifikationsniveaus der Werktätigen in der

Intensivierung der Bildungsprozesse, vor allem durch die Erhöhung der Qualität der Ausbildung, der besseren Ausnutzung des bereits erreichten Bildungsniveaus der Werktätigen, der Verbesserung ihres Einsatzes und der ausgewogenen, planmäßigen proportionalen Entwicklung der Qualifikationsstruktur der Werktätigen besteht, wobei die Ausbildung von hochqualifizierten Facharbeitern eine grundlegende Aufgabe unserer Bildungspolitik darstellt.

Genosse Erich Honecker sagte auf dem VIII. Parteitag, daß es jetzt vor allem darum geht, „die vorhandenen Ausbildungskapazitäten voll zu nutzen, noch effektiver zu arbeiten und für die materiellen Mittel zweckmäßig einzusetzen. Das Wichtigste ist jetzt, die Qualität der Ausbildung, vor allem das inhaltliche Niveau der Lehre, weiter zu erhöhen und die klassenmäßige Erziehung der Studenten zu verbessern“ [10].

Die rechtzeitige realistische Vorausberechnung des erforderlichen Kaderbedarfs ist eine grundlegende Voraussetzung zur Verringerung von Bildungsverlusten und notwendig, um das Wirksamwerden der Werktätigen im volkswirtschaftlichen Reproduktionsprozeß entsprechend ihrer erworbenen Qualifikation zu sichern. Diese Aufgabe kann nicht durch die Aggregation der Kaderbedarfsvorstellungen in den Betrieben, Kombinaten und anderen Institutionen gelöst werden. Die Grenzen eines solchen Vorgehens werden zum Beispiel auf Grund einer Analyse der Besetzung der vorhandenen Stellenpläne in der Volkswirtschaft der DDR sichtbar. Die vorhandenen Stellenpläne weisen einen solch hohen Nachholebedarf an Hoch- und Fachschulkadern aus, daß bei seiner Befriedigung die DDR wesentlich über dem in anderen hochentwickelten Ländern erreichten Niveau der Hoch- und Fachschulkader pro Kopf der Bevölkerung liegen würde. Dies würde aber im Widerspruch zu den Möglichkeiten und auch den Erfordernissen der weiteren Entwicklung der DDR-Wirtschaft liegen. Offensichtlich wirkt die gegenwärtige Planung der Stellenpläne zu wenig in Richtung auf die Einsparung bestehender Arbeitsplätze und den effektiven Einsatz des vorhandenen Bestandes an hochqualifizierten Kadern. Sie dient also ungenügend der Intensivierung des volkswirtschaftlichen Reproduktionsprozesses.

Ebenso muß den Gefahren des Formalismus bei der Qualifizierung der Kader begegnet werden. Eine formale Qualifizierung allein zur Besetzung der Planstellen birgt die Gefahr in sich, daß sehr viel Kraft und Mittel vertan werden, ohne daß ein echter Leistungszuwachs erzielt wird. Es müssen vielmehr in den Betrieben, Kombinaten und anderen Institutionen Anreize für Aktivitäten geschaffen werden, um Planstellen einzusparen

[10] E. Honecker, Bericht des ZK an den VIII. Parteitag der SED, Berlin 1971, S. 74.

und zu verhindern, daß Kader auf Arbeitsplätzen tätig sind, auf denen sie nur einen Bruchteil des erworbenen Qualifikationsniveaus benötigen.

Dies wäre eine wichtige Voraussetzung, um den effektiven Einsatz von qualifizierten Kadern unmittelbar in der Produktion, der Produktionsleitung, in der Technologie, Konstruktion und Projektierung zu verstärken. Der effektive Einsatz von hochqualifizierten Kadern in diesen Bereichen wird ohne Zweifel ein Schwerpunkt in der Kaderpolitik der nächsten Jahre sein müssen.

Willi Stoph ging in seiner Regierungserklärung am 29. 11. 1971 auf dieses wichtige Problem ein. Er sagte: „Wir halten es für sinnvoll, wenn z. B. ein Teil unseres gut ausgebildeten Personals nicht mehr mit Verwaltungsarbeiten beschäftigt wird, sondern in der Produktion hochproduktive und moderne Maschinen und Anlagen steuert bzw. sich mit der raschen Überführung neuer technischer und technologischer Lösungen in die Produktion beschäftigt. Dort, wo unser Nationaleinkommen geschaffen wird, brauchen wir eine größere Anzahl fähiger Kader.“ [11]

Wie die Erfahrungen unserer gesellschaftlichen Entwicklung zeigen, stellt die realistische Einschätzung des Kaderbedarfs eine entscheidende strategische Größe für unsere gesamte gesellschaftliche Entwicklung dar. Nachlässigkeit und Wunschdenken auf diesem Gebiet führen zu schwerwiegenden negativen Auswirkungen auf die volkswirtschaftliche Effektivität und die sozialistische Persönlichkeitsentwicklung. Hierbei muß man davon ausgehen, daß die rechtzeitige Planung des Kaderbedarfs nicht innerhalb des gleichen Zeitraumes erfolgen kann wie in dem für die materielle Produktion. Deshalb wird zu einem wichtigen Anliegen der langfristigen Planung die rechtzeitige Einschätzung des Kaderbedarfs der Gesellschaft, um hiervon ausgehend die inhaltlichen und quantitativen Anforderungen an das Bildungswesen ableiten zu können. Hierbei besteht ein wichtiges Problem darin, die auf den Kaderbedarf in der sozialistischen Gesellschaft einwirkenden grundlegenden Komponenten zu ermitteln und die sich aus ihnen ergebenden inhaltlichen Konsequenzen für das Bildungswesen aufzudecken.

Es hat sich hierbei als nützlich erwiesen, den Kaderbedarf der Volkswirtschaft gesondert für folgende gesellschaftliche Bereiche zu berechnen:

– für die materielle Produktion, in der die materiellen Voraussetzungen für die Befriedigung der materiellen und geistigen Bedürfnisse der sozialistischen Gesellschaft geschaffen werden,

– für die Staats- und Wirtschaftsführung der sozialistischen Gesellschaft,

– für die Bereiche der Forschung und Entwicklung,

[11] W. Stoph, Regierungserklärung, in: Neues Deutschland vom 30. 11. 1971.

– für den Bereich des Gesundheitswesens, der Kultur, der Dienstleistungseinrichtungen und anderen,

– für das einheitliche sozialistische Bildungswesen.

Hierbei müssen wir die unterschiedliche Rolle der einzelnen Bereiche im gesellschaftlichen Reproduktionsprozeß berücksichtigen.

Das hier konzipierte Planungsmodell hat die Aufgabe, den gesamten gesellschaftlichen Reproduktionsprozeß und die sich aus seiner Dynamik ergebenden Kaderbedarfskomponenten zu erfassen. Das Arbeitsprinzip des Planungsmodells (Aufspaltungsmodell) besteht darin, die Anforderungen der gesellschaftlichen Teilbereiche des gesellschaftlichen Reproduktionsprozesses an die Kapazität und die Ausbildungsstruktur des sozialistischen Bildungswesens in drei Hauptetappen zu ermitteln.

Zunächst wird für jeden Bereich die Gesamtzahl an Arbeitskräften eingeschätzt, die zur Realisierung der Aufgaben der Bereiche erforderlich ist.

In der zweiten Etappe wird der Arbeitskräftebedarf für die gesamte Gesellschaft zusammengefaßt und mit den verfügbaren Arbeitskräfteressourcen ausbilanziert (Arbeitskräftebilanz).

In der dritten Etappe erfolgt eine gesonderte Einschätzung der künftigen Struktur der Arbeitskräfte nach Qualifikationsarten und -höhen. Auf der Basis des mit dem Arbeitskräftepotential ausbilanzierten Gesamtbedarfs der sozialistischen Gesellschaft an qualifizierten Kadern und der bereits ausgebildeten und im Bedarfszeitraum noch berufstätigen Zahl an Arbeitskräften bestimmen wir dann den Ersatz- und Veränderungsbedarf der einzelnen Qualifikationsgruppen. Damit gelangen wir zu einer entscheidenden Bedingung für die planmäßige proportionale Entwicklung des einheitlichen sozialistischen Bildungswesens.

Die Ergebnisse der skizzierten Kaderbedarfsmodelle müssen zu Ausgangsdaten für ein inneres Verflechtungsmodell des Bildungswesens gemacht werden. Das innere Verflechtungsmodell des Bildungswesens versucht die Frage zu beantworten, wie der ermittelte Bedarf an qualifizierten Arbeitskräften mit möglichst geringem Mittelaufwand abgedeckt werden kann. In diesem Modell wird also der Versuch unternommen, das Bildungswesen als ein System miteinander verbundener und voneinander abhängiger Prozesse darzustellen.

Die Sicherung der inneren proportionalen Entwicklung des Bildungswesens erfordert, die Ausbildung auf jeder Stufe entsprechend dem Bedarf der nächstfolgenden Stufe (zum Beispiel notwendige Zahl der Abiturienten auf dem für das Hochschulwesen notwendigen Niveau) vorzunehmen. Die Entwicklung in den einzelnen Stufen und Bereichen des Bildungswesens muß somit entsprechend dem Rhythmus des gesamten Bildungssystems und damit des gesellschaftlichen Bedarfs erfolgen. Um das Bildungswesen als Einheit miteinander verbundener und voneinander abhängiger Prozesse im Rahmen eines konsistenten Modells darzustellen, bietet das auf ökonomischem Gebiet erprobte Instrumentarium der Verflechtungsbilanzierung vielversprechende Möglichkeiten. Übergangsquoten von Bildungsgang zu Bildungsgang und von Bildungsstufe zu Bildungsstufe erlauben es, im Rahmen einer solchen Verflechtungsbilanz mögliche Auswirkungen verschiedener Änderungen dieser „Durchläufe" zu analysieren. Hierbei stellen die verschiedenen Übergangsquoten (Übertrittsquoten zur nächsthöheren Klassenstufe, Abgangsquoten und Wiederholungsquoten) wichtige Instrumentalvariable für die Bildungspolitik dar.

Die dargestellten Bilanzmodelle der planmäßigen proportionalen Entwicklung von Bildungswesen und volkswirtschaftlichem Reproduktionsprozeß sowie der inneren Proportionalität des Bildungswesens können in ihrer gegenwärtigen Form helfen, konsistente Proportionalitätsbedingungen des Bildungswesens zu ermitteln. Wir benötigen jedoch Kriterien, um aus der Vielzahl solcher Gleichgewichtsbedingungen die effektivste Variante für die Durchsetzung des Gesetzes der Ökonomie der Zeit zu bestimmen. Das Fehlen solcher Informationen stellt die entscheidende „Informationslücke" für den bildungspolitischen Entscheidungsprozeß dar, die durch die bildungsökonomische Forschung so bald wie möglich geschlossen werden muß.

Bereits seit langem werden in verschiedenen industriell hoch entwickelten Ländern umfassende Untersuchungen durchgeführt, um solche Kriterien zu bestimmen. Es ging und geht hierbei vor allem um die Bestimmung des Beitrags, den das Bildungswesen zum Nationaleinkommen leistet. Dazu existieren verschiedene theoretische Konzeptionen. Das Ergebnis dieser Untersuchungen ist, daß diese Berechnungen die aktive Funktion der Bildung als Wachstumsfaktor transparent gemacht und damit für eine nationale Wachstumspolitik eine wichtige Orientierung gegeben haben. Gleichzeitig zeigt die Untersuchung, daß es vermessen wäre, auf der Grundlage solcher Berechnungen Entscheidungen zu treffen, welche Proportionalitätsbeziehung von Bildungswesen und volkswirtschaftlichem Reproduktionsprozeß sich an das Optimum anzunähern vermag und welche nicht. Hierzu bedarf es eines ganzen Systems von Kennziffern und Indikatoren, die mit Hilfe des skizzierten Modellsystems in einen für den Entscheidungsprozeß relevanten Zusammenhang gestellt werden müssen. In diesem Zusammenhang müssen Anstrengungen für die Entwicklung einer Aufwand-Nutzen-Analyse für die Bewertung von Bildungsprozessen vom Standpunkt ihres gesellschaftlichen Nutzens unternommen werden.

Das im sozialistischen Bildungswesen erworbene Wissen und Können wird nicht im Selbstlauf im volkswirtschaftlichen Reproduktionsprozeß wirksam. Um die ökonomische Potenz der Bildung hier voll zur Entfaltung zu bringen und den Einsatz qualifizierter Kader effektiver zu gestalten, bedarf es großer Anstrengungen. In der Direktive zum Fünfjahrplan 1971 bis 1975 heißt es daher, daß „die Effektivität des Einsatzes der bereits tätigen sowie der neu in den Arbeitsprozeß eintretenden qualifizierten Fachkräfte weiter zu erhöhen“ [12] ist.

„Im Zeitraum des Fünfjahrplanes sind rund 225000 Hoch- und Fachschulabsolventen aus dem Direktstudium in der Volkswirtschaft einzusetzen. Die Leiter der Kombinate, Betriebe und Einrichtungen sowie der Staats- und Wirtschaftsorgane haben rechtzeitig vor Beendigung des Studiums Arbeitsverträge abzuschließen und die erforderlichen Voraussetzungen für eine schnelle Wirksamkeit dieser qualifizierten Fachkräfte zu schaffen.“ [13]

Hierbei sind zwei Aufgaben zu lösen:

– Verteilung und Lenkung der ausgebildeten Kader entsprechend dem volkswirtschaftlichen Bedarf. Die planmäßig proportionale, strukturgerechte Verteilung der ausgebildeten Kader auf die Tätigkeitsbereiche der Gesellschaft ist eine wesentliche Voraussetzung zum vollen Wirksamwerden der ökonomischen Potenz der Bildung.

– Strukturgerechter *Einsatz* der ausgebildeten Kader am Arbeitsplatz entsprechend den gesellschaftlichen Erfordernissen. Hierbei spielt die Übereinstimmung der sich mit dem wissenschaftlich-technischen Fortschritt schnell entwickelnden materiell-technischen Produktionsbedingungen und des vorhandenen Arbeitsvermögens eine große Rolle (Proportionen zwischen Produktionsfonds, Bildungs- und Forschungsfonds).

Die Prozesse der Verteilung, Lenkung und des Einsatzes von ausgebildeten Kadern in den volkswirtschaftlichen Reproduktionsprozeß müssen als Einheit behandelt werden.

Die Übereinstimmung von vorhandenem Arbeitskräftepotential und den konkreten Anforderungen im Bereich, Zweig, Kombinat und Betrieb muß ständig überprüft werden, da durch die Beschleunigung des wissenschaftlich-technischen Fortschritts laufend Veränderungen und Umprofilierungen notwendig werden. Hierbei spielen die Fragen der permanenten und zyklischen Erwachsenenqualifizierung zur ständigen Erneuerung und Erweiterung des Wissens eine große Rolle.

Von uns durchgeführte empirische Untersuchungen über die Lenkung, Verteilung und den Einsatz der ausgebildeten Kader ergaben, daß es auf diesem Gebiet eine Vielzahl von Effektivitätsreserven zu erschließen gilt. Ziel dieser Untersuchungen war es, mit Hilfe analytischer Methoden

[12] Direktive des VIII. Parteitages der SED zum Fünfjahrplan für die Entwicklung der Volkswirtschaft der DDR 1971 bis 1975, Berlin 1971, S. 120.

[13] Ebenda, S. 123.

Effektivitätsreserven aufzudecken, die sich aus Differenzen zwischen dem geforderten und effektiv vorhandenen Qualifikationsniveau ergaben, sowie Schlußfolgerungen für die Bildungsplanung zu ziehen. Untersucht wurden der Einsatz von Hochschulkadern, Fachschulkadern und Meistern in der sozialistischen Wirtschaft. Die Ergebnisse unserer Untersuchung lassen sich in folgenden drei Punkten zusammenfassen:

1. Fast die Hälfte der Planstellen der untersuchten Qualifikationsstufen (Hochschulkader, Fachschulkader, Meister) ist in ausreichendem Maße strukturgerecht nach Qualifikationsstufen besetzt.

2. Über ein Drittel der Planstellen wird von Kadern wahrgenommen, die vom Standpunkt des Qualifikationsabschlusses einer niederen Qualifikationsgruppe angehören.

3. Andererseits gibt es eine Reihe von hochqualifizierten Kadern, die auf Planstellen beschäftigt werden, die unter ihrem ausgewiesenen Qualifikationsniveau liegen.

Der Einsatz von hochqualifizierten Kadern in Tätigkeitsbereichen, die unter ihrem Qualifikationsniveau liegen, läßt auf Unzulänglichkeiten in der Leitungs- und Planungsarbeit in den entsprechenden Tätigkeitsbereichen, nichtbedarfs- und qualifikationsgerechte Ausbildung im einheitlichen sozialistischen Bildungswesen, Disproportionen im Lohn- und Gehaltsgefüge und damit verbunden auf ungenügende moralische und auch materielle Stimulierung schließen. Hier treten Effektivitätsverluste durch einen nichtstrukturgerechten Einsatz von hochqualifizierten Kadern ein.

Berechnungen ergaben, daß für die Ausbildung dieser Kader 418,4 Millionen Mark mehr verausgabt wurden, als für die Ausübung der ihnen übertragenen Aufgaben notwendig gewesen wäre. Gleichzeitig stellen diese unter ihrem Qualifikationsniveau eingesetzten Kader teilweise eine Effektivitätsreserve dar, die man durch eventuelle Umsetzungen bzw. Umschulungen erschließen könnte, ohne in großem Umfang Bildungskosten zu verursachen oder Kapazitäten des Bildungswesens in Anspruch zu nehmen. Die in unserer Analyse ausgewiesene starke Unterbesetzung der Planstellen mit hochqualifizierten Kadern wirft eine Reihe von Problemen auf. Auf den ersten Blick scheinen die von uns erzielten Ergebnisse auf einen sehr hohen Nachholebedarf bei hochqualifizierten Kadern hinzuweisen.

Dies steht jedoch im Widerspruch zu dem international erreichten Niveau des Bestandes an Hochschulkadern pro Tausend Berufstätige. In der DDR kamen 1967 auf 1000 Beschäftigte 36 Hochschulkader, in der UdSSR 48, in der VR Polen 27, in der UVR 32, in der VR Rumänien 29 und in der BRD 29 Hochschulkader. Hierbei muß man jedoch beachten, daß dieser Vergleich aufgrund des unterschiedlichen Entwicklungsniveaus der Wirtschaft, der Spezifik des Bildungswesens in den einzelnen Ländern (so werden in einigen sozialistischen Ländern vom Hochschulwesen Funktionen ausgeübt, die in der DDR vom Fachschulwesen ausgeübt werden) in seiner absoluten Aussage sehr problematisch ist. Es läßt sich jedoch schlußfolgern, daß es in der DDR keinen hohen Nachholebedarf an qualifizierten Kadern gibt.

Dies zeigt, daß die Kaderbedarfsermittlung auf Grundlage der vorhandenen Planstellen in den Betrieben, Kombinaten und Institutionen von vornherein zu Kaderbedarfsanforderungen führt, die im Widerspruch zu dem möglichen und notwendigen Kaderbedarf unserer Gesellschaft stehen. (So würde die Deckung des sich aus der Planstellenanalyse ergebenden „Nachholebedarfs“ der sozialistischen Wirtschaft einen direkten Bildungsaufwand von über 3 Milliarden Mark verursachen. Das ist fast die Hälfte unserer jährlichen Ausgaben für das gesamte Bildungswesen.)

Die Ergebnisse unserer Analyse scheinen vielmehr darauf hinzudeuten, daß die Tätigkeit unserer Betriebe sowie ihre materielle und moralische Stimulierung noch zu wenig auf die Einsparung von Planstellen ausgerichtet ist. Sie steht somit nicht voll in Übereinstimmung mit den Erfordernissen der Intensivierung des volkswirtschaftlichen Reproduktionsprozesses. Bei der Planung der betrieblichen Qualifikationsstruktur darf man daher nicht so sehr von den vorhandenen Stellenplänen ausgehen. Sie muß vielmehr unter Beachtung von prognostischen volkswirtschaftlichen Einschätzungen und Möglichkeiten, wissenschaftlich-technischen Konzeptionen, von volkswirtschaftlichen Orientierungskennziffern, Normativen der Zweige und Bereiche, der langfristigen Entwicklung der Produktionsstruktur der Betriebe, von Arbeitsbereichsanalysen sowie von Weltstandsvergleichen ermittelt werden.

Bei der Planung von Rationalisierungsmaßnahmen müssen die veränderten Anforderungen an die Arbeitskräftezahl, das Qualifikationsniveau und die Qualifikationsstruktur ausgewiesen werden, wobei eine volkswirtschaftliche Bilanzierung notwendig ist, um eben diese überspitzten Anforderungen an das einheitliche sozialistische Bildungswesen von vornherein zu unterbinden. Unter diesem Gesichtspunkt muß die Planung der Planstellen in den Betrieben, Kombinaten und Institutionen vervollkommnet werden. „Die Einsparung von Arbeitszeit und Arbeitsplätzen ist in unserer sozialistischen Wirtschaft eine verdienstvolle, schöpferische Aufgabe, deren Ergebnisse weit über den jeweiligen Betrieb hinaus günstig auf alle Kreisläufe unserer Wirtschaft wirken.“ [14]

Dies erfordert eine ständige Überprüfung der vorhandenen Planstellen, verbunden mit einer Bewertung von Planstellen nach einer einheitlichen

[14] E. Honecker, Vorbereitung und Durchführung der Wahlen zur Volkskammer und zu den Bezirkstagen, Berlin 1971, S. 29.

Grundmethodik (Festlegung der Verantwortlichkeit, Entscheidungsfeld, Unterstelltenzahl usw.).

Zum anderen sind Gesichtspunkte der langjährigen Erfahrung, persönlichen Initiative, individuellen Weiterbildung, Alter usw. zu berücksichtigen, die oftmals eine formale Ausbildung in einer höheren Qualifikationsstufe erübrigen. Diese Fragen müssen in jedem Fall individuell in den einzelnen Betrieben und Institutionen geklärt werden. Dies soll Tendenzen einer formalen Qualifizierung entgegenwirken, die zwar viel Aufwand verursachen, aber nicht zu einer echten Leistungssteigerung führen. Bei der Bewertung der Tätigkeiten auf einem gegebenen Arbeitsplatz muß daher eindeutig dem sozialistischen Leistungsprinzip gegenüber einem formalen Qualifikationsabschluß der Vorrang gegeben werden. Bei Disproportionen zwischen Planstellenanforderungen und vorhandener Qualifikation ist zu prüfen, welche zusätzlichen Spezialkenntnisse benötigt werden und davon abgeleitet eine zielstrebige, aufgabenbezogene Bildungsarbeit zu organisieren. Es kommt jedoch nicht darauf an, jedem Werktätigen eine Mehrzahl von beruflichen Abschlüssen zu vermitteln, sondern darauf, auf der Grundlage einer fundierten Berufsausbildung und der erworbenen Berufserfahrung zielgerichtet die erforderlichen politischen, ökonomischen und fachlichen Kenntnisse und Fertigkeiten zu vermitteln, die für die qualifizierte Lösung der Aufgaben eine unmittelbare Voraussetzung sind.

Bei der Analyse des Einsatzes qualifizierter Kader im volkswirtschaftlichen Reproduktionsprozeß spielt die Übereinstimmung von tatsächlich übertragenen und vertraglich vereinbarten Arbeitsaufgaben eine besondere Rolle. Stichprobenuntersuchungen ergaben, daß bei hochqualifizierten Arbeitskräften nur 70 Prozent der Arbeitszeit entsprechend der vorhandenen Qualifikation ausgenutzt werden und diese Arbeitskräfte zu 30 Prozent unterfordert sind.

Hier kann also eine formale Übereinstimmung von Planstellen und Qualifikationsstruktur gegeben sein, und trotzdem treten Effektivitätsverluste auf.

Bei diesem Problem geht es nicht nur um eine Übereinstimmung von Planstellen und Qualifikationsniveau, sondern auch um die volle Ausnutzung der effektiv eingesetzten Qualifikation im Reproduktionsprozeß. Hierbei ergeben sich aber Rückwirkungen auf den Einsatz von Arbeitskräften dergestalt, daß die ausgebildeten Arbeitskräfte dort einzusetzen sind, wo eine hohe Qualifikationseffektivität besteht.

Ein weiteres Problem bei der Sicherung eines effektiven Einsatzes der ausgebildeten Kader betrifft die Fragen der *Mobilität und Fluktuation.* Es gilt sowohl die externe Mobilitätsquote (Zu- und Abgänge zum Betrieb) wie auch die interne Mobilitätsquote (Umsetzungen im Betrieb) zu senken.

Die Fluktuation bringt Verluste durch Einarbeitungszeiten, Verwaltungsarbeit, Verlust von kollektiven Erfahrungen usw. mit sich.

Kostenmäßige Übersichten besagen, daß bei Facharbeitern 10000,– bis 15000,– Mark und bei Ingenieuren oder Ökonomen bis zu 30000,– Mark pro Kader durch Fluktuation verlorengehen (in derartige Berechnungen darf nur die gesellschaftlich *nicht notwendige* Fluktuation einbezogen werden). Zusätzlich gehen bei jeder Fluktuation Kenntnisse und Fertigkeiten verloren, die von bildungsökonomischen Gesichtspunkten eine weitere Vergrößerung der volkswirtschaftlichen Verluste mit sich bringen.

Die schrittweise Reduzierung der Fluktuation erfordert eine wirkungsvolle Verbesserung der politisch-ideologischen und kulturell-erzieherischen Arbeit sowie die Durchsetzung komplexer Maßnahmen, die mit der Vervollkommnung der Lenkung, Qualifizierung und Planung der Arbeitskräfte, der leistungsfördernden moralischen und materiellen Stimulierung, der weiteren Vervollkommnung der Arbeitsbedingungen, der Verbesserung der Wohn- und Verkehrsverhältnisse, des Gesundheits- und Sozialwesens, der Erholung, des Sports und anderer Bereiche eng verbunden sind.

Neben dem bisher vorrangig behandelten *Einsatz* der durch das einheitliche sozialistische Bildungswesen ausgebildeten Arbeitskräfte am Arbeitsplatz spielt die Verteilung und Lenkung der Arbeitskräfte sowohl auf volkswirtschaftliche Bereiche und Zweige wie auch auf Kombinate, VVB und Betriebe eine wichtige Rolle.

Dies wird sofort deutlich, wenn man die Ergebnisse einer Analyse bedenkt, die ergab, daß im Tätigkeitsbereich Produktionsleitung nur 38,5 Prozent, in der Technologie 38,8 Prozent und in der Konstruktion und Projektierung 44,2 Prozent der vorhandenen Hochschulkaderplanstellen besetzt sind. Überhaupt muß festgestellt werden, daß wir in der materiellen Produktion das größte Defizit an Hochschulkadern im Vergleich zu vorhandenen Planstellen haben (so in der Grundstoffindustrie von fast 60 und in der Leichtindustrie von 65 Prozent).

Wenn natürlich auch hier unsere Einwendungen gegen den Ausweis des Kaderbedarfs mit Hilfe der Planstellenmethode gelten, so weisen diese Ergebnisse mit Nachdruck auf die Notwendigkeit hin, den Einsatz von hochqualifizierten Kadern in der Produktion, den produktionsvorbereitenden und produktionsleitenden Bereichen zu verstärken. Hier wird ohne Zweifel ein Schwerpunkt der Kaderpolitik in den nächsten Jahren liegen müssen.

Die mit der Intensivierung der Volkswirtschaft verbundenen sozialökonomischen Prozesse führen zu einer qualitativen Höherentwicklung des gesellschaftlichen Arbeitsvermögens und vor allem zum Wachsen der produktiven Potenzen der Arbeiterklasse. In diesem Prozeß festigt die Arbeiterklasse ihre führende Rolle im Bündnis mit allen Werktätigen bei der weiteren Gestaltung der entwickelten sozialistischen Gesellschaft.

KAPITEL VI

Besonderheiten der Arbeitskräftebilanz der MVR und das Problem der Arbeitskräfteversorgung der landwirtschaftlichen Vereinigungen

Die Mongolische Volksrepublik, die sich unter Umgehung des kapitalistischen Stadiums vom Feudalismus zum Sozialismus entwickelt, hat die Schaffung der Grundlagen des Sozialismus abgeschlossen. Im Programm der MRVP wurde die ökonomische Aufgabe zur Entwicklung des Landes so definiert: „Das zentrale ökonomische Problem dieser Periode ist die Vollendung eines optimalen Komplexes der materiell-technischen Basis des Sozialismus durch die weitere Industrialisierung des Landes, die Mechanisierung der landwirtschaftlichen Produktion sowie die Erhöhung des Standes der technischen Ausstattung aller Zweige der Volkswirtschaft.“ [1]

Eine der Besonderheiten der ökonomischen Entwicklung der MVR besteht in der beschleunigten Entwicklung aller Zweige der Volkswirtschaft. Ein beredtes Beispiel dafür bilden das Wachstum und die Struktur der Investitionen. In den letzten 30 Jahren (1940 bis 1970) sind die Investitionen der Volkswirtschaft folgendermaßen gestiegen: in der Industrie um das 51,8fache, in der Landwirtschaft um das 366,2fache, im Transport- und Nachrichtenwesen um das 473fache, im Handel und im Erfassungswesen um das 140,5fache, in der Kultur, Volksbildung und im Gesundheitswesen um das 47,9fache, im Wohnungsbau um das 121,3fache und in den übrigen Zweigen um das 23,3fache.[2]

Dadurch beschleunigte sich die Entwicklung der Produktivkräfte, und der Wohlstand sowie das kulturelle Niveau des Volkes stiegen. Zum Beispiel erhöhte sich die Produktion von Nationaleinkommen in den letzten 10 Jahren um das 1,4fache, und etwa 70 Prozent des Nationaleinkommens gingen in den Konsumtionsfonds. Die Grundfonds der Volkswirtschaft (einschließlich des Tierbestandes) wuchsen um das 2,5fache, darunter die Produktionsgrundfonds um das 2,2fache.

Die Durchführung von wichtigen sozialökonomischen Maßnahmen auf dem Gebiet der ständigen Erhöhung des materiellen und kulturellen Niveaus des Volkes, des Schutzes von Mutter und Kind sowie der Festigung der Familie durch die Volksregierung bildet eine überaus wichtige Bedingung für das Bevölkerungswachstum in der Gegenwart wie in der

[1] Mach Namyn programm, Ulan-Bator 1966, S. 17.

[2] BNMAU 50 žild, Statistikijn ėmchėtgėl, Ulan-Bator 1971, S. 122.

Zukunft. Vergrößerte Geburtenrate der Bevölkerung, verringerte Sterbeziffern und zunehmende Lebensdauer – das sind die Besonderheiten des Bevölkerungswachstums der MVR in den letzten Jahren. Im Ergebnis beschleunigte sich das Wachstum der Bevölkerungszahl, und es erfolgten Veränderungen in der Geschlechts- und Altersstruktur der Bevölkerung.

Die schnelle Zunahme der Bevölkerung in der MVR erfordert einerseits eine ständige Vergrößerung des Konsumtionsfonds und damit eine beschleunigte Entwicklung der gesellschaftlichen Produktion und schafft andererseits die Bedingungen für die Vergrößerung der Arbeitskräfteressourcen, die einen wichtigen Faktor für die weitere Entwicklung der Produktion darstellen. In den Beschlüssen der MRVP wird festgestellt, daß „die erfolgreiche Entwicklung der Produktivkräfte des Landes in gewaltigem Maße von der rationellen Nutzung der Arbeitskräfteressourcen abhängt, von ihrer zweckmäßigen Verteilung, von der systematischen Ausbildung qualifizierter Kader und von der Erhöhung ihres kulturell-technischen Niveaus“[3].

Im Vergleich zu den anderen sozialistischen Ländern ist der Beschäftigtengrad der Bevölkerung[4] in der MVR beträchtlich niedriger, vor allem infolge der Besonderheiten der Altersstruktur der Bevölkerung der Republik. Die in den letzten Jahren zu beobachtende Verringerung des Anteils der berufstätigen Bevölkerung ist ebenfalls hauptsächlich auf die Verringerung des Anteils der arbeitsfähigen Bevölkerung an der Gesamtzahl der Bevölkerung zurückzuführen, die durch das schnelle Wachstum der Bevölkerung in den letzten Jahren und die Veränderung ihrer Altersstruktur hervorgerufen wurde.

Davon ausgehend, kann gesagt werden, daß das Problem der Arbeitskräfteressourcen in der MVR besondere Wichtigkeit gewinnt.

Das Studium der Dynamik der Arbeitskräfteressourcen der MVR in den Jahren 1965 bis 1969 zeigte, daß der Zuwachs 1968 gering war und nur 1,2 Prozent betrug; ein beträchtlicher Zuwachs war 1969 mit 6,1 Prozent zu verzeichnen (die Beschleunigung des Wachstums der im arbeitsfähigen Alter stehenden Bevölkerung hängt damit zusammen, daß für die Mitglieder der landwirtschaftlichen Vereinigungen das Rentenalter um 5 Jahre heraufgesetzt wurde).

Die Dynamik des Wachstums der Arbeitskräfteressourcen der MVR ist in den Aimaks einerseits und den Städten andererseits unterschiedlich. Insgesamt hat die Zahl der Arbeitskräfteressourcen in den Aimaks bis

3 MAChN-yn Tev Choroony U bugd churlyn iltgėl-togtoosluud, Ulan-Bator 1968, S. 25.

4 Gemeint ist der Anteil der berufstätigen Bevölkerung an der Gesamtzahl der Bevölkerung.

1969 abgenommen; von 1969 an war eine Zunahme festzustellen. Die Veränderung der Zahl der Arbeitskräfteressourcen in den Städten verlief anders. Ihre Zahl hat sich in den Städten nach 1965 ständig vergrößert. 1969 betrug das Wachstum gegenüber 1965 11,4 Prozent. Dieses Wachstum hing mit der Entwicklung der Kommunalwirtschaft sowie der kulturellen Institutionen, aber auch mit der Umverteilung der Arbeitskräfte durch eine Zuwanderung der Bevölkerung zusammen (s. Tabelle 20).

Tabelle 20

Struktur der Arbeitskräfteressourcen der MVR (in Prozent)

Bezeichnung	1965	1967	1969
Arbeitskräfteressourcen insgesamt	100,0	100,0	100,0
davon:			
Bevölkerung im arbeitsfähigen Alter	90,7	92,9	95,3
Beschäftigte jünger als das arbeitsfähige Alter	3,1	2,3	1,6
Beschäftigte im Rentenalter	6,2	4,8	3,1
Arbeitskräfteressourcen in den Aimaks	100,0	100,0	100,0
davon:			
Bevölkerung im arbeitsfähigen Alter	88,3	90,9	94,0
Beschäftigte jünger als das arbeitsfähige Alter	3,9	2,9	1,9
Beschäftigte im Rentenalter	7,8	6,2	4,1
Arbeitskräfteressourcen in den Städten[1]	100,0	100,0	100,0
davon:			
Bevölkerung im arbeitsfähigen Alter	99,2	99,3	99,5
Bevölkerung jünger als das arbeitsfähige Alter	0,2	0,3	0,4
Bevölkerung im Rentenalter	0,6	0,4	0,1

[1] In Ulan-Bator und Darchan

Wie die Tabelle zeigt, bestehen die Veränderungen in der Struktur der Arbeitskräfteressourcen vor allem in einer erheblichen Vergrößerung des Anteils der Bevölkerung im arbeitsfähigen Alter an der Gesamtzahl der Arbeitskräfteressourcen. Es muß jedoch betont werden, daß diese Vergrößerung nicht durch eine beträchtliche Zunahme der Zahl der arbeitsfähigen Bevölkerung zustande gekommen ist, sondern durch eine wesentliche Verringerung des Beschäftigtengrades der noch nicht und nicht mehr im arbeitsfähigen Alter stehenden Personen. Die in der Struktur der Arbeitskräfteressourcen erfolgten Veränderungen sind wiederum für

Aimaks und Städte unterschiedlich. So bleibt zum Beispiel in der Struktur der Arbeitskräfteressourcen der Aimaks der Anteil der arbeitenden Personen, die noch nicht oder nicht mehr im arbeitsfähigen Alter stehen, beträchtlich, während er in den Städten äußerst gering ist (0,3 Prozent im Rentenalter stehende Personen, 0,4 Prozent Jugendliche im nicht arbeitsfähigen Alter).

Die Dynamik der Arbeitskräfteressourcen ist unmittelbar mit dem Beschäftigtengrad der Bevölkerung verbunden. Die weitere Erhöhung des Beschäftigtengrades stellt eine unerläßlich sozial-ökonomische Aufgabe dar. Enorme Bedeutung gewinnt in diesem Zusammenhang die Analyse der Verteilung der Arbeitskräfteressourcen und der berufstätigen Bevölkerung auf die Zweige der Volkswirtschaft und die Tätigkeitsarten. In Tabelle 21 wird eine Bilanz der Arbeitskräfteressourcen der MVR angeführt, aus der die Verteilung der berufstätigen Bevölkerung auf die Sphären der gesellschaftlichen Produktion sowie die Dynamik und der Anteil der in der Ausbildung befindlichen Personen im arbeitsfähigen Alter und desjenigen Teils der arbeitsfähigen Bevölkerung ersichtlich wird, der nicht in der Volkswirtschaft beschäftigt ist.

Tabelle 21

Dynamik und Struktur der Arbeitskräfteressourcen der MVR (in Prozent)

Bezeichnung	Zuwachs insgesamt (1965 bis 1969)	Struktur nach dem Stand von 1969 insgesamt	davon in den Aimaks	in den Städten
Beschäftigte in der Sphäre der materiellen Produktion	1,2	65,8	72,8	44,0
Beschäftigte in der nichtproduzierenden Sphäre	3,4	13,0	10,5	21,0
Lernende im arbeitsfähigen Alter	6,7	7,4	4,6	16,0
Bevölkerung im arbeitsfähigen Alter, die in der Hauswirtschaft tätig sind	0,2	13,8	12,1	19,0

Die Zunahme der Zahl der jungen Menschen und die Maßnahmen zur Erhöhung des kulturellen Niveaus der Bevölkerung haben dazu beigetragen, daß sich die Zahl der in der Ausbildung stehenden Personen im arbeitsfähigen Alter, die nicht in der Produktion tätig sind, sowie die Beschäftigtenzahl in der nichtproduzierenden Sphäre schnell vergrößert haben. Im Vergleich zu anderen sozialistischen Ländern sind in der MVR der Anteil der Lernenden im arbeitsfähigen Alter sowie der Anteil der in der Hauswirtschaft tätigen arbeitsfähigen Bevölkerung relativ groß. Im ganzen waren das im Jahre 1969 21,2 Prozent, was sich erheblich auf den Beschäftigtengrad auswirkt.

Von den in der Hauswirtschaft tätigen Personen im arbeitsfähigen Alter waren 64,1 Prozent mit der Pflege von Vorschulkindern oder Schulkindern beschäftigt, 15,3 Prozent waren Kranke oder Invaliden, 3,3 Prozent waren in der privaten Wirtschaft beschäftigt, 10,3 Prozent arbeiteten, weil ihnen die Qualifikation fehlte oder ihre Arbeit Saisoncharakter trug, und 7,3 Prozent arbeiteten nicht, ohne die obengenannten Gründe dafür zu haben. Die letztere Gruppe wird hauptsächlich von Frauen gebildet, die mit ihren Familien zumeist in Städten und Siedlungen städtischer Art leben, wo kein Mangel an derartigen Arbeitskräften besteht. Desungeachtet darf die Möglichkeit nicht außer acht gelassen werden, diese arbeitsfähigen Personen zur Arbeit in der Volkswirtschaft heranzuziehen, und es werden konkrete Maßnahmen in dieser Richtung unternommen.

Die Verteilung der Arbeitskräfte auf die Zweige der Volkswirtschaft entsprechend dem Arbeitskräftebedarf bildet eine wichtige sozialökonomische Aufgabe des Staates. Im Vergleich zu 1965 wuchs die Beschäftigtenzahl in der MVR 1968 um 1,8 Prozent und 1969 um 6,0 Prozent. In diesem Zeitraum erfolgte eine bestimmte Umverteilung der Arbeitskräfte zwischen der Sphäre der materiellen Produktion und der nichtproduzierenden Sphäre. Innerhalb der Sphäre der materiellen Produktion stieg die Beschäftigtenzahl außerhalb der Landwirtschaft um 7,3 Prozent bzw. um 21,1 Prozent. Eine besonders schnelle Zunahme der Beschäftigtenzahl war in der Industrie und im Handel festzustellen. Die Dynamik der Beschäftigtenzahl in der Landwirtschaft war ungleichmäßig. Innerhalb des analysierten Zeitraums wechselten ein Rückgang und ein geringes Wachstum der Beschäftigtenzahl in der Landwirtschaft einander ab. Innerhalb der nichtproduzierenden Sphäre ist die Beschäftigtenzahl auf den Gebieten der Kultur, des Bildungswesens und des Gesundheitswesens erheblich gestiegen. Die Vergrößerung der Zahl und des Anteils der Beschäftigten in der nichtproduzierenden Sphäre stellt eine wichtige Besonderheit der Veränderungen in der Arbeitskräftebilanz der MVR dar. Gegenwärtig arbeiten 78,8 Prozent aller Berufstätigen in der Sphäre der materiellen Produktion, die übrigen sind in der nichtproduzierenden Sphäre tätig. Diese Veränderungen erfolgten hauptsächlich im Ergebnis einer starken Zunahme der in der nichtproduzierenden Sphäre Beschäftigten in den Aimaks. Auf die Veränderungen in der Verteilung der Arbeitskräfte wirkte sich auch aus, daß die Beschäftigtenzahl in der Sphäre der materiellen Produktion langsamer wuchs.

Die Verteilung der arbeitenden Bevölkerung bildet eine der Kennziffern für die Nutzung der Arbeitskräfte. Die Analyse der Daten über die Versorgung jedes Zweiges der Volkswirtschaft mit Arbeitskräften in den Jahren 1965 bis 1969 zeigte, daß der Arbeitskräftebedarf der Volkswirtschaft ungeachtet der merklichen Zunahme der Beschäftigtenzahl nicht völlig gedeckt werden konnte. Insgesamt ist die Sphäre der materiellen Produktion weniger gut mit Arbeitskräften versorgt als die Volkswirtschaft überhaupt, und im Hauptzweig der materiellen Produktion der MVR, der Landwirtschaft, ist der Grad der Versorgtheit mit Arbeitskräften noch niedriger. In der Landwirtschaft der MVR fehlt es an Arbeitskräften (1965 waren die landwirtschaftlichen Vereinigungen zu 90,6 Prozent und 1969 zu 89,3 Prozent mit Arbeitskräften versorgt). Die Analyse zeigt, daß trotz der allmählichen Verringerung des Arbeitskräftebedarfs der Landwirtschaft in diesem Zweig weiter Arbeitskräfte fehlen. Dennoch zeigte sich eine Tendenz zur Erhöhung des Versorgungsgrades der Landwirtschaft mit Arbeitskräften. So stieg der Versorgungsgrad der Viehzucht mit Arbeitskräften um 6,3 Prozent. Dazu trug die Senkung des Arbeitskräftebedarfs bei (er ging in der Viehzucht um 3,4 Prozent zurück).

Der größte Teil der Bevölkerung und der Arbeitskräfteressourcen der MVR ist in den landwirtschaftlichen Vereinigungen (LV) konzentriert. Hauptzweig in den LV ist die Viehzucht. Im Jahre 1970 gab es in der MVR 272 landwirtschaftliche Vereinigungen. In der gesellschaftlichen Wirtschaft einer LV waren durchschnittlich mehr als 600 Werktätige beschäftigt. Auf die landwirtschaftlichen Vereinigungen entfallen über 70 Prozent des gesamten Viehbestands; im Durchschnitt besitzt eine LV mehr als 33000 Stück Vieh (in Berechnungseinheiten).

Im Prozeß der Entwicklung der landwirtschaftlichen Vereinigungen veränderte sich die Struktur der Arbeitskräfte. Im Jahre 1970 waren 76,7 Prozent der Arbeitskräfte der LV Viehzüchter, 3,2 Prozent waren im Pflanzenbau beschäftigt, 11,2 Prozent in der Industrie und in den Nebengewerben sowie 1,4 Prozent im Bereich der Dienstleistungen und der Kultur. Den Hauptteil der Arbeitskräfte der LV bilden also die Viehzüchter.

Die Arbeitskräftebilanz der MVR wird stark beeinflußt durch das schnelle Wachstum der nichtlandwirtschaftlichen Zweige und das entsprechende Wachstum des Arbeitskräftebedarfs derselben. Die wichtigste Änderung in der Arbeitskräftestruktur besteht in diesem Zusammenhang darin, daß eine ständige Abwanderung von Arbeitskräften aus der Landwirtschaft in die anderen Zweige der Volkswirtschaft erfolgt. Die Landwirtschaft erfüllt eine wichtige Funktion bei der Sicherstellung des Arbeitskräftebedarfs aller anderen Zweige der Volkswirtschaft. So verringerte sich in den Jahren 1965 bis 1969 die Beschäftigtenzahl in der Landwirtschaft um 140900 Personen. Jedoch wird dabei der Arbeitskräftebedarf der landwirtschaftlichen Vereinigungen nicht in vollem Umfang befriedigt. Der größte Mangel herrscht an Viehzüchtern. Eine beträchtliche Anzahl von landwirtschaftlichen Vereinigungen und Aimaks sind nicht genügend mit Arbeitskräften versorgt, obwohl sie die vorhandenen Arbeitskräfteressourcen hinreichend vollständig nutzen. Dieser Umstand bildet eine wichtige Besonderheit der Arbeitskräftebilanz der MVR und bestimmt weitgehend die spezifischen Schwierigkeiten, die die Republik bei der schnellen Entwicklung ihrer Ökonomie zu überwinden hat.

Das Wachstum der Arbeitskräfteressourcen der MVR kann den durch die Entwicklung der Produktivkräfte hervorgerufenen Arbeitskräftebedarf nicht decken. Das erklärt sich insbesondere daraus, daß sich die landwirtschaftliche Produktion in der MVR in ihrer Struktur und Technologie von der Landwirtschaft der anderen sozialistischen Länder unterscheidet. Auch sind die Prozesse der Einführung der Technik in die landwirtschaftliche Produktion sowie ihr Einfluß auf die Veränderung des Arbeitskräftebedarfs dieses Zweiges in der MVR von besonderer Art.

Von großem Einfluß auf die Arbeitskräftebilanz der MVR ist die Verteilung der Arbeitskräfte. Beim Vergleich der ländlichen und der städtischen Arbeitskräfteressourcen wird sichtbar, daß die letzteren schnell wachsen und sich ihre Struktur verbessert.

Unter der Landbevölkerung und den Arbeitskräfteressourcen in den ländlichen Gegenden machen Personen, die noch nicht oder nicht mehr im arbeitsfähigen Alter stehen, einen beträchtlichen Anteil aus. Bei der Sicherung des Arbeitskräftebedarfs der LV wird deshalb der Heranziehung von Personen, die das arbeitsfähige Alter überschritten haben, große Bedeutung beigemessen (die Personen, die das arbeitsfähige Alter überschritten haben, stellen insgesamt mehr als 10 Prozent der Arbeitskräfte in den landwirtschaftlichen Vereinigungen).

Eine wichtige Aufgabe bei der Entwicklung der Wirtschaft der MVR bildet die schnelle und stabile Entwicklung der landwirtschaftlichen Produktion, darunter der Viehzucht, und die Erhöhung ihrer Effektivität.

Für eine stabile Entwicklung der landwirtschaftlichen Produktion werden neben finanziellen und materiellen Ressourcen auch Arbeitskräfte benötigt. Bei der Ermittlung des Arbeitskräftebedarfs der landwirtschaftlichen Vereinigungen für die nächste Zukunft sind der bereits jetzt bestehende ungedeckte Arbeitskräftebedarf, die Notwendigkeit des Ersatzes der ausscheidenden Werktätigen, die bereits jetzt das arbeitsfähige Alter überschritten haben und die es in Zukunft überschreiten werden, sowie der Arbeitskräftebedarf zu berücksichtigen, der sich aus den Aufgaben zur Vergrößerung des Produktionsvolumens ergibt. Unter Berücksichtigung aller dieser Gesichtspunkte ergibt sich, daß der Arbeitskräftebedarf der LV die Zahl der vorhandenen Werktätigen um 25 Prozent übertreffen wird.

Die einzige zuverlässige Quelle für die Deckung des Bedarfs der landwirtschaftlichen Vereinigungen an zusätzlichen Arbeitskräften stellt in der gegenwärtigen Etappe der natürliche Zuwachs der Zahl der im arbeitsfähigen Alter stehenden Personen in den Vereinigungen selbst dar. Die langfristige Prognose der Bevölkerungszahl und der Geschlechts- und Altersstruktur der Bevölkerung, die erwarteten Veränderungen des Anteils der arbeitsfähigen Bevölkerung sowie andere Kennziffern, die bei der Durchführung der Untersuchungen benutzt wurden, erlauben die Schlußfolgerung, daß die zu erwartende Zahl der arbeitsfähigen Bevölkerung in den LV den Arbeitskräftebedarf in der nächsten Zukunft nicht wird decken können. Einen wichtigen Teil der Werktätigen der landwirtschaftlichen Vereinigungen werden nach wie vor Personen bilden, die das arbeitsfähige Alter bereits überschritten haben, obwohl schon jetzt in den meisten LV der Anteil der in hohem Alter stehenden Werktätigen an der Beschäftigtenzahl übermäßig groß ist. Es ergibt sich daher die Aufgabe, eine konkrete Arbeitskräftepolitik im Hinblick auf jede einzelne Vereinigung zu praktizieren.

Da, wie die Planbilanz der Arbeitskräfteressourcen zeigt, die landwirtschaftlichen Vereinigungen im laufenden Fünfjahrplan ihren Arbeitskräftebedarf nicht völlig aus eigenen Quellen werden decken können, macht sich eine planmäßige Verteilung der Arbeitskräfte erforderlich. Dazu muß der Hauptstrom des Arbeitskräftezuwachses bei der Verteilung in die landwirtschaftlichen Vereinigungen gelenkt werden.

In den Beschlüssen des XVI. Parteitags der MRVP heißt es: „Im neuen Fünfjahrplan werden zur Stärkung der Landwirtschaft durch Arbeitskräfte und qualifizierte Spezialisten konkrete Maßnahmen durchgeführt, darunter: in die landwirtschaftlichen Vereinigungen und die Staatsgüter werden mehr als 5000 Jungen und Mädchen entsandt, die die allgemeinbildende Mittelschule absolviert haben, und mehr als 3000 Spezialisten mit mittlerer Spezialbildung. Die Zahl der technischen Berufsschulen und der Schulkombinate wird erhöht werden, die Produktionsbasis der Schulen gestärkt und erweitert werden, und es werden 9600 Mechanisatoren, Viehzüchter und andere Fachleute ausgebildet werden.“[5]

Zur Verwirklichung der Parteipolitik hinsichtlich der Versorgung der landwirtschaftlichen Vereinigungen mit Arbeitskräften wird eine vielfältige Erziehungsarbeit geleistet, und jährlich wird eine große Zahl Jugendlicher in die ländlichen Gebiete entsandt. Von den Heranwachsenden, die die siebenten, achten und zehnten Klassen der allgemeinbildenden Schule absolviert hatten, wurden im Jahre 1971 etwa 6200 unmittelbar in

[5] MAChN-ym XVI ich churald tal'san MAChN-ym Tev Choroona tajlan iltgėl, Ulan-Bator 1971, S. 48.

die Produktion entsandt, darunter 88 Prozent in die Landwirtschaft. Begonnen wurde mit eine stärker zielgerichteten Verteilung der Arbeitskräfte zwischen den Aimaks.

Die momentane Versorgung mit Arbeitskräften, das erwartete Wachstum und die erwarteten Strukturveränderungen der Arbeitskräfteressourcen in der nächsten Zukunft sowie die Aufgabe, die Effektivität der gesellschaftlichen Arbeit zu erhöhen, machen es erforderlich, die Planung der Arbeitskräfteressourcen zu verbessern. Mit diesem Ziel verbessern die Planungsorgane der MVR – im Zentrum wie regional – die wissenschaftliche Fundierung der Planung der Arbeitskräfte und vervollkommnen die entsprechende Methodik.

Die rechtzeitige Sicherung des Arbeitskräftebedarfs der Volkswirtschaft, besonders des Arbeitskräftebedarfs der landwirtschaftlichen Vereinigungen, bildet eine der wichtigsten Aufgaben bei der Leitung und Planung der Wirtschaft der Mongolischen Volksrepublik.

KAPITEL VII

Perspektivische Strukturveränderungen und Nutzung der Arbeitskräfteressourcen in der VR Polen

Die sozialistische Planwirtschaft schafft die Bedingungen für die Vollbeschäftigung der arbeitsfähigen Bevölkerung, aber auch für den rationellen Einsatz ihrer Fähigkeiten und Kenntnisse im Produktionsprozeß. Diese Bedingungen basieren auf dem systematisch wachsenden Produktionspotential und der Entwicklung der nichtproduzierenden Sphäre sowie auf der Vervollkommnung der Formen und Methoden der gesellschaftlichen Leitung. Dabei gilt, daß die Errungenschaften auf dem Gebiet der gesellschaftlichen und der individuellen Arbeitsproduktivität um so spürbarer und sichtbarer sind, je stärker der Einfluß von Wissenschaft und Technik ist. Und die Arbeitsproduktivität ist die beste Kennziffer der Erfolge, die im Prozeß der Rationalisierung der Berufstätigkeit erzielt werden. Es ist völlig begreiflich, daß dieser Prozeß nicht nur die neuen Arbeitskader erfaßt; er erfaßt alle, die an der gesellschaftlichen Produktion beteiligt sind. Alle Pläne für die gesellschaftlich-ökonomische Entwicklung eines sozialistischen Landes müssen also nicht nur auf die Frage antworten, wieviel Menschen an welchem Platz in der Volkswirtschaft beschäftigt werden müssen, sondern auch auf die Frage, was zu tun ist, damit die Arbeit der gesamten in der Volkswirtschaft tätigen Bevölkerung produktiver wird.

Auf diese Frage versuchen die Ökonomen der VRP eine Antwort auch bei der Ausarbeitung des Perspektivplans für den Zeitraum bis 1990 zu finden. Aber das ist nicht so einfach. Erstens muß der ständig wachsende Einfluß der wissenschaftlich-technischen Revolution berücksichtigt werden, die häufig eine Vielzahl von neuen Lösungen auf allen Gebieten des gesellschaftlich-ökonomischen Lebens des Landes verlangt. Damit ist die Notwendigkeit tiefgehender Strukturveränderungen auf dem Gebiet der Berufstätigkeit und der Kaderausbildung verbunden. Die Maßstäbe dieser Veränderungen können gegenwärtig noch nicht genau vorausgesehen werden. Das befreit jedoch die Ökonomen nicht von der Pflicht, verschiedene Prognosevarianten auszuarbeiten. Zweitens muß ein anderer, nicht minder wichtiger Aspekt der Perspektivplanung berücksichtigt werden – die Entwicklung der ökonomischen Integration mit den anderen sozialistischen Ländern. Die sozialistische ökonomische Integration sieht vor allem eine Vertiefung der internationalen sozialistischen Arbeitsteilung, die Nutzung der vielfältigen Formen der Spezialisierung und Kooperation der Produktion sowie die Erweiterung der gegenseitigen Hilfe bei der Verwirklichung der wichtigsten Investitionsmaßnahmen von internationaler Bedeutung vor. Möglicherweise wird die Zukunft auch die Notwendigkeit erweisen, gegenseitig vorteilhafte Formen der Umsetzung von bestimmten Gruppen der Werktätigen aus einem Land in ein anderes zu entwickeln und internationale Zentren für die Ausbildung und Qualifizierung von Fachleuten bestimmter Berufe zu organisieren.

Die Ökonomen der Länder der sozialistischen Gemeinschaft halten es für ihre Pflicht und Aufgabe, die optimalen Wege für die Entwicklung der einzelnen Länder und der gesamten sozialistischen Gemeinschaft zu suchen. Dabei bemühen sie sich, alle den ideologischen und ökonomischen Prinzipien der sozialistischen Gemeinschaft entsprechenden Möglichkeiten vollständiger und rationeller zu nutzen, um die Entwicklung der Persönlichkeit und der gesamten Gesellschaft zu beschleunigen, die Arbeitsproduktivität zu steigern und im Ergebnis ein immer höheres Niveau der Befriedigung der wachsenden materiellen und geistig-kulturellen Bedürfnisse unserer Völker zu gewährleisten.

Gegenwärtig verstärkt sich die Notwendigkeit, den Austausch von Erfahrungen, Informationen und Konzeptionen auf dem Gebiet der Perspektivplanung der Nutzung der Arbeitskräfteressourcen zu erweitern. Bislang ist dieser Seite der Zusammenarbeit der sozialistischen Länder viel zu wenig Beachtung geschenkt worden, obwohl fast alle Maßnahmen, die in den letzten Jahren auf diesem Gebiet durchgeführt worden sind, sich durch hohe Effektivität auszeichneten und allseitigen Nutzen brachten. Dies alles läßt es geraten scheinen, die Fragen der internationalen Zusammenarbeit umfassender in die Ausarbeitungen über die Nutzung der Arbeitskräfteressourcen in der VR Polen in den nächsten zwanzig Jahren einzubeziehen.

Dynamik und Struktur der Arbeitskräfteressourcen 1971 bis 1990

Die demographische Situation in Polen wird gekennzeichnet durch beträchtliche Unterschiede in der Bevölkerungszahl der einzelnen Altersgruppen und innerhalb dieser Gruppen in der Zahl der Männer und Frauen. Diese Unterschiede sind vor allem durch den Einfluß des Krieges auf die demographischen Prozesse bedingt. Als Illustration können die Daten über einige Altersgruppen auf der Grundlage der letzten Volkszählung vom Januar 1970 angeführt werden (Tabelle 22).

Die angeführten Daten zeigen, wie beträchtlich die Schwankungen in der Zahl und Struktur nach den einzelnen Altersgruppen bei der im

Tabelle 22

Die Bevölkerungszahl einiger Altersgruppen in der VR Polen (in 1000 Personen)

Geburtsjahre	Stärke der Altersgruppe im Jahre 1970	
	Insgesamt	darunter Männer
1912	329	148
1917	212	98
1922	391	179
1932	461	230
1942	368	184
1947	562	285
1955[1]	718	367
1967[2]	501	255
1970	521	265

[1] Der stärkste Jahrgang nach dem zweiten Weltkrieg; 1955 erreichte die Zahl der lebend geborenen Kinder 794 000.
[2] Der zahlenmäßig schwächste Jahrgang nach dem zweiten Weltkrieg; 1967 betrug die Zahl der lebend geborenen Kinder 520 000. Seit 1968 steigt die Geburtenziffer; 1971 wurden 562 000 Kinder geboren.

arbeitsfähigen Alter stehenden Bevölkerung (Männer von 18 bis 64, Frauen von 18 bis 59 Jahren) sind. Betrachtet man den Bevölkerungszuwachs in den einzelnen Fünfjahrplanzeiträumen, so ergibt sich, daß er für die Jahre 1951 bis 1955 rund 1130000, 1956 bis 1960 etwa 660000, 1961 bis 1965 etwa 790000 und für 1966 bis 1970 etwa 1560000 Personen betrug.

Die neuesten demographischen Prognosen sehen für die Jahre 1971 bis 2000 folgende Zuwachszahlen der arbeitsfähigen Bevölkerung voraus: 1971 bis 1975 etwa 1704000 (1621000)[1], 1976 bis 1980 etwa 1480000, 1981 bis 1985 ca. 710000, 1986 bis 1990 etwa 370000, 1991 bis 1995 etwa 460000 und 1996 bis 2000 rund 550000 Personen. Zugleich wird sich in den jüngeren Altersgruppen der arbeitsfähigen Bevölkerung die Zahl der Männer und Frauen angleichen (in der Altersgruppe bis zu 30 Jahren wird ein geringer Überhang der Männer, in der Altersgruppe über 30 Jahre ein Übergewicht der Frauen beobachtet).

Die angeführten Daten charakterisieren den allgemeinen Zuwachs der Bevölkerung im arbeitsfähigen Alter. Analysiert man den Zuwachs der ins arbeitsfähige Alter eintretenden Bevölkerung (18 Jahre), so sind die Schwankungen erheblich geringer. Das 18. Lebensjahr vollendeten in den Jahren 1951 bis 1955 ca. 2,37 Millionen Personen, 1956 bis 1960 ca. 2,21 Millionen, 1961 bis 1965 ca. 2,07 Millionen und 1966 bis 1970

[1] Vgl. Rocznik statystyczny 1972, S. 86. Die Angaben in Klammern sind das Ergebnis von Berechnungen, die die Folgen der Migration berücksichtigen (S. I. Aleksinska, Biologiczna prognoza ludnosci Polski na lata 1976–1990 mozgledniajaca skulki migracji do 1975, in: Wiadomozci statystyczke, Nr. 10/1972, S. 1–3).

ca. 3,17 Millionen Personen. Der Prognose zufolge wird diese Altersgruppe in Zukunft folgende Stärken besitzen: 1971 bis 1975 annähernd 3,49 Millionen, 1976 bis 1980 rund 3,08 Millionen, 1981 bis 1985 ca. 2,58 Millionen, 1986 bis 1990 ca. 2,6 Millionen, 1991 bis 1995 ca. 2,8 Millionen und 1996 bis 2000 etwa 2,9 Millionen Personen.

Insgesamt wird der Gesamtzuwachs der Bevölkerungszahl im arbeitsfähigen Alter im Zeitraum von 1971 bis 1990 etwa 4,2 Millionen betragen; in diesem Zeitraum treten annähernd 11,7 Millionen Personen ins arbeitsfähige Alter ein.

Sowohl für die erste als auch für die zweite Gruppe wird ein zahlenmäßiges Übergewicht der Männer kennzeichnend sein. Für die ins arbeitsfähige Alter eintretende Bevölkerung beträgt dieser Unterschied in allen Jahrgängen zehn- bis fünfzehntausend. Im Verlaufe von 20 Jahren werden also annähernd eine Viertelmillion mehr Jungen als Mädchen das arbeitsfähige Alter erreichen.

Beträchtliche Unterschiede ergeben sich auch bei der Berechnung des Zuwachses der Bevölkerung im arbeitsfähigen Alter, wie in Tabelle 23 gezeigt wird.

Tabelle 23

Zuwachs der Bevölkerung im arbeitsfähigen Alter in der VR Polen (Männer 18–64, Frauen 18–59 Jahre; in 1000 Personen)

Jahre	Insgesamt	davon	
		Männer	Frauen
1971–1975	1620	850	770
1976–1980	1480	740	740
1981–1985	710	550	160
1986–1990	370	290	80
1971–1990	4180	2430	1750

Wie die Tabelle zeigt, wird im Zeitraum von 1971 bis 1990 das allgemeine zahlenmäßige Übergewicht der Männer innerhalb des Zuwachses der grundlegenden Arbeitskräfteressourcen[2] etwa 680000 betragen. Dabei ist festzuhalten, daß innerhalb des betrachteten Zeitraums von 20 Jahren die Zahl der Frauen unter den Personen im Rentenalter ebenfalls um etwa 430000 überwiegen wird. Die fehlenden Männer sind vor allem die Opfer des zweiten Weltkriegs.

Infolge aller dieser Umstände wird sich die Struktur der arbeitsfähigen

[2] Unter dem Begriff „grundlegende Arbeitskräfteressourcen" ist die Bevölkerung in den obengenannten Grenzen des arbeitsfähigen Alters zu verstehen.

Bevölkerung nach dem Geschlecht zugunsten der Männer verändern. Betrug der Anteil der Männer 1955 48,2 Prozent, 1960 49,7 Prozent und 1970 50,8 Prozent, so wird er bereits 1990 über 52,2 Prozent betragen. Die Männer, nach deren Arbeit in der Regel ein größerer Bedarf als an Frauenarbeit besteht, werden also ihr zahlenmäßiges Übergewicht von annähernd 280000 im Jahre 1970 auf etwa 960000 im Jahre 1990 vergrößern. Diese Tendenz wird sich auf den Grad der Arbeitsaktivität der Bevölkerung um so mehr auswirken, als der Koeffizient der Arbeitsaktivität der Männer (über 90 Prozent der Männer im Alter von 18 bis 64 Jahren) den der Frauen übertrifft (etwa 70 Prozent der Frauen im Alter von 18 bis 59 Jahren). Zugleich muß die recht beträchtliche Vergrößerung der Zahl der weiblichen Rentner berücksichtigt werden.

Außer den oben betrachteten Tendenzen der Veränderung der Zusammensetzung der grundlegenden Arbeitskräfteressourcen nach dem Geschlecht verdienen auch die großen Unterschiede in der territorialen Verteilung der Arbeitskräfteressourcen besondere Beachtung. Der größere Teil der Arbeitskräfteressourcen war 1970 in den Städten zu finden, wobei die Zahl der Frauen erheblich die der Männer übertraf. Anders sah es auf dem Lande aus. Für die Dörfer ist ein sehr erhebliches zahlenmäßiges Übergewicht der Männer charakteristisch:

Tabelle 24

Bevölkerung im arbeitsfähigen Alter nach Geschlechtern, Städten und Dörfern im Jahre 1970 in der VR Polen (in 1000 Personen)

Bezeichnung	Insgesamt	davon	
		Männer	Frauen
Insgesamt	18306	9293	9013
davon:			
in Städten	10116	5049	5067
in Dörfern	8190	4244	3946

Betrachtet man hingegen die aktiven Arbeitskräfteressourcen (die arbeitende Bevölkerung), dann ergibt sich ein ganz anderes Verhältnis zwischen Stadtbevölkerung und Landbevölkerung (s. Tabelle 25).

Das zahlenmäßige Übergewicht der Landbewohner wird hier deutlich sichtbar. Charakteristisch ist dabei, daß fast 33,5 Prozent der berufstätigen Dorfbewohner außerhalb der Landwirtschaft arbeiten (1960 betrug dieser Anteil 22,9 Prozent).

Die Daten über die einzelnen Wirtschaftsregionen zeigen ein noch komplizierteres Bild der territorialen Unterschiede in der Standortverteilung und der Nutzung der Arbeitskräfteressourcen. In den großen städtischen und industriellen Zentren ist bei sehr hohen Koeffizienten der

Tabelle 25

Berufstätige Bevölkerung im Jahre 1970 nach Stadt und Land sowie Arbeitsort (Landwirtschaft und nichtlandwirtschaftliche Zweige) in der VR Polen (in 1000 Personen)

	Insgesamt	davon	
		in der Landwirtschaft	außerhalb der Landwirtschaft
Insgesamt	16442	6000	10442
davon:			
in Städten	7964	365	7599
in Dörfern	8478	5635	2843

Arbeitsaktivität und einem massenhaften Pendelverkehr zu den Arbeitsplätzen ein relativ geringer Zuwachs der örtlichen Bevölkerung im arbeitsfähigen Alter festzustellen. Anders sieht es in Regionen mit überwiegend ländlicher Bevölkerung aus. Und deshalb ist eine massenhafte Migration unvermeidlich. So haben zum Beispiel allein im Jahre 1971 etwa 585200 Personen im arbeitsfähigen Alter den Wohnort gewechselt. Darunter waren mehr Frauen (295800) als Männer (289400). Auch bei der Gesamtzahl der Wanderung vom Land in die Städte überwogen die Frauen. Von 99600 Personen im Alter zwischen 20 und 59 Jahren (um diese Zahl wuchs die Stadtbevölkerung infolge der Migration) waren 53900 Frauen und 45700 Männer.

Tabelle 26

Dynamik und Struktur der Beschäftigtenzahl in der gesellschaftlichen Wirtschaft außerhalb von Land- und Forstwirtschaft in der VR Polen (in Prozent)

Wirtschaftszweige	Dynamik			Struktur		
	1950	1960	1970	1950	1960	1970
Insgesamt	100	150	207	100,0	100,0	100,0
Industrie	100	152	210	44,9	45,6	45,7
Bauwesen	100	157	201	11,6	12,1	11,3
Transport- und Nachrichtenwesen	100	145	206	10,5	10,1	10,5
Handel	100	148	183	11,1	10,9	9,9
Kommunal- und Wohnungswirtschaft	100	230	382	2,2	3,3	4,0
Volksbildung, Wissenschaft und Kultur	100	191	302	5,7	7,2	8,3
Gesundheitswesen, Sozialversicherung und Körperkultur	100	223	320	3,2	4,8	5,1
Organe der staatlichen Leitung und der Rechtspflege	100	65	68	6,9	3,1	2,3
Finanzorgane	100	121	170	1,1	0,9	0,9

Auf der Grundlage der Analyse der Daten über die Dynamik und Struktur der Arbeitskräfteressourcen können folgende Schlußfolgerungen gezogen werden:

1. Der Zuwachs der Bevölkerung im arbeitsfähigen Alter in den Jahren 1971 bis 1990 wird für die einzelnen Fünfjahrplanperioden und in den einzelnen Regionen unterschiedlich sein.

2. Unter der Bevölkerung im arbeitsfähigen Alter wird sich das zahlenmäßige Übergewicht der Männer vergrößern.

3. Unter der städtischen Bevölkerung im arbeitsfähigen Alter wird infolge der Struktur der Abwanderung der Bevölkerung vom Lande in die Städte und des Gesamtergebnisses dieser Migration ein zahlenmäßiges Übergewicht der Frauen sichtbar.

4. Ein beträchtlicher Teil der berufstätigen Landbevölkerung arbeitet außerhalb der Landwirtschaft, es ist die Tendenz des Wachstums dieser Bevölkerungsgruppe festzustellen. Das ist einerseits durch die Vertiefung der gesellschaftlichen Arbeitsteilung auf dem Lande bedingt, andererseits durch die sogenannte „Wohnungsbarriere“ in den Städten, deren Folge das Pendeln zur Arbeitsstelle ist.

5. Der veränderliche Charakter der demographischen Situation muß in Rechnung gestellt werden, insbesondere die beträchtliche Verringerung des Zuwachses der arbeitsfähigen Bevölkerung in den achtziger Jahren; das macht einerseits große Vorsicht bei der Behandlung der Vorschläge über eine Herabsetzung des Rentenalters für Männer auf 60 und für Frauen auf 55 Jahre erforderlich und verlangt andererseits eine Perspektivplanung der Migrationsprozesse. Ein begünstigender Faktor ist in diesem Zusammenhang das Wohnungsbauprogramm für die Jahre 1971 bis 1990, daß den Bau von annähernd 7,3 Millionen neuen Wohnungen vorsieht.

Arbeitsaktivität und Beschäftigtenstruktur

Von 1950 bis 1970 betrug der Gesamtzuwachs der Bevölkerung im arbeitsfähigen Alter 4,140 Millionen Personen. Im selben Zeitraum wuchs die Zahl der Berufstätigen um annähernd 4,040 Millionen. Man kann also sagen, daß die Zuwachsgrößen der Bevölkerung im arbeitsfähigen Alter und der berufstätigen Bevölkerung gleich sind. Folgendes bleibt aber festzustellen: Während in den fünfziger Jahren der Bevölkerungszuwachs (1,790 Millionen) den Zuwachs der Beschäftigtenzahl (1,500 Millionen) übertraf, veränderte sich dieses Verhältnis in den sechziger Jahren (2,350 Millionen zu 2,540 Millionen Personen) grundlegend.

Der Zuwachs der Zahl der arbeitenden Bevölkerung geht einher mit Veränderungen der Beschäftigtenstruktur. Sie entsprechen den allgemeinen

Tendenzen einer progressiven Entwicklung der Berufstätigkeit und drücken sich im einzelnen folgendermaßen aus:

– Der Anteil der Berufstätigen in der Sphäre der materiellen Produktion an der Gesamtzahl der Beschäftigten sank von 91,4 Prozent im Jahre 1950 auf 89,8 Prozent im Jahre 1960 und 87,0 Prozent im Jahre 1970;

– die Zahl und der Anteil der Berufstätigen in der Landwirtschaft an der Gesamtbeschäftigtenzahl sanken von 7,0 Millionen (56,6 Prozent) im Jahre 1950 auf 6,5 Millionen (47,0 Prozent) im Jahre 1960 und 6,0 Millionen (36,5 Prozent) im Jahre 1970;

– es vergrößerten sich die Zahl und der Anteil der Berufstätigen außerhalb der Landwirtschaft im vergesellschafteten Sektor der Volkswirtschaft;

– es wuchs der Anteil der Geistesarbeiter, die außerhalb der Land- und Forstwirtschaft in der gesellschaftlichen Wirtschaft tätig sind, und zwar von 33 Prozent im Jahre 1960 auf 34,3 Prozent im Jahre 1965 und auf 35,4 Prozent im Jahre 1970;

– das Durchschnittsalter aller Beschäftigten hat sich etwas erhöht. Es stieg von 33 Jahren im Jahre 1954 auf 35 Jahre im Jahre 1968; für Männer betrug es 36, für Frauen 33 Jahre.

Die angeführten Daten sind noch durch zwei charakteristische Fakten zu ergänzen:

– durch die recht hohe Kaderfluktuation, die sich im Wechsel der Arbeitsstelle ausdrückt (1970 betrug der Anteil der Neueinstellungen 24,0 Prozent, der Entlassungen 21,9 Prozent; besonders hoch ist diese Kennziffer im Bauwesen, hier betrug sie entsprechend 43,7 Prozent und 41,6 Prozent);

– das massenweise Pendeln zum Arbeitsort; davon waren 1964 19,8 Prozent und 1968 20,2 Prozent aller in der gesellschaftlichen Wirtschaft Beschäftigten betroffen.

Alle diese Prozesse und Erscheinungen werden einer sorgfältigen Analyse unterzogen. Besonders sorgfältig werden die Tendenzen und der Aktualitätsgrad dieser oder jener Erscheinungen für den Perspektivzeitraum bis 1990 studiert und eingeschätzt.

Innerhalb dieses Zeitraums zeichnen sich recht deutlich zwei Perioden des Wachstums der Beschäftigtenzahl ab. In den siebziger Jahren wird der Zuwachs annähernd 3,1 Millionen Personen betragen, in den achtziger Jahren dagegen nur ein Drittel dieser Zahl. Die oben behandelten Unterschiede im Zuwachs der Zahl der Bevölkerung im arbeitsfähigen Alter für die einzelnen Fünfjahrplanperioden führen dazu, daß der Zuwachs der Beschäftigtenzahl in den Jahren 1986 bis 1990 nur ein Viertel des Zuwachses der Jahre 1971 bis 1975 ausmachen wird. Es ist also zu erwarten, daß es in den achtziger Jahren zu einer massenweisen Abwanderung der

Bevölkerung aus der Landwirtschaft in die anderen Zweige der Volkswirtschaft kommen wird. Gleichzeitig, besser gesagt – vor allem, wird es zu einem Prozeß der intensiven technischen Ausstattung der Arbeit in der gesamten Sphäre der materiellen Produktion kommen. Er muß zu einer beträchtlichen Steigerung der Arbeitsproduktivität führen, was seinerseits ein hohes Durchschnittstempo des jährlichen Zuwachses an Nationaleinkommen zur Folge haben wird (annähernd 7 Prozent in den Jahren 1971 bis 1990).

Auf der Grundlage der gegenwärtig laufenden Untersuchungen der Arbeitsproduktivität in der Sphäre der materiellen Produktion kann man zu der Schlußfolgerung gelangen, daß diese Produktivität, gemessen im Volumen des Nettoprodukts je Beschäftigten, 1990 etwa 3,2 bis 3,9 mal höher als 1970 sein wird, gemessen je Arbeiterstunde 3,8 bis 4,6 mal. Diese Unterschiede sind ganz erklärlich, da sich der Gesamtarbeitszeitfonds in der Sphäre der materiellen Produktion durch die Einführung der Fünftagewoche von 28,7 Milliarden Stunden im Jahre 1970 auf etwa 27,4 bis 25,8 Milliarden Stunden im Jahre 1990 verringern wird.

Ein anderer Faktor, der den Aufwand an lebendiger Arbeit in der Sphäre der materiellen Produktion limitiert, wird der Arbeitskräftebedarf in der Dienstleistungssphäre im weitesten Sinne sein. Die Wirtschaft der VR Polen tritt wie die aller industriell entwickelten Länder in eine Etappe des Ausbaus der Dienstleistungsbereiche ein, die durch einen beträchtlichen Anteil der Beschäftigten der Dienstleistungssphäre an der Gesamtzahl der Beschäftigten gekennzeichnet ist. Dieser Prozeß bildet eine Art Entwicklungsgesetz, das mit der Vertiefung der gesellschaftlichen Arbeitsteilung und dem Wachstum der gesellschaftlichen Arbeitsproduktivität verknüpft ist.

Im Ergebnis der genannten Prozesse wird es zu folgenden Veränderungen in der Struktur der Berufstätigkeit kommen:

– der Anteil der Berufstätigen in der Landwirtschaft an der Gesamtzahl wird von 37 Prozent im Jahre 1970 auf etwa 20 Prozent im Jahre 1990 sinken (nicht ausgeschlossen ist sogar eine Verringerung auf 13 Prozent, wenn eine umfassende Mechanisierung der landwirtschaftlichen Produktion und Strukturveränderungen in der Landwirtschaft durchgeführt werden können);

– der Anteil der in der Industrie und im Bauwesen arbeitenden Berufstätigen wird von 35 Prozent auf 40 bis 44 Prozent wachsen;

– fast dieselbe Größe wird die Zahl der in den Dienstleistungszweige Tätigen erreichen, die 1970 nur 27 Prozent aller Beschäftigten ausmachte.

Die gewaltigen und komplizierten Aufgaben auf dem Gebiet der Nutzung der Arbeitskräfteressourcen in der VR Polen in den achtziger Jahren erfordern schon heute eine entsprechende Vorbereitung. Das wird insbesondere durch das bereits erwähnte Programm des Wohnungsbaus bis 1990 gewährleistet. Dadurch wird der Umzug vom Dorf in die Stadt, besonders in die großen Industriezentren, erleichtert.

Noch größere Bedeutung besitzen die Modernisierung der Produktionsausrüstung, progressive organisatorische Lösungen sowie die Qualifizierung der Kader. Anders ausgedrückt, die Hauptaufgabe besteht darin, alle Errungenschaften der wissenschaftlich-technischen Revolution, die die ökonomische Entwicklung begünstigen, zu nutzen und ihre Hauptanforderungen zu berücksichtigen.

Unter den gegenwärtig laufenden, langfristigen Maßnahmen verdienen die Arbeiten zur Entwicklung und Vervollkommnung des Bildungswesens besondere Aufmerksamkeit. Sie sollen die Ausbildung und systematische Qualifizierung von Kadern gewährleisten, die nicht nur den quantitativen, sondern auch den qualitativen Bedürfnissen der Volkswirtschaft und den Aufgaben bei der Verwirklichung der wissenschaftlich-technischen Revolution sowie bei der Nutzung ihrer Ergebnisse gerecht werden. Hier muß besonders unterstrichen werden, daß eine hohe Qualifikation der Werktätigen, die auf dem Vorhandensein von gut ausgebildeten Lehrkräften und umfangreichen wissenschaftlichen Forschungen beruht, die Hauptbedingung für den weiteren Aufschwung der Volkswirtschaft der Volksrepublik Polen bildet.

Fragen der internationalen Zusammenarbeit

Die allseitige Zusammenarbeit der sozialistischen Länder stellt einen Faktor dar, der die Entwicklung jedes einzelnen dieser Länder beschleunigt und erleichtert. Im Vordergrund bei der Entwicklung dieser Zusammenarbeit steht die internationale Spezialisierung und Kooperation der Produktion auf der Basis der gemeinsamen Planungstätigkeit. Unter den vielfältigen Formen der Zusammenarbeit gewinnen der Informationsaustausch und gemeinsame wissenschaftliche Forschungen wachsende Bedeutung. Immer deutlicher wird dabei die Notwendigkeit, mehr als bisher Kader und Spezialisten auszutauschen, an Lehranstalten der Bruderländer auszubilden und die internationalen Erfahrungen auf den verschiedensten Tätigkeitsgebieten zu nutzen. Es ist festzustellen, daß die schnelle Entwicklung des Tourismus in der letzten Zeit, die Erweiterung der unmittelbaren Kontakte zwischen der Bevölkerung der verschiedenen sozialistischen Länder, das massenhafte direkte gegenseitige Kennenlernen der Kultur und der Sitten der Bruderländer sich positiv auf diese Entwicklung auswirken. Das zunehmende Bewußtsein der Zugehörigkeit zur großen

Gemeinschaft sozialistischer Länder in der Bevölkerung jedes dieser Länder bildet einen sich verstärkenden ideellen und moralischen Faktor für die Entwicklung der Zusammenarbeit der Länder des Sozialismus.

Unter diesen Bedingungen erweitern sich die Möglichkeiten, neue und noch vielfältigere Formen der Zusammenarbeit – nicht nur durch den Austausch von Waren und Dienstleistungen, sondern auch durch die Entsendung von Menschen – zu nutzen. Natürlich ist nicht die typische Abwanderung zur Arbeitsuche gemeint. Alle sozialistischen Länder, die sich planmäßig entwickeln, sind imstande, die Vollbeschäftigung der arbeitsuchenden Bevölkerung zu garantieren. Eine Analyse des gegenseitigen Vorteils und der gegenseitigen Bedürfnisse kann jedoch zugunsten eines optimalen Einsatzes einzelner Gruppen von Werktätigen außerhalb der Grenzen, im Ausland, ausfallen. Spezialisierte Betriebe einzelner Länder können verschiedene Aufgaben in mehreren Ländern ausführen. Für bestimmte Gruppen von Werktätigen macht sich ein längeres Praktikum in analogen ausländischen Betrieben erforderlich, um die Benutzung importierter Maschinen zu lernen und sich die technologischen Prozesse anzueignen, die dann in den Betrieben im Heimatland eingeführt werden sollen. Es wächst auch die Zahl der internationalen Institutionen und Organisationen, in denen Fachleute aus verschiedenen Ländern arbeiten.

Die VR Polen hat bereits bestimmte Erfahrungen bei der internationalen Kooperation im Hinblick auf die Nutzung der Arbeitskräfte gesammelt. Dabei handelt es sich vor allem um die Erfahrungen großer Baubetriebe, die ihre Werktätigen in die DDR und die ČSSR entsenden. Soziologische Untersuchungen, die unter den Werktätigen jener polnischen Kollektive durchgeführt wurden, die im Ausland Bauarbeiten ausführen, zeugen von einer wesentlichen Steigerung der Arbeitsproduktivität, von fester Disziplin und einer Verbesserung der Arbeitsorganisation. Die Analyse der gemeinsamen Interessen der VRP und der sozialistischen Bruderländer sowie die positive Einschätzung der gesammelten Erfahrungen erlauben die Schlußfolgerung, daß es zweckmäßig ist, diese Art der gegenseitigen Dienstleistungen weiterzuentwickeln. Wir werfen diese Frage bei der Erörterung der allgemeinen Fragen der Perspektivplanung nicht deswegen auf, weil die demographische Situation in der VR Polen im gegenwärtigen Jahrzehnt relativ günstig ist, sondern im Zusammenhang mit der Ausarbeitung einer generellen perspektivischen Konzeption für den verschiedenartigen Austausch von Bau- und Montagedienstleistungen sowie von Kadern, die sich qualifizieren oder aber neue technische Kenntnisse und Fertigkeiten erwerben. Auch das Erlernen einer Fremdsprache oder aber die Vertiefung der Fremdsprachenkenntnisse in dem Milieu, in dem diese Sprache täglich benutzt wird, besitzt wesentliche Bedeutung.

Gegenwärtig kann der zukünftige Umfang des internationalen Austauschs von Arbeitskräften nur schwer vorherbestimmt werden. Es steht jedoch außer Zweifel, daß die weitere Entwicklung der Zusammenarbeit der sozialistischen Länder auf ökonomischem und politischem Gebiet sowie in allen anderen Bereichen des gesellschaftlichen Lebens auch die Erweiterung dieses Austausches einschließen wird.

Die vielseitige Zusammenarbeit der sozialistischen Länder wird eine immer wichtigere Rolle bei der Gewährleistung der rationellen Nutzung der Arbeitskräfte spielen. Sie wird im Interesse jedes Landes und der gesamten sozialistischen Gemeinschaft durch neue Formen bereichert werden.

KAPITEL VIII

Die Rolle der Arbeitskräfteressourcen bei der Sicherung eines hohen Tempos der ökonomischen Entwicklung der SR Rumänien

1. Die Rolle der Arbeitskräfteressourcen bei der Sicherung des Wirtschaftswachstums

Das Programm zur Beschleunigung des Wirtschaftswachstums, das auf dem X. Parteitag der RKP beschlossen worden ist, bildet faktisch auch das Programm zur Erhöhung des Beschäftigtengrades der Bevölkerung und zur rationellen Nutzung der Arbeitskräfteressourcen.

Die Vollbeschäftigung der Bevölkerung und der rationelle Einsatz der Arbeitskräfteressourcen standen und stehen weiter unverändert im Mittelpunkt der Aufmerksamkeit bei der Ausarbeitung und Verwirklichung der Wirtschaftspolitik der SR Rumänien. Diese Fragen bildeten einen Teil des Programms zum Aufbau der sozialistischen Gesellschaft, das auf der nationalen Konferenz der RKP im Jahre 1945 beschlossen wurde. Die ständige Aufmerksamkeit für die Probleme der Arbeitskräfteressourcen hat ihren Grund darin, daß die Berufstätigkeit der Bevölkerung und die rationelle Nutzung der Arbeitskräfte gleichzeitig Voraussetzung und Folge des Wirtschaftswachstums sind und gewaltige sozialpolitische Bedeutung besitzen.

Das konsequente und komplexe Herangehen an die Nutzung der Arbeitskräfteressourcen im Verlauf der Industrialisierung bildete einen jener Faktoren, die ausschlaggebend dafür waren, daß die SR Rumänien während der gesamten Jahre des sozialistischen Aufbaus zu den Ländern mit dem höchsten Entwicklungstempo der Produktivkräfte gehörte. Zugleich erfolgten bedeutende Strukturveränderungen in der Wirtschaft, die sich günstig auf die Nutzung der Arbeitskräfteressourcen auswirkten (s. Tabelle 27).

Die Beschäftigtenzahl in Industrie und Bauwesen hat sich mehr als verdoppelt, und der Anteil der in der Landwirtschaft Beschäftigten an der Gesamtzahl ist beträchtlich gesunken. Dies ist eines der Charakteristika für eine Verbesserung der Nutzung der Arbeitskräfte. Wesentliche Veränderungen erfolgten auch in der territorialen Verteilung der Arbeitskräfte. Das hat zu einer besseren Erschließung der natürlichen Ressourcen des Landes und zur Schaffung besserer Bedingungen für das materielle und geistig-kulturelle Leben des ganzen Volkes beigetragen. Die Größenord-

Tabelle 27

Struktur der berufstätigen Bevölkerung der SR Rumänien im Vergleich zu anderen sozialistischen Ländern (in Prozent)

	SRR 1950	1970	UVR 1969	DDR 1969	ČSSR 1969
Gesamtzahl der Beschäftigten	100	100	100	100	100
davon:					
Industrie	12,0	23,0	34,6	42,2	38,0
Bauwesen	2,2	7,8	6,6	7,7	8,4
Land- und Forstwirtschaft	74,3	49,3	29,1	13,2	18,8
Transport- und Nachrichtenwesen	2,2	4,3	6,5	7,0	6,8
Handel	2,5	4,3	7,6	11,0	9,1
übrige Zweige	6,8	11,3	15,6	18,9	18,9

nung dieser Veränderungen wird deutlich, wenn man die Tatsache berücksichtigt, daß sie auf dem Hintergrund einer immer umfassenderen Einführung des wissenschaftlich-technischen Fortschritts in allen Zweigen der Volkswirtschaft erfolgten.

Im Vergleich zu einigen entwickelten sozialistischen Ländern befindet sich die Zweigstruktur der berufstätigen Bevölkerung der SR Rumänien jedoch noch auf einem niedrigen Niveau[1], so daß weitere Anstrengungen zur Schaffung einer fortgeschrittenen Volkswirtschaft erforderlich sind.

Es ist völlig klar, daß im Verlauf dieses Prozesses in der SRR eine ökonomische Struktur geschaffen werden wird, die nicht die Struktur irgendeines anderen Landes kopiert, sondern den konkreten Bedingungen der SR Rumänien sowie den Erfordernissen der rationellen Nutzung der materiellen und der Arbeitskräfteressourcen, den Erfordernissen der Effektivitätssteigerung der Produktion entspricht. Unter diesen Umständen ist die Beschleunigung des ökonomischen Wachstumsprozesses und der Modernisierung der Wirtschaft direkt verbunden mit einer hohen Akkumulationsrate und der Verwirklichung eines umfassenden Investitionsprogramms; damit kann eine allseitige Entwicklung der Wirtschaft sowie ein beschleunigtes Wachstum der Industrie und vor allem der modernen, führenden Zweige (besonders der Elektrotechnik, Elektronik, Feinmechanik, des Werkzeugmaschinenbaus, der Produktion komplizierter Ausrüstungen, der Synthesechemie und der Metallurgie spezieller Stähle

[1] Dieser Unterschied wird noch deutlicher, wenn man die Angaben über den Anteil der Arbeiter und Angestellten an der Zahl der berufstätigen Bevölkerung (1969) vergleicht: SR Rumänien – 50 Prozent, UVR – 71 Prozent, DDR – 84 Prozent, ČSSR – 88 Prozent.

sowie der Walzwerkstechnik) gewährleistet werden, die in beträchtlichem Maße das technische Niveau der Wirtschaft und damit das Wachstum der Effektivität bei der Nutzung der materiellen und Arbeitskräfteressourcen bestimmen.

Im Zusammenhang damit, daß die SR Rumänien erst die erste Etappe des Prozesses der Modernisierung, ihrer ökonomischen Struktur durchlaufen hat, bleiben eine Reihe von Tendenzen in der Nutzung der Arbeitskräfteressourcen, die noch in der Anfangsperiode des sozialistischen Aufbaus entstanden sind, weiter bestehen bzw. verstärken sich; daneben sind aber qualitativ neue Erscheinungen zu beobachten, die insbesondere auf die umfassende Verwirklichung des wissenschaftlich-technischen Fortschritts zurückzuführen sind.

Die Beschleunigung des ökonomischen Wachstums und die rationelle und effektive Nutzung der Arbeitskräfteressourcen werden in der Hauptsache durch den wissenschaftlich-technischen Fortschritt und durch die Geschwindigkeit seiner Durchsetzung in allen Arbeitsbereichen bestimmt.

Bekanntlich ist eine Arbeitskräfteeinsparung an sich nur in sehr beschränktem Maße möglich. In allen Epochen der Geschichte konnte lebendige Arbeit hauptsächlich durch die Entwicklung und Anwendung immer vervollkommneter Arbeitsinstrumente eingespart werden. Die modernen Bedingungen des ökonomischen Wachstums schaffen weitaus größere Möglichkeiten, durch die Einführung neuester Arbeitsmittel gesellschaftliche Arbeit und vor allem lebendige Arbeit einzusparen.

Die gewaltige Rolle des wissenschaftlich-technischen Fortschritts zeigt sich in der Kennziffer der Veränderung des quantitativen Verhältnisses der beiden Bestandteile der gesellschaftlichen Arbeit, der lebendigen und der vergegenständlichten Arbeit, zugunsten der letzteren (s. Tabelle 28).

Tabelle 28

Dynamik der Hauptfaktoren des ökonomischen Wachstums der SR Rumänien in der Periode von 1950 bis 1970 (1950 = 100)

Bezeichnung	1955	1960	1965	1970
Produktionsgrundfonds	137	179	263	441
Beschäftigtenzahl in der Sphäre der materiellen Produktion	112	112	111	112
Grundfonds je Beschäftigten	123	160	236	393

Die Nutzung des wissenschaftlich-technischen Fortschritts erlaubte es, in den Jahren 1950 bis 1970 bei einem Wachstum der Beschäftigtenzahl in der Sphäre der materiellen Produktion um nur 12 Prozent das Nationaleinkommen auf das 6,3fache zu vergrößern. Bei Aufrechterhaltung des technischen Ausrüstungsgrades der Volkswirtschaft von 1950 hätten die verfügbaren Arbeitskräfteressourcen in dieser Zeitspanne lediglich eine Erreichung des Produktionsvolumens ermöglicht, das 1951 erzielt wurde.

Die Veränderungen, die zur Erhöhung der Effektivität der Wirtschaft sowie zur rationellen Nutzung der Arbeitskräfte bei gleichzeitigem beträchtlichen Wachstum des Wohlstands des gesamten Volkes geführt haben, waren möglich, weil beträchtliche materielle und finanzielle Ressourcen dafür aufgewendet wurden, die materiell-technische Basis der Produktion zu schaffen und zu modernisieren und die Wirtschaft mit immer moderneren Produktionsmitteln auszustatten.

Ein wesentliches Charakteristikum der wirtschaftlichen Entwicklung der SR Rumänien bildet die Verbindung von extensiven und intensiven Faktoren, wobei die qualitativen, intensiven Faktoren, die einen schnellen wirtschaftlichen Aufschwung des Landes gewährleisten, überwiegen.

Von 1951 bis 1970 hat sich das Volumen des Nationaleinkommens je Beschäftigten auf das 5,1fache erhöht. Verbessert wurde auch die Nutzung der Produktionsgrundfonds: das Volumen des Nationaleinkommens je Grundfondseinheit wuchs bis 1970 gegenüber 1950 um 78 Prozent. In der letzten Zeit machte sich jedoch eine Tendenz zu einem gewissen Absinken der Fondseffektivität bemerkbar. Das ist durch den Einfluß einer Reihe von Faktoren bedingt. Einen wichtigen Platz unter ihnen nehmen die Anstrengungen zur Modernisierung der Struktur der rumänischen Wirtschaft sowie der bevorzugte Einsatz der Ressourcen zur Entwicklung jener Zweige ein, die Produktionsmittel herstellen, jener Zweige, die mit dem wissenschaftlich-technischen Fortschritt verbunden sind. Obwohl dadurch in einer Reihe von Fällen das Wachstum der Fondseffektivität zeitweilig gebremst wird, schafft gerade ein solcher Einsatz der Investitionen, der auch in Zukunft fortgesetzt wird, die günstigsten Bedingungen sowohl für die Aufrechterhaltung des hohen Entwicklungstempos der rumänischen Wirtschaft als auch für ihre Intensivierung.

2. Die Dynamik der Zahl der Arbeitskräfteressourcen und die Wandlungen in ihrer Verteilung auf die Zweige der Volkswirtschaft

Unter den Bedingungen des intensiven ökonomischen Wachstums und der umfassenden Einführung der Errungenschaften des wissenschaftlich-technischen Fortschritts gewinnt die volle und effektive Nutzung der Arbeitskräfteressourcen einen reicheren Inhalt. Gemeint ist erstens die Gewährleistung optimaler Korrelationen zwischen dem absoluten Wachstum der Zahl der Arbeitskräfteressourcen und der Erhöhung ihres qualitativen Niveaus, aber auch zwischen diesen beiden und den anderen Faktoren des Wirtschaftswachstums, insbesondere dem wissenschaftlich-technischen Fortschritt. Zweitens muß die Festlegung der optimalen Proportionen zwischen den verschiedenen Wachstumsfaktoren so weit durchgeführt werden, daß sie in der Praxis anwendbar werden; das ist ganz erklärlich, wenn man den langfristigen Charakter des Prozesses der qualitativen und quantitativen Reproduktion in Rechnung stellt. Drittens darf schließlich nicht außer acht gelassen werden, daß der wissenschaftlich-technische Fortschritt – der ausschlaggebende Faktor des ökonomischen Wachstums und der effektiven Nutzung der Arbeitskräfteressourcen – ständig und häufig in schwer faßbare Richtungen das Verhältnis zwischen den Wachstumsfaktoren sowie zwischen ihren quantitativen und qualitativen Seiten verändert.

Zweifellos erfordert im Sozialismus die Modellierung der Prozesse des Wachstums und der Nutzung der Arbeitskräfteressourcen die Berücksichtigung auch der sozialen Aspekte und insbesondere die Verpflichtung der Gesellschaft, die Vollbeschäftigung der im arbeitsfähigen Alter stehenden Personen zu gewährleisten. Unter Berücksichtigung des letzteren Aspekts ist leicht zu verstehen, daß unter diesen Bedingungen die extensiven Faktoren einen objektiv bedeutsamen Rang im ökonomischen Wachstum einnehmen können. Die gleichzeitige Verwirklichung der Vollbeschäftigung und des intensiven ökonomischen Wachstums erfordert eine rechtzeitige und gut fundierte Prognostizierung der demographischen Entwicklung. Ein unzureichendes quantitatives Wachstum der Arbeitskräfteressourcen kann sich negativ auf das Tempo und die Effektivität des ökonomischen Wachstums auswirken; dasselbe gilt im umgekehrten Falle, wenn das Wachstum der Arbeitskräfteressourcen den Bedarf der Produktion übertrifft. Fehlen im ersten Falle die nötigen Arbeitskräfteressourcen für das zukünftige ökonomische Wachstum, so würde im zweiten Falle – ganz abgesehen von Schwierigkeiten bei der Gewährleistung der Vollbeschäftigung – der Einsatz von materiellen und finanziellen Ressourcen auf Kosten der Sicherung der übrigen Faktoren des Wirtschaftswachstums notwendig, vor allem auf Kosten des wissenschaftlich-technischen Fortschritts und der Berufsausbildung der Arbeitskräfte.

Die finanziellen Ressourcen, die die Gesellschaft für die Sicherung des ökonomischen Wachstums bereitstellen kann, sind immer begrenzt; deshalb ist die Optimierung des ökonomischen Wachstums unmittelbar verknüpft mit einer planmäßigen proportionalen Verteilung dieser Ressourcen entsprechend dem Rang und den Funktionen jedes der Wachstumsfaktoren. Was nun die Arbeitskräfte betrifft, so liegt hier eine zusätzliche Besonderheit vor, die sich nicht nur aus dem langfristigen Charakter ihrer quantitativen und qualitativen Reproduktion ergibt, sondern auch aus den Schwierigkeiten bei der Modellierung der Dynamik der Arbeitskräfteressourcen.

Die Arbeitskräfte sind bekanntlich auf jeder Stufe der gesellschaftlichen Entwicklung die Hauptproduktivkraft. Platz und Rolle der Arbeitskräfteressourcen im ökonomischen Wachstum verändern sich jedoch entsprechend jenen Verhältnissen, die zwischen den Arbeitskräften und den übrigen Faktoren entstehen, sowie mit dem Wachstumsprozeß insgesamt.

Der wissenschaftlich-technische Fortschritt und seine Entwicklung führen zur Einsparung von Arbeitskräften. Das darf jedoch nicht als Minderung der Bedeutung der Arbeitskräfte beim ökonomischen Wachstum gedeutet werden. Im Gegenteil, ihre Bedeutung wächst, wenn man den Umstand in Rechnung stellt, daß der wissenschaftlich-technische Fortschritt besondere Anforderungen an die qualitative Seite der Arbeitskräfteressourcen stellt. Gemeint ist, daß in den Vordergrund bei der Entwicklung der Produktion nicht die quantitative Zunahme der Arbeitskräfte tritt, die in der Vergangenheit in großem Maße das ökonomische Wachstum bedingte, sondern die qualitative Vervollkommnung der Arbeitskräfte. Das bedeutet eine Verringerung der Abhängigkeit des ökonomischen Wachstums von der absoluten Zahl der Arbeitskräfte und führt zu einer beträchtlichen Verringerung der Begrenzungen, die sich für das Wirtschaftswachstum aus dem langfristigen Charakter der quantitativen Reproduktion der Arbeitskräfte ergeben.

Zugleich behält unter den gegenwärtigen Entwicklungsbedingungen der Wirtschaft der SR Rumänien die quantitative Zunahme der Bevölkerung und der Arbeitskräfteressourcen ihre Bedeutung (s. Tabelle 21). Bei der Knappheit der Investitionen kann der Umfang der Arbeitskräfteressourcen noch lange – selbst bei schnellem wissenschaftlich-technischen Fortschritt – eine wichtige Rolle spielen und zur Beschleunigung des ökonomischen Wachstums beitragen. Eben aus diesem Umstand ergibt sich die Notwendigkeit der Maßnahmen, die in den letzten Jahren in der SR Rumänien zur Stimulierung des Bevölkerungswachstums ergriffen worden sind.

Tabelle 29

Der Zuwachs der Bevölkerungszahl und der Arbeitskräfteressourcen in den Jahren 1951 bis 1970 in der SR Rumänien (in Prozent)

	Gesamtzuwachs 1951–1970	davon in den Zeiträumen			
		1951–1955	1956–1960	1961–1965	1966–1970
Bevölkerung insgesamt	25,1	25,0	26,0	15,0	34,0
Arbeitskräfteressourcen	20,9	47,0	16,0	12,0	25,0
Arbeitsfähige Bevölkerung	22,2	42,2	18,0	13,0	27,0
Berufstätige Bevölkerung	18,1	68,0	17,0	15,0	–

Wie die Daten der Tabelle zeigen, war das Wachstumstempo der Bevölkerungszahl und des Umfangs der Arbeitskräfteressourcen gemäßigt und zeigte eine Tendenz zur Vergrößerung im abgelaufenen Fünfjahrplan. Die Zunahme der berufstätigen Bevölkerung hat sich dagegen verlangsamt. Die Zahl der berufstätigen Bevölkerung ist in den Jahren 1966 bis 1970 nicht gewachsen, sondern blieb auf dem Stand von 1965. Das erklärt sich hauptsächlich durch die Verlängerung der Ausbildung in der allgemeinbildenden Schule und durch den Eintritt einer höheren Zahl junger Menschen in die Berufsfachschulen und Hochschulen.

Beträchtlich war im betrachteten Zeitraum die Zunahme der Zahl der Arbeiter und Angestellten, jener Kategorie der berufstätigen Bevölkerung, deren Tätigkeit sich auf Grund des höheren Organisationsgrades und des höheren technischen Ausstattungsgrades der Arbeit sowie auch der höheren allgemeinen und beruflichen Bildung durch eine höhere Effektivität auszeichnet (s. Tabelle 30).

Tabelle 30

Das Verhältnis zwischen dem Wachstum der Zahl der Arbeiter und Angestellten und dem Bevölkerungswachstum der SR Rumänien von 1950 bis 1970

Arbeiter und Angestellte	1950	1955	1960	1965	1970
Zahl (in 1000 Personen)	2123	2948	3262	4331	5108
Dynamik (in Prozent)	100	139	158	207	241
Arbeiter und Angestellte je 1000 Einwohner	130	170	177	228	250
Arbeiter und Angestellte je 1000 Beschäftigte	257	318	343	445	524

Bei einem durchschnittlichen jährlichen Wachstumstempo der Bevölkerung und der Arbeitskräfteressourcen von annähernd 1 Prozent stieg die Zahl der Arbeiter und Angestellten jährlich um 4,5 Prozent. Im Ergebnis stellten die Arbeiter und Angestellten im Jahre 1970 mehr als die Hälfte (52,4 Prozent) aller Berufstätigen. Das widerspiegelt die größere Rationalität des Einsatzes der Arbeitskräfteressourcen im Vergleich zu 1950 (25,7 Prozent), aber auch die beträchtliche Annäherung der SR Rumänien in dieser Hinsicht an die ökonomisch weiter entwickelten Länder.

Von der Verbesserung der Nutzung der Arbeitskräfteressourcen der SR Rumänien zeugt auch das Verhältnis der Quellen zur Deckung des Arbeitskräftebedarfs der Volkswirtschaft – des natürlichen Zuwachses der Arbeitskräfteressourcen und der Umverteilung der Werktätigen aus der Landwirtschaft. Was den natürlichen Zuwachs angeht, so ist die in das arbeitsfähige Alter eintretende Jugend immer voll mit Arbeitsplätzen versorgt worden und wird es auch in Zukunft sein. Die Menge der neu geschaffenen Arbeitsplätze war jedoch größer als der natürliche Zuwachs der

Arbeitskräfteressourcen. Diese Differenz wurde in der Hauptsache durch Werktätige ausgeglichen, die infolge der Kooperation der Landwirtschaft und der Mechanisierung der landwirtschaftlichen Produktion freigesetzt wurden. Tempo und Größenordnung der Freisetzung von Arbeitskräften in der Landwirtschaft waren natürlich in den einzelnen Perioden unterschiedlich und werden es auch in Zukunft sein, je nach dem Tempo der Durchsetzung des wissenschaftlich-technischen Fortschritts in der Landwirtschaft, und den materiellen und finanziellen Möglichkeiten des Staates, neue Arbeitsplätze in den nichtlandwirtschaftlichen Zweigen zu schaffen. Da 1970 in der Landwirtschaft noch fast die Hälfte aller Berufstätigen arbeitete, wird dieser Zweig eine wichtige Quelle für die Versorgung der nichtlandwirtschaftlichen Zweige mit Arbeitskräften bleiben. Der extensive Faktor wird also auch in Zukunft eine wichtige Rolle bei der Sicherung eines hohen Wachstumstempos der rumänischen Wirtschaft spielen.

Bedeutende Veränderungen gehen auch in der Verteilung der berufstätigen Bevölkerung auf die Sphären der gesellschaftlichen Produktion und auf die Zweige der Volkswirtschaft vor sich. Zahl und Anteil der Beschäftigten in der Sphäre der materiellen Produktion gehen zurück, dagegen konzentrieren sich die Arbeiter und Angestellten immer mehr in der nichtmateriellen Sphäre (s. Tabelle 31). Diese beiden Tendenzen besitzen eine gegensätzliche Bedeutung bei der Einschätzung der Entwicklungsetappen der Wirtschaft, selbst wenn sie organische Bestandteile ein und desselben Prozesses der Modernisierung der Struktur der Volkswirtschaft darstellen.

Tabelle 31

Die Verteilung des Zuwachses der berufstätigen Bevölkerung sowie des Zuwachses der Arbeiter und Angestellten auf die Sphären der Produktion der SR Rumänien in den Jahren von 1961 bis 1970 (in 1000 Personen)

	Berufstätige Bevölkerung 1961–1965	Berufstätige Bevölkerung 1966–1970	Arbeiter und Angestellte 1961–1965	Arbeiter und Angestellte 1966–1970
Gesamtzuwachs	+227	–	+1069	+777
davon				
Sphäre der materiellen Produktion	– 12	–125	+ 802	+703
Nichtproduzierende Sphäre	+239	+125	+ 267	+ 74

Diese Tendenzen sind nicht widersprüchlich, da die Verringerung der Beschäftigtenzahl in der materiellen Sphäre eine Folge der Verminderung des Anteils des primären Sektors (das heißt der Landwirtschaft) darstellt, während die Konzentration der Arbeiter und Angestellten in der materiellen Sphäre den wachsenden Anteil des sekundären Sektors (der Industrie und des Bauwesens) an der Wirtschaft sowie die Notwendigkeit seiner weiteren Entwicklung widerspiegelt. Wir sind auf diesen Unterschied in den Tendenzen der Verteilung der Arbeitskräfte deshalb ausführlicher eingegangen, um zu zeigen, daß es erforderlich ist, die spezifische Tendenz in der Verteilung der Arbeiter und Angestellten zu berücksichtigen. Ohne Berücksichtigung dieser Tendenz könnte man zu dem Schluß gelangen, daß die Volkswirtshaft der SR Rumänien zur Etappe der massenhaften Entwicklung des tertiären Sektors (der Dienstleistungssphäre) übergeht. Natürlich wird sich dieser Sektor weiter entwickeln, aber sein Größenverhältnis zu den anderen Sektoren und seine Dynamik sind der Entwicklung des sekundären Sektors untergeordnet.

Die Zunahme der Zahl der Arbeiter und Angestellten in der Sphäre der materiellen Produktion stellt nicht notwendig eine Kennziffer für den extensiven Charakter der volkswirtschaftlichen Entwicklung dar. Im Gegenteil: Die Fakten zeigen eine Verstärkung des intensiven Charakters des ökonomischen Wachstums, besonders in den letzten Jahren. Die Gesamtzahl der Beschäftigten hat sich seit 1965 nicht erhöht, folglich ist das ökonomische Wachstum in den Jahren 1966 bis 1970 ohne zusätzliche Heranziehung von Arbeitskräften erreicht worden. Die Zunahme der Zahl der Arbeiter und Angestellten in der Sphäre der materiellen Produktion wurde in diesem Zeitraum erzielt durch die Verbesserung des technischen Ausstattungsgrades der Produktion sowie durch das Wachstum des Volumens der Investitionen und der Grundfonds, die für die Schaffung jedes neuen Arbeitsplatzes eingesetzt werden.

Noch deutlicher zeigt sich der intensive Charakter des in den Jahren 1966 bis 1970 erzielten ökonomischen Wachstums in der Verteilung der Arbeitskräfte auf die Zweige der materiellen Produktion. Entfielen von der gesamten Zunahme der Zahl der Arbeiter und Angestellten in den Jahren 1966 bis 1970 90 Prozent auf die Sphäre der materiellen Poduktion, so entfielen auf die am meisten dynamischen Wirtschaftszweige, in erster Linie auf die Industrie und das Bauwesen, 75 Prozent des Zuwachses der Zahl der Arbeiter und Angestellten in dieser Sphäre und 67 Prozent des Zuwachses in der gesamten Volkswirtschaft.

Die Konzentration sowohl der Investitionen als auch der Arbeitskräfte in diesen Zweigen widerspiegelt die Anstrengungen, die in den Jahren des sozialistischen Aufbaus unternommen wurden und auch in Zukunft fortgesetzt werden, um die Industrie und besonders jene ihrer Zweige zu entwickeln, von denen die intensive, allseitige Entwicklung der Wirtschaft abhängt. In diesen Zweigen wurden wichtige Objekte geschaffen, die mit moderner Technik ausgestattet sind, wodurch Arbeitskräfte eingespart werden konnten. Mit erstklassiger Technik wurde vor allem die Hauptproduktion ausgestattet, in der hochqualifizierte Arbeitskräfte konzentriert sind. Andererseits wurden für die Hilfsbereiche der Produktion, wo die technische Ausrüstung noch auf einem niedrigeren Niveau steht und der wissenschaftlich-technische Fortschritt langsamer vorangeht, bedeutende Kontingente von Werktätigen herangezogen, die über ein weniger hohes Ausbildungsniveau verfügen, hauptsächlich Arbeitskräfte aus der Landwirtschaft und der Hauswirtschaft.

Durch den bevorzugten Einsatz nicht nur der Investitionen, sondern auch der Arbeitskräfte in den Zweigen der materiellen Produktion, die sich durch einen höheren Stand und ein schnelleres Wachstumstempo der Arbeitsproduktivität auszeichnen, wird eine beträchtlich rationellere Nutzung der Arbeitskräfteressourcen in der gesamten Volkswirtschaft erreicht, was günstige Ergebnisse zeitigt. In seinem Referat auf dem X. Parteitag der RKP unterstrich N. Ceausescu, daß für die Herstellung optimaler Proportionen „die zweckmäßigste Verteilung der Arbeitskräfte in der Volkswirtschaft sowie auf dem Gebiet der Wissenschaft und Kultur" erforderlich ist, „und insbesondere die Gewährleistung des Überwiegens der Arbeitskräfte in der materiellen Produktion, die entscheidende Bedeutung für den Fortschritt der Gesellschaft, für die Entwicklung der gesellschaftlichen und kulturellen Tätigkeit besitzt"[2].

Von 1971 bis 1975 wird die Zahl der Arbeiter und Angestellten in der Volkswirtschaft um mehr als eine Million zunehmen, davon werden etwa 50 Prozent in der Industrie beschäftigt sein. Vierhunderttausend bis fünfhunderttausend Personen werden in der Landwirtschaft freigesetzt werden. Infolgedessen wird am Ende des Fünfjahrplans der Anteil der Industrie und der übrigen nichtlandwirtschaftlichen Zweige fast 60 Prozent der gesamten berufstätigen Bevölkerung betragen. Dieser Prozeß wird sich auch in den folgenden Jahren fortsetzen, und in der Perspektive (1990 bis 1995) wird der Anteil der nicht in der Landwirtschaft tätigen Werktätigen 80 Prozent erreichen. Das bedeutet gewaltige Veränderungen in der ökonomischen und sozialen Struktur Rumäniens, die einen tiefen Einfluß auf die Effektivität der gesellschaftlichen Produktion sowie auf das materielle und geistig-kulturelle Niveau des ganzen Volkes ausüben werden.

Die Erreichung der Vollbeschäftigung der arbeitsfähigen Bevölkerung wirft eine Reihe von Problemen auf. Vollbeschäftigung und effektiver Einsatz der Arbeitskräfte müssen auf der Grundlage einer immer vollständigeren Berücksichtigung der Arbeitskräftestruktur und der Besonderheiten der verschiedenen Beschäftigtengruppen gewährleistet werden. Eines der in dieser Hinsicht wichtigsten Probleme bildet der Einsatz der

[2] Nicolae Ceausescu, Romania pe drumul construirii Societät socialiste multilateral dezvoltate, Bd. 4, Bukarest 1970, S. 295.

Frauen in der gesellschaftlichen Produktion. Der Sozialismus schafft für die gesamte Bevölkerung gleiche Bedingungen des Zutritts zu Bildung, Kultur und Berufsausbildung, was die Voraussetzung auch für den gleichen Einsatz beider Geschlechter in der gesellschaftlichen Produktion bildet, wobei die Frage der Vollbeschäftigung der Frauen jedoch ein besonderes Herangehen erfordert.

In der SR Rumänien ist nicht derselbe Beschäftigtengrad der Frauen in der gesellschaftlichen Produktion erreicht wie in den anderen sozialistischen Ländern. Gegenwärtig wird die Möglichkeit untersucht, unter Berücksichtigung jener komplizierten ökonomischen, gesellschaftlichen und erzieherischen Funktionen, die die Frauen ausüben, einen optimalen Beschäftigtengrad der Frauen in der gesellschaftlichen Produktion zu gewährleisten.

Die Notwendigkeit einer adäquaten Lösung der Probleme der Berufstätigkeit und der effektiven Nutzung der Arbeitskräfte hat in der letzten Zeit zur Organisierung umfassender und komplizierter Forschungen über die Prognostizierung der Berufstätigkeit und der rationellen Nutzung der Arbeitskräfte, einschließlich wichtiger sozialer Aspekte, sowie der Schaffung spezieller Organe (Zentrale Prognosekommission, Nationale demographische Kommission) geführt.

3. Probleme der Übereinstimmung zwischen dem qualitativen Niveau der Arbeitskräfteressourcen und den Erfordernissen des wissenschaftlich-technischen Fortschritts

Die Hauptfrage bei der rationellen Nutzung der Arbeitskräfte unter den Bedingungen des intensiven Wachstums besteht in der Gewährleistung eines optimalen Verhältnisses zwischen dem wissenschaftlich-technischen Fortschritt und dem qualitativen Niveau der Arbeitskräfteressourcen.

Die Erziehung der Kader und die ständige Vervollkommnung ihrer beruflichen Ausbildung sind erstrangige Aufgaben, die im Programm der RKP formuliert worden sind. „In unserer Gesellschaft ist die Bildung ein Bestandteil der großen Sache des Aufbaus des Sozialismus, eine erstrangige Notwendigkeit des Fortschritts, ein Sektor von ausschlaggebender Bedeutung für das gesamte Leben unserer sozialistischen Nation.“[3]

Die Erfolge auf diesem Gebiet gewährleisteten der SR Rumänien den Aufstieg auf ein Niveau, wie es in den am meisten entwickelten Ländern existiert. Mit Erfolg wird die allgemeine obligatorische zehnjährige Schulausbildung verwirklicht. Die Kennziffer für die Erfassung der Bevölkerung

[3] Ebenda, S. 451.

im Alter von 7 bis 19 Jahren durch die schulische Ausbildung liegt nahe dem in Japan, den USA und Kanada erreichten Wert und über dem Niveau der westeuropäischen Länder. Breite Entwicklung und Vervollkommnung kennzeichnen auch die Hochschulbildung. Seit 1971 funktioniert das System der Umschulung für Werktätige der verschiedenen Volkswirtschaftszweige.

Die Bemühungen um eine verbesserte Ausbildung der Arbeitskräfteressourcen schlagen sich in wachsenden materiellen und finanziellen Aufwendungen für die Entwicklung des Bildungswesens auf allen Ebenen nieder. Die enge Beziehung, die zwischen den Ausgaben für die Bildung und den Ausgaben für die Verwirklichung des wissenschaftlich-technischen Fortschritts, für die Schaffung neuer, technisch hochgradig ausgerüsteter Arbeitsplätze besteht, zeigt sich deutlich in der Dynamik der Ausgaben für die Bildung und die Investitionen in der Produktion (s. Tabelle 32).

Tabelle 32

Die Dynamik der Ausgaben für das Bildungswesen und die Berufsausbildung und die Dynamik der Investitionen in die Produktion der SR Rumänien (1951 bis 1955 = 100)

Bezeichnung	1956–1960	1961–1965	1966–1970
Investitionen in der Produktion[1]	142,6	297,2	544,2
Bildungsausgaben[2]	141,2	274,5	401,1
Verhältnis von Investitionen in der Produktion zu den Bildungsausgaben[3]	1,01	1,08	1,36
Kosten eines Arbeitsplatzes (Investitionen in der Produktion: Zuwachs der Zahl der Arbeiter und Angestellten in der materiellen Produktion)	431,3	272,4	569,1
Kosten für die Ausbildung eines Absolventen[4]	146,8	281,6	375,8
Verhältnis zwischen dem Wachstum der Kosten eines Arbeitsplatzes und den Bildungskosten[3]	2,95	0,97	1,51

[1] Ohne produktive Investitionen in die genossenschaftliche Landwirtschaft
[2] Investitionen in das Bildungswesen und Staatsausgaben für die Bildung, ohne die Ausbildungsfonds der Betriebe; nicht berücksichtigt wurden auch die Ausgaben der Eltern für die Berufsausbildung der Kinder.
[3] 1951 bis 1955 = 1,00
[4] Da wir es mit Zeiträumen von 5 Jahren zu tun haben, so wurde die Zahl der Absolventen so ermittelt, daß die wiederholte Erfassung von Absolventen, die innerhalb eines Zeitraums zwei Bildungsstufen absolviert haben, ausgeschlossen wurde.

Die gleichen Wachstumstempi des Investitionsvolumens und der Bildungsausgaben zeigen, daß insgesamt in den Jahren 1951 bis 1970 die materiellen und finanziellen Anstrengungen der Gesellschaft unter Berücksichtigung der notwendigen Übereinstimmung zwischen dem technischen Ausstattungsgrad der Arbeit und dem qualitativen Niveau der

Arbeitskräfteressourcen verteilt wurden. Nur im Zeitraum 1966 bis 1970 ist die Höhe der Bildungsausgaben merklich hinter dem Volumen der Investitionen in die Produktion zurückgeblieben; in den vorhergehenden Perioden dagegen sind beide Ausgabenposten in fast gleichem Tempo gewachsen.

Das Verhältnis zwischen der Dynamik der Bildungsausgaben und den Investitionen in die Produktion widerspiegelt sowohl die Möglichkeit, über die die Volkswirtschaft in jeder Etappe verfügte, als auch einen weiten Kreis von Fragen, die sich bei der Gewährleistung des erforderlichen Verhältnisses zwischen der technischen Ausstattung der Werktätigen und der qualitativen Vervollkommnung der Arbeitskräfteressourcen sowie im Zusammenhang mit der Notwendigkeit ergeben, die Vollbeschäftigung der gesamten arbeitsfähigen Bevölkerung zu sichern. In den Jahren 1956 bis 1960 und besonders 1961 bis 1965 übertraf der Zuwachs der Zahl der Arbeiter und Angestellten erheblich das entsprechende Zuwachstempo der Zahl der Absolventen von Lehranstalten und kam hauptsächlich durch die Zuwanderung von Arbeitskräften aus der Landwirtschaft sowie durch die Einbeziehung von bislang in der Hauswirtschaft tätigen Personen in die Produktion zustande. Das wirkte sich auf die Kennziffer für die Kosten eines Arbeitsplatzes sowie auf das Verhältnis zwischen den Kosten eines Arbeitsplatzes und den Kosten für die Ausbildung eines Werktätigen aus.

Am allgemeinsten und klarsten drücken sich die Anstrengungen der Gesellschaft auf dem Gebiet des Bildungswesens in der Erhöhung des durchschnittlichen Niveaus der Allgemeinbildung und Fachausbildung der Absolventen der Lehranstalten aus.

Die Kennziffer für das durchschnittliche Bildungsniveau eines Absolventen (die durchschnittliche Zahl der von einem Absolventen für die allgemeinbildende Schule, die Berufsausbildung, die Mittelschule, Fachschule und die Hochschulausbildung aufgewendeten Jahre) betrug von 1951 bis 1955 6,1, von 1956 bis 1960 6,2, 1961 bis 1965 8,2 und 1966 bis 1970 10,2.[4]

Die Erhöhung des Bildungsniveaus der Absolventen führte zu wesentlichen Veränderungen im qualitativen Niveau der Arbeitskräfteressourcen hinsichtlich ihrer allgemeinen und speziellen Ausbildung (s. Tabelle 33).

[4] Errechnet auf der Grundlage des gewogenen arithmetischen Mittels nach der Formel:

$$\frac{\sum_{i=1}^{n} A_i \cdot N_i}{\sum_{i=1}^{n} Ai}$$

wobei A = Zahl der Absolventen jeder Bildungsstufe;
N = Dauer (in Jahren) der Ausbildung auf jeder Stufe.

Tabelle 33

Die durchschnittliche Dauer der allgemeinbildenden und speziellen (Fachschule und Hochschule) Ausbildung je Berufstätigen und je Arbeiter und Angestellten der SR Rumänien im Zeitraum von 1951 bis 1970 (in Jahren)

	1950	1955	1960	1965	1968	1970
Je Berufstätigen	3,50	4,33[1]	...	5,63[3]	...	5,71
Je Arbeiter und Angestellten	4,93	...	5,73[2]	5,96[4]	6,46	7,64

[1] 1956; [2] 1961; [3] 1966; [4] 1964

Der Grad der beruflichen Ausbildung der Arbeiter und Angestellten erhöhte sich (s. Tabelle 34). Wesentlich verminderte sich der Anteil jener Arbeiter und Angestellten, die die Klasseu 4 und 7 absolviert haben, und zugleich wuchs der Anteil der Kader mit Hochschulbildung und besonders der mit Fachschulbildung. So besaßen zum Beispiel 1970 41 Prozent der Arbeiter und Angestellten Fachschul- oder Hochschulbildung; 1950 betrug dieser Anteil nur 13,2 Prozent. Das führte zu einer spürbaren Verbesserung der Proportionen zwischen den verschiedenen Gruppen von Werktätigen. So entfielen 1970 auf eine Person mit Hochschulbildung im Durchschnitt 5,6 Personen mit Fachschulbildung, auf 100 Arbeiter 8,5 Ingenieure und Techniker und auf einen Arzt 676 Einwohner.

Tabelle 34

Die Veränderung der Struktur der Arbeiter und Angestellten hinsichtlich des Niveaus ihrer Berufsausbildung der SR Rumänien im Vergleich der Jahre 1970 und 1950

	1950		1970		1970 zu 1950
	1000 Pers.	Prozent	1000 Pers.	Prozent	Prozent
Arbeiter und Angestellte insgesamt	2123	100,0	5108	100.0	241
davon besitzen:					
Hochschulbildung	78	3,7	315	6,2	404
Fachschulbildung[1]	202	9,5	1776	34,0	880
7-Klassen-Bildung	240	11,3	800	15,6	333
4-Klassen-Bildung	1375	65,0	2217	43,4	161
nicht abgeschlossene Grundschulbildung bzw. keine Schulbildung	223	10,5	—	—	—

[1] Einschließlich der Arbeiter und Angestellten, die technische und Spezialschulen absolviert haben, sowie der Absolventen von Lyzeen und Berufsschulen.

Die Erhöhung des Bildungsniveaus der Beschäftigten in der Volkswirtschaft (in erster Linie der Arbeiter und Angestellten) bildet eine günstige

Voraussetzung für die Vergrößerung der Rolle der Arbeitskräfteressourcen bei der Beschleunigung des Wirtschaftswachstums sowie bei der Meisterung und Überleitung der Ergebnisse von Wissenschaft und Technik in die Volkswirtschaft.

Das erreichte Ausbildungsniveau der Arbeitskräfteressourcen des Landes ist das Ergebnis bedeutender Anstrengungen des Staates zur Entwicklung des Systems der Volksbildung und Kaderausbildung. Auf diesem Gebiet ist jedoch in Zukunft noch beträchtliche Arbeit zu leisten. Diese Notwendigkeit ergibt sich aus der übernommenen ungünstigen Situation (1948 gab es den Ergebnissen der Volkszählung zufolge mehr als 3 Millionen Analphabeten) und daraus, daß damals die überwiegende Mehrheit der Arbeitskräfte nur über eine Grundschulbildung bzw. eine nicht abgeschlossene Grundschulbildung verfügte. In den ersten Jahren der Planwirtschaft sind bedeutende Anstrengungen unternommen worden, um das Analphabetentum zu überwinden und eine obligatorische vierjährige Schulbildung zu gewährleisten. Die massenhafte Eingliederung von Arbeitskräften mit einem niedrigen Bildungsniveau in die Reihen der Arbeiter und Angestellten hatte ein langsames Wachstum des Bildungsniveaus der Arbeiter und Angestellten in den ersten Fünfjahrplanperioden zur Folge. In der Periode von 1961 bis 1965 und in geringerem Maße in der Periode von 1966 bis 1970 wurden in die Reihen der Arbeiter und Angestellten zahlreiche Personen eingegliedert, die in den Jahren 1950 bis 1960 eine vierjährige Schulausbildung erhalten hatten. Infolge des Ausscheidens von Personen mit einem niedrigen Bildungsniveau aus dem Arbeitsprozeß sowie im Zusammenhang mit Eintreten junger Menschen in den Produktionsprozeß, die eine bessere schulische Ausbildung erhalten haben, ist in den letzten Jahren eine Tendenz zum schnelleren Ansteigen des Bildungsniveaus der Arbeiter und Angestellten zu beobachten.

Die Berufsausbildung eines beträchtlichen Teils der Arbeitskräfteressourcen (besonders der Arbeiter) erfolgt ohne Trennung von der Produktion unmittelbar in den Betrieben. Unter dem Aspekt des Wirtschaftswachstums hat diese Form der Ausbildung positive Resultate erbracht, obwohl diese Resultate noch nicht voll befriedigen können, da sie unter dem Einfluß des relativ niedrigen Niveaus der allgemeinen und beruflichen Bildung eines beträchtlichen Teils der Werktätigen zustande kamen. Dem Bildungssystem ist die Aufgabe gestellt, die qualitative Entwicklung der Arbeitskräfteressourcen zu beschleunigen und ihren Ausbildungsstand auf ein Niveau zu bringen, das den Anforderungen des wissenschaftlich-technischen Fortschritts entspricht.

4. Die Rolle des Zuwachses der Zahl der berufstätigen Bevölkerung sowie der Anhebung des Niveaus ihrer allgemeinen und beruflichen Bildung für die Gewährleistung der Steigerung des Nationaleinkommens

Die Wandlungen, die in der qualitativen Zusammensetzung der Arbeitskräfteressourcen zu beobachten waren, zeugen von der ständigen Zunahme der Bedeutung der intensiven Faktoren sowie von einer beträchtlichen Veränderung des Verhältnisses zwischen den quantitativen und den qualitativen Faktoren der Nutzung der Arbeitskräfte im Prozeß der Wirtschaftsentwicklung zugunsten der letzteren (s. Tabelle 35).

Tabelle 35

Der Anteil der qualitativen und der quantitativen Seiten der Arbeitskräfteressourcen am Zuwachs des Nationaleinkommens der SR Rumänien (in Prozent)

	1951–1970	1951–1960	1961–1970
Zuwachs des Nationaleinkommens durch die Vergrößerung der Zahl der berufstätigen Bevölkerung und durch die Erhöhung des Ausbildungsniveaus			
davon durch:			
Vergrößerung der Arbeitskräftezahl	2,5	7,2	0,4
Erhöhung des Bildungsniveaus	14,6	18,2	16,3
den gemeinsamen Einfluß beider Faktoren (untrennbarer Rest)	5,84	2,52	40,7
Zuwachs des Nationaleinkommens durch Vergrößerung der Zahl der Arbeiter und Angestellten und die Erhöhung ihres Ausbildungsniveaus			
davon durch:			
Vergrößerung der Zahl	14,7	20,6	31,7
Erhöhung des Bildungsniveaus	14,8	10,3	30,9
den gemeinsamen Einfluß beider Faktoren (untrennbarer Rest)	1,006	0,50	0,97

Die Angaben der Tabelle zeigen, daß die Bedeutung der Vergrößerung der Beschäftigtenzahl für die Sicherung des Zuwachses an Nationaleinkommen merklich zurückgeht (auf 0,4 Prozent). Hinsichtlich der Arbeiter und Angestellten, deren Zahl sehr schnell zunimmt – besonders in der materiellen Sphäre – ist die Situation hingegen anders: die Bedeutung der Vergrößerung der Zahl dieser Kategorie von Werktätigen für die Vergrößerung des Nationaleinkommens wächst (von 20,6 Prozent in den Jahren 1951 bis 1960 auf 31,7 Prozent in den Jahren 1961 bis 1970).

Großen Einfluß auf den Zuwachs des Nationaleinkommens übt das

Qualifikationsniveau der Arbeitskräfteressourcen aus. Dabei sinkt die Bedeutung der Erhöhung des Ausbildungsniveaus der Gesamtzahl der berufstätigen Bevölkerung (18,2 Prozent in den Jahren 1951 bis 1960 und 16,3 Prozent in den Jahren 1961 bis 1970), während die Bedeutung der Erhöhung des Ausbildungsniveaus der Arbeiter und Angestellten steigt. Das erklärt sich einerseits daraus, daß der Anteil jüngerer Arbeiter und Angestellten mit einem höheren Bildungsniveau zunimmt, und andererseits durch den verlangsamten Zufluß von Arbeitskräften aus dem Dorf, deren Bildungsniveau noch recht niedrig ist.

Die gewachsene Bedeutung des Niveaus der Allgemeinbildung und der Qualifikation der Arbeitskräfteressourcen sowie die Anforderungen, die der sich beschleunigende wissenschaftlich-technische Fortschritt an die Qualifikation der Arbeitskraft stellt, machen eine Vermehrung der auf die Entwicklung und weitere Modernisierung des Systems der Bildung und Kaderausbildung gerichteten Anstrengungen notwendig. Erstrangige Beachtung wird in dieser Hinsicht der Verbesserung der Struktur des Netzes der Bildungseinrichtungen, dem Inhalt des Bildungs- und Erziehungsprozesses sowie der engeren Verbindung zwischen der Bildung und den Forderungen der Praxis geschenkt. Der Übergang zur allgemeinen zehnjährigen Mittelschulbildung wird vollendet, nach 1980 ist der Übergang zur obligatorischen zwölfjährigen Schulbildung geplant.

Gleichzeitig entwickeln sich die Berufsausbildung, die Fachschul- und die Hochschulausbildung. Dabei wird eine enge Wechselbeziehung mit allen Veränderungen und Verbesserungen, die im System der obligatorischen allgemeinen Schulbildung erfolgen, gewährleistet, ebenso die Erweiterung und Erhöhung des Niveaus der technischen Ausbildung usw. Es wird angenommen, daß sich die Zahl der Jugendlichen, die nach der Absolvierung der allgemeinbildenden Schule die Ausbildung fortsetzen, von 90 je zehntausend Einwohner im Jahre 1970 auf 100 im Jahre 1980 und 150 im Jahre 1990 erhöhen wird.

Eine wichtige Rolle im Prozeß der Erhöhung des Qualifikationsniveaus der Arbeitskräfteressourcen insgesamt wird schließlich das System der beruflichen Umschulung aller Arbeitskräfte spielen.

Die Gewährleistung der Vollbeschäftigung und der rationellen Nutzung der Arbeitskräfte ist ein komplizierter und langwieriger Prozeß, der in den nächsten Jahren infolge der Entwicklung der Industrialisierung sowie der Beschleunigung der Modernisierung der volkswirtschaftlichen Struktur und des Wirtschaftswachstums in noch schnellerem Tempo verlaufen wird. Auf dieser Grundlage wird sich der Nutzungsgrad der Arbeitskräfteressourcen beträchtlich erhöhen, und in den neunziger Jahren unseres Jahrhunderts wird die SR Rumänien in dieser Hinsicht das Niveau der ökonomisch am weitesten entwickelten Länder erreichen. Im Verlauf dieser gesamten Periode bleiben die Tendenzen bestehen, die bereits in den ersten Jahren des sozialistischen Aufbaus entstanden sind, und zwar: die Gewährleistung des ökonomischen Wachstums in einem gewissen Maße auf extensive Weise (so ist zum Beispiel vorgesehen, in den Jahren 1971 bis 1975 25 bis 30 Prozent des Zuwachses der Industrieproduktion durch die Vergrößerung der Zahl der Arbeiter und Angestellten zu erzielen); die Verbesserung der Korrelation zwischen der Beschäftigtenzahl in der Landwirtschaft und der Beschäftigtenzahl in den nichtlandwirtschaftlichen Zweigen; ein hoher Anteil des Einsatzes von Arbeitskräften in der Industrie und im Bauwesen, im Bildungswesen, in der wissenschaftlichen Forschung, aber auch im Dienstleistungssektor; ein wesentliches Wachstum des Anteils der Arbeiter und Angestellten an der Gesamtzahl der berufstätigen Bevölkerung.

KAPITEL IX

Probleme der Herausbildung und Nutzung der Arbeitskräfteressourcen der UdSSR in der Perspektive

Die weitere Festigung und Vervollkommnung der materiell-technischen Basis der entwickelten sozialistischen Gesellschaft in der UdSSR und ihr allmähliches Hinüberwachsen in die materiell-technische Basis des Kommunismus erfordern die Mobilisierung aller Reserven für die allseitige Erhöhung der Effektivität der Produktion. „Die Hauptaufgabe besteht jetzt darin", sagte L. I. Breshnew in seiner Rede zum 50. Jahrestag der Bildung der UdSSR, „die Orientierung gründlich zu ändern, das Schwergewicht auf intensive Methoden der Wirtschaftsführung zu verlagern und damit eine wesentliche Erhöhung der Effektivität der Wirtschaft zu sichern."[1]

Eine außerordentlich wichtige Rolle bei der Lösung dieser Aufgaben kommt den Problemen der effektiveren Nutzung der Arbeitskräfteressourcen zu.

Die gegenwärtige Entwicklungsetappe der Volkswirtschaft der UdSSR wie auch vieler anderer sozialistischer Länder ist gekennzeichnet durch eine Einengung der Möglichkeiten, die Zahl der berufstätigen Bevölkerung zu vergrößern. Dieses Charakteristikum, das in noch höherem Maße auch für eine Reihe der folgenden Fünfjahrplanperioden gelten wird, stellt einen prinzipiell neuen Faktor in der Herausbildung und Nutzung der Arbeitskräfteressourcen der UdSSR dar und macht es erforderlich, der demographischen Politik einerseits und der Sicherung des rationellen Einsatzes des vorhandenen Arbeitspotentials andererseits besondere Beachtung zu schenken.

Es ist durchaus möglich, den Zuwachs der arbeitsfähigen Bevölkerung in den nächsten beiden Jahrzehnten sowie ihre Gesamtzahl mit hinreichender Genauigkeit zu ermitteln, da die Generation, die zu Beginn der neunziger Jahre das arbeitsfähige Alter erreicht, bereits geboren ist. Die Sterblichkeit der Bevölkerung hingegen ist eine recht stabile Kategorie, ihre Abweichungen können die Zahl der Arbeitskräfteressourcen nicht wesentlich beeinflussen.

Im laufenden neunten Fünfjahrplan (1971 bis 1975) wird sich die Zahl der im arbeitsfähigen Alter stehenden Bevölkerung annähernd um 9 bis

[1] L. I. Breshnew, Das Sowjetvolk zeigt der Menschheit neue Horizonte und neue hohe Ideale, Berlin 1973, S. 65.

10 Prozent vergrößern; das wird der höchste Zuwachs nach dem Kriege sein. Ursache dieser schnellen Zunahme der Zahl der arbeitsfähigen Bevölkerung ist der Umstand, daß die in den fünfziger Jahren geborenen Jahrgänge ins arbeitsfähige Alter eintreten; in diesen Jahren war die Geburtenrate recht hoch. Im zehnten Fünfjahrplan (1976 bis 1980) wird der Zuwachs der arbeitsfähigen Bevölkerung nur wenig geringer sein, da sich die Wirkung des obengenannten Faktors fortsetzt. Beginnend mit den Jahren 1981 bis 1985 wird sich der Rückgang der Geburtenziffer in den sechziger Jahren auf das Wachstum der Arbeitskräfteressourcen auswirken. Der Zuwachs der Zahl der Personen, die ins arbeitsfähige Alter eintreten, wird in den Jahren 1981 bis 1985 weniger als ein Drittel desjenigen des laufenden Fünfjahrplans betragen; in den Jahren 1986 bis 1990 höchstens ein Fünftel.

Eine wichtige Besonderheit in der Entwicklung der Arbeitskräfteressourcen der UdSSR bildet die Verstärkung der Tendenz zur Veränderung des Verhältnisses zwischen den verschiedenen Quellen für die Zunahme der Arbeitskräfteressourcen. Noch vor relativ kurzer Zeit war der Gesamtzuwachs der Arbeitskräfteressourcen erheblich größer als die Zahl der Personen, die das arbeitsfähige Alter erreichten. Heute verändert sich die Situation grundlegend. Der Anteil des Zuwachses der Zahl der arbeitsfähigen Bevölkerung am Gesamtzuwachs der Arbeitskräfteressourcen betrug im siebenten Fünfjahrplan nur etwa 30 Prozent, im achten Fünfjahrplan bereits etwa 60 Prozent und wird im laufenden Fünfjahrplan mehr als 90 Prozent betragen. In Zukunft wird fast der gesamte Zuwachs der Arbeitskräfteressourcen der Altersgruppe zu verdanken sein, die ins arbeitsfähige Alter eintritt. Der Anteil der übrigen Quellen wird unbedeutend sein. Das erklärt sich vor allem durch die wachsende Erschöpfung der Arbeitskräftereserven.

Bis zum Ende der sechziger Jahre gab es in unserem Lande noch beträchtliche Reserven der arbeitsfähigen Bevölkerung: im Haushalt und in der privaten Nebenwirtschaft waren viele Millionen Menschen beschäftigt, vorwiegend Frauen. Ihr Anteil an der Gesamtzahl der Arbeitskräfteressourcen betrug 1960 rund 22 Prozent, er ist heute auf annähernd 8 bis 9 Prozent gesunken. Zwischen 1960 und 1970 verringerte sich die Zahl der im Haushalt und in der privaten Nebenwirtschaft Tätigen fast um 14 Millionen Personen.

Nicht in allen Regionen des Landes kann diese Reserve als voll ausgeschöpft angesehen werden. In einer Anzahl von Regionen ist der Anteil der im Haushalt und in der privaten Nebenwirtschaft Beschäftigten höher als im Durchschnitt in der UdSSR. Teilweise können diese Personen (fast ausschließlich Frauen) in die gesellschaftliche Produktion einbezogen werden, obwohl dies mit bestimmten Schwierigkeiten verbunden ist. Dazu müßte das Netz der Einrichtungen zur Kinderbetreuung wesentlich erweitert, die Arbeit der Dienstleistungssphäre verbessert werden, und es müßten in einer Reihe von Regionen die Zweige stärker entwickelt werden, in denen vorwiegend Frauen arbeiten. In den bevorstehenden drei bis vier Fünfjahrplanzeiträumen (bis1990) kann nach unseren Orientierungsberechnungen der Anteil der im Haushalt und in der persönlichen Wirtschaft Beschäftigten insgesamt um 0,5 bis 1,5 Prozent verringert werden. Das wird es ermöglichen, Hunderttausende von Menschen in die gesellschaftliche Produktion einzubeziehen. Der im Landesdurchschnitt erreichte sehr hohe Beschäftigungsgrad der arbeitsfähigen Bevölkerung in der Volkswirtschaft hat jedoch dazu geführt, daß seine weitere Erhöhung schon keinen wesentlichen Einfluß mehr auf die Erhöhung der Beschäftigtenzahl ausüben kann.

Unter diesen Umständen verdienen bei der Analyse der perspektivischen Prozesse der Bildung der Arbeitskräfteressourcen die Tendenzen der natürlichen Bevölkerungsbewegung besondere Beachtung. Es wurde bereits der negative Einfluß erwähnt, den das in den sechziger Jahren in der UdSSR wie in vielen sozialistischen Ländern einsetzende Absinken der Geburtenziffer auf das Wachstumstempo der Arbeitskräfteressourcen ausübt.[2] Sie sank von 24,9 je 1000 Einwohner im Jahre 1960 auf 17,8 im Jahre 1972. In den Jahren 1960 und 1961 entfielen auf je 1000 Frauen im gebärfähigen Alter (15 bis 49 Jahre) im Durchschnitt 90,6 Neugeborene, in den Jahren 1971 und 1972 nur 67,2.

Seit 1970 ist die Geburtenrate etwas angestiegen. Das ist dadurch zu erklären, daß die Frauen der geburtenstarken Jahrgänge ins gebärfähige Alter eingetreten sind, die Zahl der gebärfähigen Frauen hat sich also erhöht. Dieser Faktor ist jedoch nur zeitweilig wirksam, denn Anfang der achtziger Jahre werden weniger Frauen das gebärfähige Alter erreichen – ein Ergebnis des Rückgangs der Geburtenrate in den sechziger Jahren.

In Richtung eines Rückgangs der Geburtenrate wird sich auch auswirken, daß der Beschäftigtengrad der Frauen in der gesellschaftlichen Produktion nicht abnehmen, sondern etwas zunehmen wird, schon deswegen, weil sich in den letzten elf Jahren die Zahl der Frauen, die eine Fachschul- oder Hochschulausbildung erhalten haben, verdoppelt hat. Im Jahre 1960 waren das 5,2 Millionen Frauen, Anfang 1972 schon 10,5 Millionen. Es läßt sich eine Beziehung zwischen der Erhöhung des von den Frauen erworbenen Bildungsgrades und der Geburtenrate nachweisen. So entfallen zum Beispiel in der RSFSR auf durchschnittlich 1000 Mütter mit Hochschulbildung, nicht abgeschlossener Hochschulbildung oder Fachschulbildung 1550 Kinder, auf 1000 Mütter mit Grundschulbildung dagegen 2182 Kinder.

[2] Dieser Prozeß ist auch in den meisten ökonomisch entwickelten kapitalistischen Ländern zu beobachten.

Viele andere gesetzmäßige Züge der gesellschaftlichen Entwicklung, die direkt oder indirekt negativ auf die Geburtenrate wirken und damit die Tendenz zur Verlangsamung der Zunahme der Arbeitskräfteressourcen bedingen, behandeln wir hier nicht. Wenn wir das Vorhandensein dieser gesetzmäßigen Besonderheiten feststellen, so sind allerdings die beträchtlichen Möglichkeiten zu berücksichtigen, die Geburtenrate in Richtung auf ihre Stabilisierung oder Erhöhung zu beeinflussen, und zwar mit Hilfe einer aktiven Bevölkerungspolitik. Die KPdSU und die Sowjetregierung unternehmen Anstrengungen zur Stimulierung der Geburtenfreudigkeit. So werden zum Beispiel von 1974 an Kinderbeihilfen für Familien eingeführt, in denen das durchschnittliche Pro-Kopf-Einkommen unter 50 Rubel monatlich liegt. Auch wird die Zahl der bezahlten freien Tage erhöht, und die Möglichkeiten zur Betreuung eines erkrankten Kindes werden verbessert werden. Für alle berufstätigen Frauen wird bereits jetzt unabhängig von der Dauer der Berufstätigkeit für die Zeit des Schwangerschaftsurlaubs der volle Lohn gezahlt werden. Das Netz der Einrichtungen zur Kinderbetreuung wird erweitert usw.

Die Bevölkerungsdynamik wird in der Hauptsache durch die Geburtenrate bestimmt. Sie wird jedoch auch von der Sterblichkeitsrate beeinflußt, obwohl dieser Faktor nicht entscheidend ist.

Die Sowjetunion hat die Sterblichkeitsrate der Bevölkerung außerordentlich stark gesenkt. Betrug sie 1940 durchschnittlich 18 auf 1000 Einwohner, so war sie 1950 auf 9,7 und 1972 auf 8,5 je 1000 Einwohner gesunken. Im Vergleich zu 1940 hat sich die Sterblichkeitsrate um mehr als die Hälfte verringert, und die Kindersterblichkeit hat stark abgenommen. Sie lag für die genannten Jahre je 1000 Neugeborene bei 182, dann bei 81 und schließlich bei 24.

Das erreichte Niveau sowohl der allgemeinen als auch der Kindersterblichkeit kann jedoch noch weiter gesenkt werden, ungeachtet der Tatsache, daß die Senkung der allgemeinen Sterblichkeit durch den Alterungsprozeß der Bevölkerung, die Erhöhung der Zahl der Rentner erschwert wird. Von der Existenz von Reserven für die Senkung der Sterblichkeitsrate zeugt insbesondere die Tatsache, daß seit Ende der sechziger Jahre eine gewisse Zunahme der Sterblichkeit unter der Bevölkerung im Alter zwischen 30 und 40 Jahren festzustellen ist. Um diese Tendenz zu überwinden, wird die Arbeit an der systematischen Gesundheitsbetreuung der Werktätigen, zur Durchführung prophylaktischer Maßnahmen und zur Verbesserung der Arbeitsbedingungen sowie des Arbeitschutzes verstärkt.

Da zu den wichtigsten Wandlungen bei der Entwicklung der Arbeitskräfteressourcen die Erhöhung des Anteils der Jugend am Gesamtzuwachs der Arbeitskräfteressourcen gehört, gewinnen die Vervollkommnung der Vorbereitung der Jugend auf die Arbeit, die bessere Eingliederung der

Jugendlichen in die Produktion, die Verbesserung des Systems zur Qualifizierung der Kader und ähnliches an Bedeutung.

Einen wichtigen Platz unter diesen Problemen nimmt das der Senkung der Fluktuation der Jugendlichen ein. Zahlreiche Untersuchungen, die von einer Reihe wissenschaftlicher Organisationen vorgenommen wurden, zeigen, daß die Fluktuation der jungen Kader annähernd doppelt so hoch ist wie die der Arbeiter im Alter von über dreißig Jahren; auf die Jugendlichen entfallen annähernd zwei Drittel aller Fälle von Wechsel der Arbeitsstelle auf eigenen Wunsch. Auch die Motive der Kündigungen sind ermittelt worden. An erster Stelle steht die Unfähigkeit, Arbeit und Lernen miteinander zu verbinden, dann folgen Unzufriedenheit mit dem Beruf, fehlende Aussichten zur Verbesserung der Wohnverhältnisse und anderes. Annähernd jeder zweite der Jugendlichen, der kündigt, wechselt damit auch den Beruf.

Diese Fluktuation ist vor allem darauf zurückzuführen, daß die Jugendlichen nicht die nötige Berufsorientierung erhalten. Die Jungen und Mädchen nehmen die Arbeit in einem Betrieb häufig nach dem Beispiel ihrer Bekannten, auf den Rat der Eltern, auf Grund von Annoncen, wegen der Nähe zum Wohnort usw. auf. Von jeweils 1000 befragten jungen Arbeitern aus Industriebetrieben und derselben Zahl junger Bauarbeiter hatten nur 75 bzw. 105 die Arbeit nach vorheriger Bekanntschaft mit den Arbeitsbedingungen und dem Charakter der Arbeit aufgenommen, 33 bzw. 46 auf den Rat der Kommission für Arbeitsvermittlung und 17 bzw. 32 auf Empfehlung der Schule. Nur ein Sechstel aller Jugendlichen trat nach organisierter und bewußter Vorbereitung in den Arbeitsprozeß ein.

Auf die Verwirklichung der Direktiven des XXIV. Parteitages zur Verbesserung der Ausbildung der Jugend richten sich die Beschlüsse des ZK der KPdSU und des Ministerrates der UdSSR über die Vollendung des Übergangs zur allgemeinen Mittelschulbildung der Jugend und über die weitere Entwicklung der allgemeinbildenden Schule sowie über die Vervollkommnung des Systems der Berufsausbildung.

Der Umfang der Ausbildung qualifizierter Arbeiter in Berufsschulen wird insbesondere in den ländlichen Gegenden erweitert, damit die Jugendlichen in der Regel bereits einen Beruf erlernt haben, ehe sie die Arbeit aufnehmen. Im Verlauf des neunten und zehnten Fünfjahrplans werden alle Heranwachsenden, die die achte Klasse absolviert haben, auf Wunsch in eine Berufsschule eintreten können; die Mehrzahl dieser Berufsschulen wird neben der Berufsbildung auch eine abgeschlossene Mittelschulbildung vermitteln. Das ist außerordentlich wichtig. Berufsschulabsolventen passen sich in der Regel besser in der Produktion an und machen schnellere Fortschritte bei der Arbeit. Nach den Ergebnissen einer Untersuchung unter 2200 Einrichtern von automatischen Linien benötigen zur Erlangung der Lohnstufe VI Absolventen von Berufsschulen 4 Jahre, Arbeiter mit abgeschlossener Mittelschulbildung etwa 9 Jahre, in den Betrieben ausgebildete Arbeiter 11 Jahre und Arbeiter mit siebenjähriger Schulbildung 15 Jahre.

Verstärkt wird die Arbeit zur Berufsorientierung der Schüler, wobei die Interessen der Schüler und der Bedarf der Volkswirtschaft an qualifizierten Kadern berücksichtigt werden, das ist für eine überlegte Berufswahl und eine bessere Anpassung in der Produktion ebenfalls überaus wichtig.

Die veränderten Bedingungen der Herausbildung der Arbeitskräfteressourcen erfordern eine aktivere Nutzung der vorhandenen Reserven. Die bedeutendste dieser Reserven sind die Rentner. Dazu zählen Dutzende Millionen von Menschen. Im Ergebnis der Verringerung der Geburtenrate und der Verlängerung der Lebenserwartung werden sich die Zahl der Rentner und ihr Anteil an der Gesamtbevölkerung vergrößern. Hatten 1959 12 Prozent der Gesamtbevölkerung das arbeitsfähige Alter überschritten (Männer 60 Jahre und älter, Frauen 55 Jahre und älter), so waren es 1972 schon 15 Prozent. Im Jahre 1959 gab es 20 Millionen Rentner (ohne Kolchos-Rentner), 1972 30 Millionen, und nach Überschlagsrechnungen wird es 1990 mindestens 50 Millionen und im Jahre 2000 etwa 80 Millionen Personen im Rentenalter geben. Das Leningrader Institut für die Begutachtung der Arbeitsfähigkeit und die Organisation der Invalidenarbeit hat eine spezielle Untersuchung bei Rentnern durchgeführt. Es zeigte sich, daß sich 27 Prozent der Untersuchten die volle Arbeitsfähigkeit erhalten hatten, bei 42 Prozent wurde eine unbedeutende Verringerung der Arbeitsfähigkeit festgestellt, als begrenzt arbeitsfähig erwiesen sich 13 Prozent, als nicht arbeitsfähig lediglich 18 Prozent. Die Rentner verfügen in ihrer Mehrzahl über gewaltige, in langen Arbeitsjahren gesammelte Produktionserfahrungen. Die Gerontologen bestätigen, daß Rentner, die weiterarbeiten, sich in der Regel besser fühlen und länger leben als solche, die aufgehört haben zu arbeiten. Diese höchst wertvolle Produktivkraft wird absolut unzureichend genutzt. Von den 30 Millionen Rentnern (ohne Kolchos-Rentner) sind nur 6 Millionen in der gesellschaftlichen Produktion tätig, das heißt jeder fünfte (der Anteil der Kolchos-Rentner, die noch in der Kolchosproduktion arbeiten, ist beträchtlich höher).

Die unzureichende Nutzung der Arbeitskraft der Rentner ist insbesondere darauf zurückzuführen, daß die Betriebe keine Initiative zeigen, diese Gruppe der Bevölkerung heranzuziehen (besonders zu Teilzeitarbeit). Wissenschaftliche Empfehlungen, wo und wie man am zweckmäßigsten die Arbeit der Rentner einsetzen kann, fehlen, und die Rentner wissen selbst nur selten, daß sie unter günstigen Bedingungen arbeiten könnten.

Dabei bildet die Nutzung der Arbeitskraft der Rentner nicht nur ein ökonomisches, sondern auch ein wichtiges soziales Problem. In seiner Rede auf dem XXIV. Parteitag der KPdSU betonte L. I. Breshnew: „... wir werden richtig handeln, wenn wir Maßnahmen zu einer aktiveren Nutzung der Erfahrungen und der Energie unserer Veteranen im gesellschaftlichen Leben und in der Arbeit ergreifen".[3] Zu diesen Maßnahmen gehören die im September 1973 vom ZK der KPdSU und vom Ministerrat der UdSSR beschlossenen Vergünstigungen für berufstätige Alters- und Invalidenrentner.

Der Hauptweg zur Nutzung der Arbeitskraft der Rentner wird nach Meinung einer Reihe von Ökonomen die Einführung sogenannter aufgeschobener Renten sein. Das bedeutet, daß Personen, die das Rentenalter erreicht haben, nicht „in Rente gehen" müssen, sondern dieselbe oder eine leichtere Arbeit – bei verkürzter Arbeitszeit – fortsetzen können. Eine Rente wird nicht gezahlt; dafür erhält der Betreffende, wenn er später zu arbeiten aufhört, eine höhere Rente als die, die ihm zu Beginn des Rentenalters zugestanden hätte. Die Höhe der Rente steigt in einem bestimmten Verhältnis zur Dauer der Arbeitstätigkeit und zur Höhe des Lohnes, den der Werktätige während der Arbeit als Rentner erhalten hat. Ein solches Verfahren wird in einer Reihe von Ländern benutzt und zeigt positive Ergebnisse.

Die Erweiterung der Zahl der Berufe und Arbeitsgebiete, in denen zusätzlich zur Rente Lohn gezahlt wird, wird ebenfalls viele Rentner zur Weiterarbeit bewegen.

Weiterhin könnten bei günstigen Bedingungen (Teilzeitarbeit) auch ein Teil der im Tagesstudium stehenden Hoch- und Fachschulstudenten (wobei es sich um mehr als 1 Millionen Arbeitskräfte handelt) sowie Hausfrauen und Personen, die in der persönlichen Nebenwirtschaft tätig sind, zur Arbeit gewonnen werden.

Um die Hausfrauen für die Arbeit in der gesellschaftlichen Produktion zu gewinnen, wird ein ganzer Komplex von Maßnahmen durchgeführt. Da zum Beispiel die Entwicklung von Produktionszweigen beschleunigt wird, in denen in starkem Maße Frauen beschäftigt werden, muß der Bereich der Dienstleistungen für die Bevölkerung erweitert und das Netz der Einrichtungen zur Kinderbetreuung entwickelt werden. Wurde gegen Ende des achten Fünfjahrplanes fast jedes dritte Kind im Alter bis zu sieben Jahren in Vorschuleinrichtungen erzogen (in den Städten fast jedes zweite), so nimmt im laufenden Fünfjahrplan die Zahl der in Vorschuleinrichtungen betreuten Kinder beträchtlich zu. Die Schülerzahl in Ganztagsschulen wird von 5,2 Millionen im Jahre 1970 auf 6,9 Millionen im Jahre 1975 ansteigen.

3 Rechenschaftsbericht des Zentralkomitees der KPdSU an den XXIV. Parteitag der KPdSU, Moskau 1971, S. 102.

Eine allgemeine Voraussetzung für eine breite Heranziehung von Hausfrauen, Rentnern und Studenten zur Arbeit in der gesellschaftlichen Produktion bildet unserer Ansicht nach die Ausdehnung der Teilzeitarbeit sowie die Arbeit in Genossenschaften und die Heimarbeit, bei Stellung von Material und Transportmitteln für die Lieferung des Materials und die Ablieferung der Fertigprodukte.

Der Hauptweg zur besseren Befriedigung des Arbeitskräftebedarfs der Volkswirtschaft ist aber dennoch im Einsatz der Arbeitskräfte zu sehen, wobei die Effektivität der Nutzung der Arbeitskräfteressourcen im wesentlichen durch die Steigerung der Arbeitsproduktivität in der Sphäre der materiellen Produktion und der effektivere Einsatz der Werktätigen in der nichtproduzierenden Sphäre erhöht werden muß.

Die gesellschaftliche Arbeitsproduktivität in der UdSSR wächst schnell. Im siebenten Fünfjahrplan stieg sie durchschnittlich um 5,2 Prozent, im achten Fünfjahrplan um 6,5 Prozent. Diese Wachstumstempi liegen über denen der entwickelten kapitalistischen Länder. Während der letzten drei Fünfjahrplanperioden (1956 bis 1970) ist die gesellschaftliche Arbeitsproduktivität in der UdSSR durchschnittlich um 6,5 Prozent im Jahr gestiegen, in den USA um 2,8 Prozent, in Großbritannien um 2,4 Prozent, in Frankreich um 4,6 Prozent, in der BRD um 4,5 Prozent und in Italien um 5,6 Prozent.

Im laufenden Fünfjahrplan wird sich das Wachstum der gesellschaftlichen Arbeitsproduktivität weiter beschleunigen. Das macht es möglich, das hohe Wachstumstempo des gesellschaftlichen Produkts und des Nationaleinkommens aufrechtzuerhalten.

Von der ökonomischen Bedeutung des Wachstums der Arbeitsproduktivität zeugt die Tatsache, daß im achten Fünfjahrplan dieses Wachstum der Einbeziehung von 25 bis 26 Millionen Menschen in die materielle Produktion entsprach; im neunten Fünfjahrplan soll im Zusammenhang mit der Beschleunigung des Wachstumstempos eine Einsparung erreicht werden, die der Arbeit von mehr als 32 Millionen Menschen entspricht. In der Industrie sollen 87 Prozent des Produktionszuwachses durch die Steigerung der Arbeitsproduktivität erzielt werden, im Bauwesen 97 Prozent und im Eisenbahnwesen sowie in der Landwirtschaft soll der gesamte Produktionszuwachs ohne Vergrößerung der Beschäftigtenzahl erreicht werden.

Die Erhöhung der Effektivität des Einsatzes der Arbeitskräfteressourcen besitzt nicht nur ökonomische, sondern auch soziale Bedeutung. Von ihr hängt das Wachstum des Wohlstandes der Werktätigen ab.

Entsprechend den Beschlüssen des XXIV. Parteitags der KPdSU werden in der UdSSR umfangreiche Maßnahmen getroffen, um die Steigerung der Arbeitsproduktivität zu beschleunigen.

Es wird das bevorzugte Wachstum der Zweige gesichert, die den wissenschaftlich-technischen Fortschritt bestimmen. Es werden prinzipiell neue, produktivere Arbeitsmittel geschaffen (z. B. Maschinen zur komplexen Mechanisierung der wichtigsten Prozesse und automatischen Anlagen mit numerischer Programmsteuerung), neue, ökonomisch günstigere Materialien werden hergestellt, und progressive technologische Verfahren werden eingeführt, die komplexe Mechanisierung und Teilautomatisierung in Industrie, Landwirtschaft, im Bauwesen und im Transportwesen entfaltet sich.

Beim Bau neuer und der Rekonstruktion bestehender Betriebe wird eine vertiefte Spezialisierung angestrebt, werden vorwiegend Werke der teilegebundenen und technologischen Spezialisierung sowie Montagewerke errichtet. Die spezialisierten Kapazitäten zur zentralisierten Reparatur von Ausrüstung werden erweitert.

Auf der Grundlage der Anwendung moderner Mittel der Organisations- und Rechentechnik werden durch die Vervollkommnung der Struktur und der Methoden der Leitung die Prinzipien der wissenschaftlichen Organisation von Arbeit, Produktion und Leitung verwirklicht. Die Überführung der nach der wirtschaftlichen Rechnungsführung arbeitenden Betriebe und Organisationen aller Volkswirtschaftszweige auf das neue System der Planung und materiellen Stimulierung wird abgeschlossen, und es werden Produktionsvereinigungen geschaffen.

Die Methoden der moralischen und materiellen Stimulierung werden vervollkommnet, und es entwickelt sich der sozialistische Wettbewerb um ein hohes Wachstumstempo der Arbeitsproduktivität.

Unter Berücksichtigung der bestehenden Abhängigkeit zwischen dem Wachstum der Arbeitsproduktivität, der Fondsausstattung und der Elektroenergieausstattung ist zu erwarten, daß die Beschleunigung des wissenschaftlich-technischen Fortschritts (neben einer breiteren Nutzung der nicht an Investitionen gebundenen Faktoren) in der nächsten Zukunft die Beschleunigung auch des Wachstumstempos der gesellschaftlichen Arbeitsproduktivität gewährleisten wird – in erster Linie durch ihre Steigerung in der Industrie und in der Landwirtschaft.

Eine wichtige Voraussetzung für die effektivere Nutzung der Arbeitskräfteressourcen ist die zwischenzweigliche, territoriale und innerzweigliche Umverteilung der eingesetzten Arbeitskräfte. Eine solche Umverteilung, insbesondere die innerzweigliche, ist vor allem nötig, um die vorhandenen inneren Arbeitskraftreserven in der Produktion zu erschließen. Diese Reserven haben sich in den letzten Jahren im Ergebnis der Wirtschaftsreform verringert, sind aber noch nicht ausgeschöpft. Die ökonomische Interessiertheit der Betriebe an der Verringerung der Zahl der Arbeitskräfte ist noch äußerst gering. Die Erfahrungen jener Betriebe und Organisationen, die nach der Methode von Stschokino arbeiten, zeigen jedoch, daß es möglich ist, die Zahl der Arbeitskräfte annähernd um 10 bis 15 Prozent zu senken.

Wenn man die perspektivischen Veränderungen beim Einsatz der Arbeitskräfteressourcen betrachtet, dann muß auf die Wandlungen in der Verteilung des Zustroms der neuen Arbeitskräfte auf die Sphären der gesellschaftlichen Produktion eingegangen werden. Zu den wichtigsten progressiven Veränderungen gehört das Wachstum des Anteils der nichtproduzierenden Sphäre am Gesamtzuwachs der Zahl der Berufstätigen.

Im Jahre 1950 waren in der nichtproduzierenden Sphäre 13,8 Prozent aller Berufstätigen beschäftigt, 1960 bereits 17 Prozent und 1972 23,2 Prozent. Betrachtet man die letzten zwanzig Jahre, so hat sich das Wachstumstempo der nichtproduzierenden Sphäre im zweiten Jahrzehnt gegenüber dem ersten annähernd verdoppelt. Im laufenden Fünfjahrplan wird bei einem Gesamtzuwachs der Beschäftigtenzahl in der Volkswirtschaft um 8,4 Prozent der Zuwachs der Beschäftigtenzahl in den nichtproduzierenden Zweigen 19,2 Prozent, der Beschäftigtenzuwachs in der materiellen Produktion 5,2 Prozent betragen. Auch in Zukunft wird die Beschäftigtenzahl in den Zweigen der nichtproduzierenden Sphäre schneller als in der materiellen Produktion zunehmen; ihr Anteil an der Gesamtzahl der Berufstätigen in der Volkswirtschaft wird im Verlauf der nächsten 3 bis 4 Fünfjahrpläne mindestens ein Drittel erreichen.

Die Beschäftigtenzahl in der materiellen Produktion wird sinken auf Kosten der Landwirtschaft bei Vergrößerung der Zahl und des Anteils der Beschäftigten in den anderen Zweigen der materiellen Produktion, insbesondere im Handel, dem Gaststättenwesen, der materiell-technischen Versorgung und Erfassung, im Transport- und Nachrichtenwesen, im Bauwesen sowie – wenn auch in geringem Umfang – in der Industrie.

Eine wichtige Richtung der zwischenzweiglichen Umverteilung der Arbeitskräfte war und bleibt die Umsetzung der ländlichen Bevölkerung in die Städte, die im Zusammenhang mit dem wissenschaftlich-technischen Fortschritt und dem Wachstum der Effektivität der landwirtschaftlichen Produktion frei wird. Zwischen den beiden Volkszählungen von 1959 und 1970 sind 16,4 Millionen Bürger in die Städte umgezogen, durchschnittlich 1,5 Millionen pro Jahr. In den letzten Jahren (nach der Volkszählung) ist ebenfalls eine gewisse Verstärkung des Abflusses der Landbevölkerung festzustellen.

Trotzdem hat sich die Landbevölkerung von 1960 bis 1973 nur um 6,3 Millionen verringert, da die Abwanderung in erheblichem Umfang durch den natürlichen Bevölkerungszuwachs der Landbevölkerung kompensiert wurde. Der Anteil der Landbevölkerung an der Gesamtzahl der Bevölkerung sank von 51 Prozent auf 41 Prozent.

Vergleicht man den Anteil der Landbevölkerung an der Gesamtbevölkerung in der UdSSR und in den ökonomisch entwickelten kapitalistischen Ländern, so ist er in der UdSSR beträchtlich höher. In der BRD macht die Landbevölkerung 19 Prozent aus, in Schweden 23 Prozent, in Kanada 26 Prozent, in den USA 27 Prozent, in Japan 28 Prozent und in Frankreich 30 Prozent.

Aus diesem Vergleich kann jedoch nicht unbedingt auf ein Überangebot an Arbeitskräften in der Landwirtschaft der UdSSR geschlossen werden. In einer Anzahl ländlicher Gebiete herrscht sogar Knappheit an Arbeitskräften. Das trifft in erster Linie auf die östlichen Gebiete zu, aber auch in einer Anzahl zentraler Kreise ist eine solche Knappheit zu spüren. Sie erklärt sich vor allem durch die Abwanderung der jüngeren Menschen und die Alterung der Bevölkerung.

Die Abwanderung der Jugend aus der Landwirtschaft trifft auf ausnahmslos alle Unionsrepubliken zu, selbst auf die mittelasiatischen Republiken. Hier hat zwar der Anteil der im arbeitsfähigen Alter befindlichen Personen an der Gesamtzahl der Landbevölkerung zugenommen, zurückgegangen ist jedoch der Anteil derjenigen, die zwischen 20 und 29 Jahren alt sind. In den meisten Republiken, besonders dort, wo die jüngeren Jahrgänge besonders stark abgenommen haben, hat sich das zahlenmäßige Verhältnis der Geschlechter negativ verändert, da die Abwanderung von Mädchen stärker als die von Jungen ist.

Wir heben besonders die Altersgruppen von 20 bis 24 Jahren hervor, weil sich auf ihre Dynamik in der Regel die Einberufung in die Armee nicht auswirkt und auch der Rückgang der Geburtenziffer sich darin nicht niederschlägt. In den Dörfern der UdSSR gab es 1959 auf je 1000 Einwohner 87 im Alter von 20 bis 24 Jahren, 1970 waren es 49; für die Altersgruppen von 25 bis 29 Jahren sowie von 30 bis 34 Jahren betrugen die entsprechenden Zahlen 80 und 42 sowie 80 und 74. Besonders stark ist der Abfluß der Jugend in den Dörfern der RSFSR, der Ukraine, Belorußlands, Armeniens und Aserbaidshans.

In den meisten Kolchosen der RSFSR liegt das Durchschnittsalter der in der gesellschaftlichen Produktion Beschäftigten über 40 Jahre, und der Anteil der noch arbeitenden Kolchosrentner ist sehr hoch. Dabei wandert der qualifizierteste Teil der Jugend in die Städte ab, vor allem Mechanisatoren sowie die ländliche Intelligenz – Lehrer, Ärzte und Agronomen. Im Jahre 1965 arbeiteten in der Landwirtschaft etwa 3,1 Millionen Mechaniker, von 1966 bis 1972 wurden 6,7 Millionen Mechanisatoren für die Landwirtschaft ausgebildet, das heißt fast 2,2mal mehr als bis dahin bereits in der Landwirtschaft tätig waren. Trotzdem betrug die Zahl der Mechanisatoren in den Dörfern Anfang 1973 nur 3,6 Millionen. Sie war nur um 500000 gestiegen, das heißt um 7,5 Prozent der Zahl der Ausgebildeten.

Selbst wenn man berücksichtigt, daß die neuausgebildeten Mechanisatoren auch den natürlichen Verlust ausgeglichen haben, so bleibt der Zuwachs der Gesamtzahl doch zu gering. Es ist klar, daß ein beträchtlicher Teil der Mechanisatoren in die Städte abgewandert ist – auf die Baustellen, in das Transportwesen, in die Industrie und in andere Zweige der Volkswirtschaft.

Die Verringerung des Anteils der Jugend, die in der Landwirtschaft arbeitet, wirkt sich negativ auf das Wachstumstempo der Arbeitsproduktivität derselben aus, trotz der erheblichen Verbesserung der technischen Ausrüstung dieses Zweiges. Unserer Ansicht nach liegt hier die Ursache für das immer noch sehr beträchtliche Zurückbleiben der Landwirtschaft der UdSSR im Niveau der Arbeitsproduktivität gegenüber der Landwirtschaft der USA, obwohl sich im Niveau der Mechanisierung und des Einsatzes von Mineraldünger in der Landwirtschaft eine Annäherung vollzieht. Wie in der Tabelle 36 gezeigt wird, hat sich in den USA in den letzten 10 Jahren der Anteil der Landbevölkerung im Alter von 20 bis 34 Jahren nur unbedeutend, in der UdSSR dagegen sehr beträchtlich vermindert (wir nehmen an, daß die Bevölkerungsstruktur etwa der Struktur der in der landwirtschaftlichen Produktion Beschäftigten entspricht).

Tabelle 36

Die Altersstruktur der Landbevölkerung der UdSSR und der USA (in Prozent zur Gesamtbevölkerung)

Alter	UdSSR 1959	USA 1960	UdSSR 1970	USA 1970
20–24 Jahre	8,7	4,9	4,9	5,2
25–29 Jahre	8,0	9,3	4,7	7,9
30–34 Jahre	8,0	11,5	7,3	10,9
Insgesamt im Alter von 20 bis 34 Jahren	24,7	25,7	16,9	24,0

Beim Vergleich der Arbeitsproduktivität in der Landwirtschaft der UdSSR und der USA muß freilich berücksichtigt werden, daß die klimatischen Bedingungen in der UdSSR ungünstiger sind. Die wichtigsten landwirtschaftlichen Nutzflächen der USA liegen in der gemäßigt warmen und in der subtropischen Zone, selbst in den trockensten Gebieten fallen jährlich 400 bis 700 mm Niederschläge. In der UdSSR liegt die Hauptmasse der Ackerfläche im Steppengebiet, Waldgebiet, Tundragebiet und im Wüstenstreifen des gemäßigten und des arktischen Klimas, und ein beträchtlicher Teil des Ackerlandes wird häufig von Dürre heimgesucht.

Es wäre aber falsch anzunehmen, daß die Möglichkeiten zur Umsetzung von Dorfbewohnern in die Städte, zur Verringerung der Beschäftigtenzahl in der Landwirtschaft erschöpft seien. Sie sind zweifellos vorhanden, wenngleich sie bedeutend kleiner geworden sind. Das kann man aus einer Reihe von Tatsachen schließen. Wenn wir die Zahl der von den Kolchosbauern geleisteten Arbeitseinheiten betrachten, so sehen wir, daß die Unterschiede hier außerordentlich groß sind. So beträgt zum Beispiel in der RSFSR die minimale Belastung 800 Stunden im Jahr (Wolga-Wjatka-Rayon), die maximale mehr als das Dreifache, nämlich 2500 Stunden (Fernöstlicher Rayon). Nach den Berechnungen der Agrarökonomen gibt es in der RSFSR 30 territoriale Verwaltungseinheiten, in denen Arbeitskräftemangel herrscht, während in 22 Einheiten Überfluß an Arbeitskräften besteht.

Im Ganzen wird deshalb die Wanderung aus dem Dorf in die Stadt andauern, sie muß jedoch in höherem Maße reguliert werden – die Übersiedlung muß aus jenen Gebieten, in denen noch Reserven bestehen, in jene Gebiete gelenkt werden, in denen Arbeitskräfte gebraucht werden.

Entsprechend den Beschlüssen des XXIV. Parteitages der KPdSU werden in der UdSSR umfangreiche Maßnahmen zur Verbesserung der Bilanz und Struktur der Arbeitskräfteressourcen auf dem Lande durchgeführt. Dazu gehören die immer umfassendere Mechanisierung der Landwirtschaft und die Einführung von industriemäßigen Methoden in die landwirtschaftliche Produktion, wodurch nicht nur der Arbeitskräftebedarf herabgesetzt, sondern die Arbeit in der Landwirtschaft auch für junge Leute anziehender wird. Die Arbeitsbedingungen der Mechanisatoren werden verbessert (Anhebung der Tarifsätze, Gewährung von Zusatzurlaub, Verbesserung der Wohnbedingungen sowie der sozialen und kulturellen Betreuung). Zur Senkung der Zahl der abwandernden Lehrer und Ärzte trägt bei, daß ihnen seit Herbst 1972 höhere Gehälter als in der Stadt gezahlt werden.

Große Bedeutung besitzt in diesem Zusammenhang die Verwirklichung des Beschlusses des ZK der KPdSU und des Ministerrates der UdSSR „Über Maßnahmen zur weiteren Verbesserung der Arbeitsbedingungen der ländlichen allgemeinbildenden Schule“. Darin ist unter anderem die Schaffung von Unterrichtskabinetten und Werkstätten in allen ländlichen Schulen vorgesehen.

Die Annäherung des Lebensniveaus der Stadt- und der Landbevölkerung ist gewährleistet. Die Einkünfte der Kolchosbauern wachsen schneller als die Löhne und Gehälter der Arbeiter und Angestellten in der Stadt, der Verkauf von Waren des täglichen Bedarfs auf dem Lande wird beschleunigt erweitert, die kulturelle und soziale Betreuung wird entwickelt, das Aussehen der Dörfer wird verbessert, auch die Verkehrsverbindungen wurden ausgebaut, der Wegebau wird vorangetrieben, und kleine Dörfer werden umgesiedelt und größere gebildet.

Damit wird sich die Versorgung der Landwirtschaft mit Arbeitskräften mit günstiger Alters- und Qualifikationsstruktur künftig wesentlich verbessern. Natürlich bedeutet dies nicht, daß die Wirkung der progressiven Tendenz zur Verringerung der Beschäftigtenzahl in diesem Zweig unterbunden wird. Im Jahre 1950 arbeiteten in der Landwirtschaft der UdSSR 30,9 Millionen Menschen, zu Beginn des laufenden Fünfjahrplanes

26,8 Millionen, und am Ende des Fünfjahrplanes werden es etwa 26,0 Millionen sein. Berechnungen zufolge kann erwartet werden, daß sich bis Anfang der neunziger Jahre der Anteil der in diesem Zweig Beschäftigten an der Gesamtzahl der Berufstätigen auf etwa die Hälfte verringert haben wird.[4]

Ein wesentlicher Weg zur effektiveren Nutzung der Arbeitskräfteressourcen ist die Regulierung der Migration zwischen den Unionsrepubliken und innerhalb derselben.

In den Jahren der Sowjetmacht hat sich die Standortverteilung der Bevölkerung verbessert. Der Anteil der mittelasiatischen und der transkaukasischen Republiken sowie Kasachstans an der Gesamtbevölkerung des Landes ist gestiegen, In der RSFSR wird die Besiedlung der östlichen und nördlichen Gebiete fortgesetzt. Und dennoch ist dieses Problem noch nicht gelöst. Die territoriale Verteilung der Arbeitskräfteressourcen entspricht nicht den Erfordernissen einer rationellen Standortverteilung der Produktivkräfte.

Zum Beispiel befinden sich in den östlichen Gebieten gewaltige natürliche Ressourcen. Die Entwicklungstempi der Volkswirtschaft in diesen Gebieten sind außerordentlich hoch. Im laufenden Fünfjahrplan ist etwa ein Drittel aller Investitionen für diese Gebiete vorgesehen. Über drei Viertel des Zuwachses der Brennstoffgewinnung, in erster Linie Erdöl und Erdgas, kommen aus diesen Gebieten, die Produktion von Elektroenergie entwickelt sich hier am schnellsten (drei Fünftel der Kapazität aller Wasserkraftwerke, die in der Fünfjahrplanperiode in Betrieb genommen werden, sind hier konzentriert). Die Industrieproduktion, die in der UdSSR insgesamt im Verlauf des neunten Fünfjahrplanes um 47 Prozent zunehmen wird, wird in den östlichen Gebieten um 58 Prozent wachsen.

Natürlich steigt auch der Arbeitskräftebedarf. In Westsibirien sind in den fünfziger Jahren überaus reiche Erdöl- und Gasvorkommen entdeckt worden. Dieses Gebiet wird zur Hauptbrennstoffbasis des Landes. Es soll schon im laufenden Fünfjahrplan mehr Brennstoff als das Donbass-Gebiet liefern. Und im Verlauf des zehnten Fünfjahrplans wird sich die Förderung minde-

[4] Nach offiziellen statistischen Angaben waren 1971 in der Land- und Forstwirtschaft der UdSSR 26 Prozent aller Berufstätigen beschäftigt, in den USA 8 Prozent (6,5 Millionen Personen). Der Anteil der in diesem Zweig Beschäftigten an der Gesamtbeschäftigtenzahl ist in den USA jedoch nicht nur infolge der höheren Arbeitsproduktivität geringer, sondern auch deshalb, weil ein Teil der Arbeiten, die bei uns von den Kolchosen und Sowchosen vorgenommen werden (Trocknung und Reinigung des Getreides, Futterproduktion für das Vieh, Reparatur von Maschinen, Ausrüstungen und Bauten und einige andere Arbeiten), in den USA von spezialisierten Betrieben anderer Zweige ausgeführt werden.

stens verdoppeln. Es liegt auf der Hand, daß der Arbeitskräftebedarf durch die in diesem Gebiet lebende Bevölkerung nicht gedeckt werden kann. In den Gebieten Omsk und Tomsk, in denen die Hauptvorkommen liegen, lebten 1959 nur 2,2 Millionen Menschen. 1972 waren es über 2,6 Millionen. Dieser Zuwachs wurde in beträchtlichem Maße durch Zuwanderung erreicht.

Von 1926 bis 1972 hat die Bevölkerung der östlichen Gebiete um das 2,3-fache zugenommen, während die Bevölkerung der RSFSR (zu der die östlichen Gebiete gehören) um 41 Prozent und die Bevölkerung der UdSSR insgesamt um 66 Prozent wuchs.

Überschlagsrechnungen zufolge müssen im Verlauf des neunten und des zehnten Fünfjahrplanes 1 Million Menschen in die östlichen Gebiete umgesiedelt werden (ohne Berücksichtigung der Rückwanderung).

Die Migration ist ein Prozeß, der die Bevölkerung verjüngt, die Geburtenfreudigkeit erhöht und die demographische Situation verbessert. In den vergangenen Jahrzehnten war in den östlichen Gebieten, wohin die Zuwanderung erfolgte, die Geburtenrate höher als in der RSFSR, auch der natürliche Bevölkerungszuwachs war höher. Er betrug 1971 im Durchschnitt der RSFSR 6,4 Personen auf 1000 Einwohner, in Westsibirien 7,2, in Ostsibirien 10,2 und im Fernen Osten 11,1 Personen.

In den letzten Jahren zeigten sich jedoch ungünstige Tendenzen – der Bevölkerungszuwachs in den östlichen Gebieten begann hinter dem durchschnittlichen Zuwachstempo der Gesamtbevölkerung zurückzubleiben. Dadurch wurde das Wachstumstempo der Bevölkerungszahl dieser Gebiete verlangsamt. Die Bevölkerung der UdSSR nahm von 1959 bis 1972 fast um 18 Prozent zu; in Westsibirien betrug der Zuwachs 7 Prozent, in Ostsibirien 17 Prozent, und nur im Fernen Osten lag er mit 25 Prozent über dem Durchschnitt der Sowjetunion. Im Ergebnis ist der Anteil der Bevölkerung Westsibiriens an der Gesamtbevölkerung der UdSSR in diesen Jahren von 5,4 Prozent auf 4,9 Prozent gesunken, der Anteil Ostsibiriens blieb unverändert, und der Anteil des Fernen Ostens wuchs kaum merklich von 2 Prozent auf 2,4 Prozent. In Sibirien und im Fernen Osten leben insgesamt 26 Millionen Menschen oder etwas mehr als ein Zehntel der Gesamtbevölkerung der UdSSR.

Die Verlangsamung des Besiedlungstempos der östlichen Gebiete ist die Folge ungünstiger Migrationsströme. Von 1959 bis 1971 haben Sibirien annähernd 1 Million Menschen mehr verlassen als zugewandert sind. Es wandern nicht nur die Neusiedler ab, sondern auch ein Teil der eingesessenen Bevölkerung. In Westsibirien zum Beispiel ist der Abfluß größer als der natürliche Bevölkerungszuwachs.

Eine solche Bevölkerungsbewegung entspricht zweifellos nicht der ökonomisch notwendigen. Insbesondere mindert sie den Grad der Nutzung der Arbeitskräfteressourcen. Soziologische Untersuchungen zeigen, daß jeder, der in die östlichen Gebiete übersiedelt oder aus ihnen abwandert, im Durchschnitt 20 bis 37 Tage nicht arbeitet.

Die Direktiven des XXIV. Parteitages der KPdSU sehen eine Anzahl bedeutender ökonomischer Maßnahmen vor, die einen weiteren Zufluß der Bevölkerung in die östlichen und neu erschlossenen Gebiete und die Erhöhung ihrer Seßhaftigkeit sichern sollen. Der Arbeitslohn wird dort durch die Festlegung von Zuschlägen erhöht, wo solche Zuschläge zum Lohn der Arbeiter und Angestellten noch nicht bestehen. In einigen Produktionszweigen einer Anzahl von Rayons des Fernen Ostens und Ostsibiriens werden die Zuschläge erhöht. Mit Erhöhung des Minimallohns wird in diesem Fünfjahrplan in den nördlichen und östlichen Gebieten begonnen. Die Verwirklichung aller Maßnahmen zur Erhöhung des Lebensniveaus der Bevölkerung wird ebenfalls zuerst in den östlichen Gebieten beginnen. In beschleunigtem Tempo werden sich der Wohnungsbau und der Bau von sozialen und kulturellen Einrichtungen entwickeln. Zweifellos werden alle diese Maßnahmen dazu beitragen, den Besiedlungsgrad der östlichen Gebiete zu erhöhen. Im Jahre 1971 übertraf die Zahl der in die städtischen Siedlungen Westsibiriens Zuwandernden die Zahl der Abwanderer um 70000, in Ostsibirien um 63000.

In der Perspektive wird die Bevölkerungszahl in den östlichen und den neuerschlossenen Gebieten infolge der konsequent durchgeführten ökonomischen Maßnahmen des Staates schneller zunehmen.

Die Maßnahmen zur Stimulierung des Bevölkerungswachstums in den östlichen und neuerschlossenen Gebieten besitzen nicht nur ökonomische, sondern auch weitgehende soziale Bedeutung. Sie werden zur Normalisierung der Alters- und Geschlechtsstruktur der Bevölkerung, zur Erhöhung der Geburtenrate und zur beschleunigten Erhöhung des Lebensniveaus in diesen Gebieten beitragen.

Die territorialen Probleme der Arbeitskräfteressourcen beschränken sich nicht auf die Umverteilung der Arbeitskräfte. Es werden Maßnahmen getroffen, um das Wachstum der Großstädte aufzuhalten und die Nutzung der Arbeitskräfteressourcen der kleineren Städte und Arbeitersiedlungen zu verbessern, wobei die Aufgaben einer rationellen Einbeziehung in die gesellschaftliche Produktion nicht nur der Männer, sondern auch der Frauen usw. berücksichtigt werden.

Die wachsende Beachtung, die in der UdSSR den Problemen der Arbeitskräfteressourcen geschenkt wird, sowie die Erweiterung der Maßstäbe und die Erhöhung der Wirksamkeit der auf diesem Gebiet durchgeführten Maßnahmen spielen eine wichtige Rolle bei der Beschleunigung der sozialökonomischen Entwicklung der Sowjetunion.

KAPITEL X

Einige Fragen der Nutzung der Arbeitskräfteressourcen der UdSSR unter den Bedingungen der Intensivierung der Wirtschaftstätigkeit

Mittelpunkt der langfristigen Planung der Wirtschaft der UdSSR sowohl für die nächsten Jahre als auch für die fernere Perspektive ist die Erhöhung der Effektivität der gesellschaftlichen Produktion zum Zwecke der Hebung des Wohlstandes der Werktätigen.

Notwendige Bedingung und Mittel für die erfolgreiche Lösung dieser Aufgabe ist die Intensivierung des Wirtschaftswachstums. Sie schafft vielfältige Möglichkeiten zur Erhöhung der Effektivität der gesellschaftlichen Produktion durch die Mobilisierung aller Faktoren einer rationelleren Nutzung der Ressourcen an lebendiger und vergegenständlichter Arbeit in der Sphäre der materiellen Produktion und in den nichtproduzierenden Zweigen.

Die Auswahl der Richtungen der Intensivierung der Produktion wird bestimmt durch den konkreten Inhalt der sozialökonomischen Aufgaben, die in den verschiedenen Etappen des sozialistischen Aufbaus vor der Gesellschaft stehen, und hängt vom Entwicklungsniveau der Produktivkräfte, von der Struktur der Volkswirtschaft und den Tendenzen des wissenschaftlich-technischen Fortschritts ab.

Ein spezifisches Charakteristikum der gegenwärtigen Entwicklungsetappe der sowjetischen Wirtschaft ist der komplexe Charakter der Intensivierung der Produktion auf der Grundlage der Mobilisierung der Gesamtheit der Intensivierungsfaktoren des Wirtschaftswachstums und aller der Gesellschaft zur Verfügung stehenden Produktionsreserven.

Die Erhöhung des Beschäftigtengrades der Bevölkerung in der gesellschaftlichen Produktion bildete lange Jahre einen der wichtigsten Faktoren für das Wachstum des Nationaleinkommens in der UdSSR. Durch die Vergrößerung der Beschäftigtenzahl in der Industrie wurden in den Jahren des ersten Fünfjahrplans 49 Prozent des Gesamtzuwachses der Industrieproduktion erzielt, im zweiten Fünfjahrplan 21 Prozent, während der Kriegsjahre und im vierten Fünfjahrplan 31 Prozent, im siebenten Fünfjahrplan 38 Prozent und im abgelaufenen Fünfjahrplan 27 Prozent.

Die verstärkte Bedeutung der intensiven Faktoren in der Entwicklung der sozialistischen Wirtschaft hängt wesentlich mit der zu verzeichnenden Verringerung der Möglichkeiten zusammen, für die Erweiterung der Produktion den extensiven Faktor der Vergrößerung der Beschäftigtenzahl in der Sphäre der materiellen Produktion zu nutzen.

Mit der Erreichung eines außerordentlich hohen Niveaus der Teilnahme der arbeitsfähigen Bevölkerung an der gesellschaftlichen Produktion, das 1970 etwa 91 bis 92 Prozent betrug (ohne Berücksichtigung einzelner Gruppen von Saisonarbeitern, die nicht das ganze Jahr über beschäftigt sind), sowie mit dem beschleunigten Wachstum der Beschäftigtenzahl in den Zweigen der nichtproduzierenden Sphäre begannen die Möglichkeiten abzunehmen, zusätzliche Arbeiter und Angestellte für die Zweige der materiellen Produktion zu gewinnen. Das kann einen bremsenden Einfluß auf das weitere Wachstumstempo der sozialistischen Wirtschaft ausüben. Damit verstärkt sich die Notwendigkeit der umfassenderen Nutzung der intensiven Faktoren der Wirtschaftsentwicklung, um den zuerst genannten Einfluß zu neutralisieren.

Eine andere wichtige Besonderheit der gegenwärtigen Entwicklungsetappe der sozialistischen Wirtschaft ist die Notwendigkeit, den aktiven Einfluß des Faktors Arbeitsvermögen auf Tempo und Proportionen der gesellschaftlichen Reproduktion und die Rolle des Arbeitsvermögens als der Hauptproduktivkraft der Gesellschaft vollständiger zu berücksichtigen, von deren rationeller Nutzung letzten Endes das Tempo des ökonomischen Wachstums, die Effektivität der gesellschaftlichen Produktion und die Anhebung des Wohlstandes des Volkes abhängen. Das bedeutet, daß die gegenwärtige Etappe neue Anforderungen an die Nutzung der Arbeitskräfteressourcen der Gesellschaft stellt und viele neue Gesichtspunkte für die Aufgaben und den Charakter der Lenkung der Arbeitskräfte mit sich bringt.

Kennzeichnend für die Nutzung der Arbeitskräfteressourcen der UdSSR war bis in die letzte Zeit die Verbindung eines hohen Wachstumstempos der Beschäftigtenzahl mit einer kontinuierlichen Erhöhung der Effektivität des Aufwands an lebendiger Arbeit, wobei die Effektivität schneller stieg als die Zahl der Arbeitskräfte, die in der gesellschaftlichen Produktion arbeiteten. Die wichtigste Aufgabe des Sowjetstaates auf dem Gebiet der Nutzung der Arbeitskräfteressourcen bestand während dieser Jahre darin, ein optimales Verhältnis zwischen dem Wachstumstempo der Beschäftigtenzahl und der Erhöhung der Effektivität des Aufwands an lebendiger Arbeit auf der Grundlage der Erhöhung ihrer Produktivität aufrechtzuerhalten, ein solches Verhältnis zu gewährleisten, das es ermöglichte, gleichzeitig zwei überaus wichtige volkswirtschaftliche Probleme zu lösen, ständig die Effektivität der sozialistischen Produktion zu erhöhen und jeden Arbeitswilligen mit Arbeit zu versorgen.

In der gegenwärtigen Etappe nimmt die Bedeutung der Erhöhung der Effektivität der lebendigen Arbeit als des entscheidenden Faktors für die Vergrößerung des Nationaleinkommens deutlich zu. In diesem Zusammenhang wird besonders konzentriert nach Wegen und Methoden gesucht, die die Effektivität des Einsatzes der Werktätigen in der gesellschaftlichen Produktion erhöhen. Das Problem der Vervollkommnung der Nutzung der Arbeitskräfteressourcen wird immer mehr zum Problem der Erhöhung der Effektivität und Produktivität der Werktätigen.[1]

Die Produktivität der Arbeit der Werktätigen in der gesellschaftlichen Produktion hängt vor allem von der existierenden Beschäftigungsstruktur, von der Verteilung der Werktätigen zwischen der Sphäre der materiellen Produktion und der nichtproduzierenden Sphäre, zwischen den Zweigen der beiden Sphären sowie von dem Wirkungsgrad jedes Werktätigen in jeder dieser Sphären und Wirtschaftszweige ab. Eine wesentliche Erhöhung der Produktivität der lebendigen Arbeit kann deshalb nur auf der Grundlage der zielgerichteten, konsequenten Lösung eines weiten Kreises von Fragen erzielt werden; dazu gehören in erster Linie die Optimierung der Beschäftigtenstruktur der Gesamtarbeitskraft und die verbesserte Nutzung der Arbeitszeit der Werktätigen an jedem Arbeitsplatz.

Für die Optimierung der bestehenden Beschäftigungsstruktur ist es einerseits erforderlich, die Proportionen der Zweige und die territoriale Verteilung der Arbeitskräfte auf die Territorien des Landes progressiv zu verändern, und andererseits, die bestehenden Proportionen in der Verteilung der Werktätigen auf die Hauptproduktion und die Hilfsproduktion zu verändern, den Anteil der manuellen Arbeit zu verringern sowie die Qualifikationsstruktur der Werktätigen zu verbessern. Dies alles macht die Durchführung eines Komplexes von Maßnahmen nötig, um die verbesserte Nutzung der Arbeitskräfte, das reibungslose Funktionieren des ökonomischen Mechanismus für die Einsparung und Umverteilung der Arbeitskräfteressourcen in der Volkswirtschaft sowie die weitere Vervollkommnung aller Elemente des Systems der Ausbildung und Umschulung von qualifizierten Arbeitern und Fachkräften zu gewährleisten.

Die wissenschaftlich begründete Politik auf dem Gebiet der Herstellung einer rationellen Struktur der Berufstätigkeit bildet in allen Etappen des sozialistischen Aufbaus ein wichtiges Element der volkswirtschaftlichen Leitung und Planung und ist eng mit der Planung der Veränderungen in der materiell-stofflichen Struktur der Produktion verbunden. Die ständige Vervollkommnung der Struktur der Volkswirtschaft der UdSSR ist die Grundlage für die tiefgreifenden Veränderungen in der Zweigstruktur der Berufstätigkeit der Bevölkerung (s. Tabelle 37) und stellt einen wichtigen Faktor des verbesserten Einsatzes der Arbeitskräfteressourcen des Landes dar.

[1] Natürlich bleibt es weiter notwendig, die das arbeitsfähige Alter erreichenden Jugendlichen sowie die Personen, die im Haushalt und in der privaten Nebenwirtschaft beschäftigt sind und an der gesellschaftlich organisierten Arbeit teilnehmen möchten, mit Arbeit zu versorgen (allein im Verlauf des gegenwärtigen Fünfjahrplans sind mindestens 10 Millionen Personen in die gesellschaftliche Produktion einzubeziehen).

Tabelle 37

Struktur der berufstätigen Bevölkerung nach Zweigen für die Volkswirtschaft der UdSSR von 1913 bis 1971

	1913	1928	1937	1940	1950	1960	1970
Beschäftigte in der Volkswirtschaft insgesamt	100	100	100	100	100	100	100
davon							
Industrie und Bauwesen	9	8	24	23	27	32	37
Land- und Forstwirtschaft (einschließlich privater Nebenwirtschaft)	75	80	56	54	48	39	26
Transport- und Nachrichtenwesen	2	2	5	5	5	7	8
Handel, Gaststätten, Erfassung, materiell-technische Versorgung und Absatz	9	3	4	5	5	6	7
Volksbildung, Gesundheitswesen, Wissenschaft und wissenschaftliche Dienstleistung, Kunst, Sport, soziale Fürsorge	1	2	5	6	8	11	16
Leitungsapparat, Kredit- und Versicherungsinstitutionen	4	5	3	3	2	2	2
Sonstige Zweige der Volkswirtschaft (Wohnungs- und Kommunalwirtschaft, Dienstleistungen für die Bevölkerung u. a.)			3	4	4	3	4

Quelle: Narodnoe chozjajstvo SSSR 1922–1972 gg, Moskau 1972, S. 343; Trud v SSSR, Moskau 1968, S. 20.

Die Vervollkommnung der Beschäftigungsstruktur, besonders in den Zweigen der materiellen Produktion, hat eine wesentliche Rolle bei der Steigerung der Arbeitsproduktivität und dem Wachstum des Nationaleinkommens gespielt. Nach Einschätzung sowjetischer Ökonomen ist auf diesen Faktor mindestens ein Zehntel des Gesamtzuwachses der Arbeitsproduktivität in der Sphäre der materiellen Produktion in den Jahren 1951 bis 1970 zurückzuführen.

Die Erhöhung der Effektivität des Einsatzes der Werktätigen der materiellen Produktion wird insbesondere deutlich, wenn man die Dynamik des Anteils der Beschäftigten in der materiellen Produktion mit der Dynamik des Nationaleinkommens vergleicht (Tabelle 38).

Allein von 1960 bis 1970 hat der Anteil der Beschäftigten in der materiellen Produktion an der Gesamtzahl der Beschäftigten um 5,6 Prozent abgenommen. Die Verdoppelung des produzierten Nationaleinkommens in diesen Jahren wurde bei einer Vergrößerung der absoluten Zahl der Berufs-

Tabelle 38

Die Veränderung des Anteils der Beschäftigten in der materiellen Produktion an der Gesamtzahl der Berufstätigen und das Wachstumstempo des Nationaleinkommens in der UdSSR

	1913	1940	1950	1960	1970
Anteil der Beschäftigten in der materiellen Produktion (in Prozent der Gesamtzahl der Berufstätigen in der Volkswirtschaft)	95,0	88,3	86,2	83,0	77,4
Wachstum des Nationaleinkommens (in Prozent zu 1913)	100	535	877	2327	4635

Quelle: Norodnoe chozjajstvo SSSR 1922–1972 gg, Moskau 1972, S. 344, 359.

tätigen um nur 11,4 Prozent erzielt, daß heißt mit einem Vorlaufkoeffizienten von 8,7.

Eine der Hauptreserven für die weitere Erhöhung der Effektivität des Einsatzes der Arbeitskräfteressourcen in der Sphäre der materiellen Produktion ist die Verbesserung der Struktur der Verteilung der in ihr arbeitenden Werktätigen auf die einzelnen Produktionszweige. Der Einfluß der Zweigstruktur der Berufstätigkeit auf die Effektivität des Aufwands an gesellschaftlicher Arbeit gründet sich auf das Vorhandensein recht beträchtlicher Unterschiede in der Produktivität zwischen den einzelnen Zweigen. Das wird deutlich, wenn man den Anteil der einzelnen Zweige an der Gesamtzahl der Werktätigen in der materiellen Produktion mit ihrem Anteil an der Produktion von Nationaleinkommen sowie die Größe des produzierten Nationaleinkommens je Werktätigen in den verschiedenen Zweigen vergleicht (s. Tabelle 39).

Tabelle 39

Struktur der Berufstätigkeit in der Sphäre der materiellen Produktion und Struktur des Nationaleinkommens 1970

Wirtschaftsbereiche	Zweigstruktur (in Prozent) der Werktätigen in der materiellen Produktion	des Nationaleinkommens	Nationaleinkommen je Beschäftigten (in 1000 Rubel)
Materielle Produktion	100,0	100,0	3,2
davon:			
Industrie	37,6	51,2	4,7
Bauwesen	10,5	10,3	3,2
Landwirtschaft	34,8	21,8	2,2
Transport- u. Nachrichtenwesen	8,0	5,4	1,7
Handel, Gaststättenwesen, materiell-technische Versorgung, Erfassung	9,1	11,3	4,0

Wie die angeführten Zahlen zeigen, sind im Hinblick auf die Schaffung des Nationaleinkommens die Industrie, das Bauwesen und der Handel am effektivsten. Die Strukturveränderung zugunsten dieser Zweige, die in den letzten 20 Jahren erfolgt ist, bildete einen der Faktoren für die Erhöhung der Effektivität des Arbeitsaufwands in der materiellen Produktion insgesamt.

In den Jahren 1950 bis 1970 erfolgte eine erhebliche Vergrößerung der Beschäftigtenzahlen in der Industrie (von 31,8 Prozent auf 48,1 Prozent). Auch die Beschäftigtenzahl im Handel und im Transportwesen stiegen, vor allem in Zweigen, die dem Absatz der Produktion und der besseren Befriedigung der Bedürfnisse der Bevölkerung dienen (von 13,6 auf 17,1 Prozent). Es kam in diesen Jahren zu einer intensiven Neuverteilung der Arbeitskräfte zwischen der Landwirtschaft und den nichtlandwirtschaftlichen Zweigen, und zwar zugunsten der letzteren. Der Anteil der Berufstätigen in der Landwirtschaft an der Gesamtzahl der Werktätigen in der materiellen Produktion sank von 54,6 auf 34,6 Prozent. Die Landwirtschaft bildete in dieser Periode eine wichtige Quelle für die Befriedigung des Arbeitskräftebedarfs der anderen Zweige der materiellen Produktion. Allein in den Jahren 1959 bis 1970 kam fast die Hälfte des Arbeitskräftezuwachses in den nichtlandwirtschaftlichen Zweigen der materiellen Produktion aus der arbeitsfähigen Landbevölkerung. Diese Umverteilung der Werktätigen aus den ländlichen Gegenden zugunsten der anderen Zweige ermöglichte es zugleich, das Wachstumstempo der Beschäftigtenzahl für die materielle Produktion insgesamt wesentlich zu verlangsamen und erweiterte die Möglichkeiten für ein beschleunigtes Wachstum der Beschäftigtenzahl in den Zweigen der nichtproduzierenden Sphäre. Die Zweigstruktur der Berufstätigkeit wird auch weiterhin beschleunigt vervollkommnet werden.

Erhebliche Reserven für die Erhöhung der Effektivität der gesellschaftlichen Arbeit existieren auch in anderen Richtungen der Strukturveränderung bei der Nutzung der Arbeitskräfte. Eine solche Richtung ist vor allem die Erhöhung des Mechanisierungsgrades der Arbeit. Der Anteil der manuelle Arbeit leistenden Werktätigen (ohne Arbeiter zur Reparatur und zum Einrichten von Ausrüstungen) betrug 1969 in der Industrie der UdSSR 46 Prozent aller Beschäftigten. Ein großer Teil dieser Beschäftigten besitzt nur ein niedriges Qualifikationsniveau, und ihre Arbeit ist wenig produktiv. Darum wird in der UdSSR in ständig zunehmendem Umfang an der konsequenten Verringerung der Anwendung von manueller, körperlich schwerer und wenig qualifizierter Arbeit, an der Aufdeckung innerbetrieblicher Arbeitskräftereserven auf dieser Grundlage und an der Umverteilung solcher Arbeitskräfte in der Volkswirtschaft gearbeitet. Die materielle Grundlage für die Lösung dieser Aufgaben ist die ständige

Erhöhung des technischen Niveaus der Produktion, die komplexe Mechanisierung arbeitsintensiver Produktionsprozesse in der Haupt- und Nebenproduktion sowie die Beschleunigung des Ersatzes der veralteten technischen Mittel durch neue, vollkommenere und hochproduktive Arbeitsmittel.

Bis heute ist ein zu langsamer Ersatz der alten, wenig produktiven technischen Mittel durch neue Arten von Werkzeugmaschinen und Anlagen zu beobachten. Das macht es erforderlich, eine große Zahl von Arbeitern dazu abzustellen, die veraltete, wenig effektive Technik zu bedienen und arbeitsfähig zu halten.[2] So waren zum Beispiel im Jahre 1969 allein in den Industriebetrieben 2,8 Millionen Arbeiter (oder 13 Prozent der Gesamtzahl der Arbeiter) damit beschäftigt, Ausrüstung für eigene Zwecke zu reparieren (nicht gerechnet die 303000 Werktätigen, die analoge Arbeiten in spezialisierten Reparaturbetrieben ausführten). Eine derart umfangreiche Beschäftigung der Arbeiter mit der Reparatur von Ausrüstung kann als ein Kennzeichen dafür gelten, daß der Gesamtaufwand an gesellschaftlicher Arbeit nicht effektiv genug verteilt wird.

Folgende Maßnahmen werden es ermöglichen, den Prozeß der Einsparung von Arbeitskraft in jenen Zweigen und Produktionsbereichen zu intensivieren, wo der Einsatz der neuen Technik unter dem Aspekt der Einsparung von lebendiger Arbeit den größten Nutzen bringt (vor allem in der Schwarz- und Buntmetallurgie, dem Erzbergbau, bei der Kohleförderung, der Holzbeschaffung, bei den Transport- und Verladearbeiten, in der Textilindustrie, der Nahrungsgüterindustrie, in arbeitsaufwendigen und körperlich anstrengenden Produktionsbereichen des Bauwesens, in der Landwirtschaft usw.): die Umstrukturierung des Akkumulationsfonds in der UdSSR (die Erhöhung des Anteils der Akkumulation von Produktionsfonds von 9 Prozent im Jahre 1970 auf 11 Prozent im Jahre 1975); die Vergrößerung des Volumens der Investitionen für die Erweiterung, Rekonstruktion und Erneuerung der Ausrüstung der bestehenden Betriebe (auf 61,3 Prozent des Gesamtvolumens der Investitionen für Produktionszwecke); die Beschleunigung der Erneuerung des aktiven Teils der Fonds –

[2] Die statistischen Angaben zeigen, daß in den letzten 5 Jahren die Aussonderung veralteter Produktionsgrundfonds in den Zweigen der materiellen Produktion jährlich 1,6 bis 2,4 Prozent ihres Wertes nicht überschritten hat, darunter in der Industrie 1,8 bis 3,0 Prozent. Die Aufwendungen für den Ersatz von Produktionsfonds, die wegen ihres Alters oder Verschleißes ausgesondert wurden, waren bis in die letzte Zeit zu niedrig. Sie betrugen in der Industrie etwa 14 Prozent der gesamten Bruttoinvestitionen. Die Aufwendungen für Generalreparaturen der Grundfonds, die angesichts des Organisationsniveaus der Reparaturproduktion und der Mechanisierung der Reparaturarbeiten sehr arbeitsintensiv sind, machten dagegen 21 Prozent der Bruttoinvestitionen aus.

der Maschinen und Anlagen; das vorrangige Wachstum der Produktion von Arbeitswerkzeugen auf der Grundlage der beschleunigten Entwicklung des Maschinenbaus; die bedeutende Erweiterung der Produktion von hochproduktiver Ausrüstung sowie Mitteln der Automatisierung und Mechanisierung, besonders für schwere und arbeitsaufwendige Tätigkeiten.

Allein im Kohlebergbau sollen im laufenden Fünfjahrplan 20 Prozent der Arbeitskräfte eingespart werden. Es wird zu einer weiteren Verringerung der Beschäftigtenzahl in der Landwirtschaft und in einer Reihe anderer Zweige kommen. Das alles wird es möglich machen, das Wachstumstempo der Beschäftigtenzahl in der materiellen Produktion insgesamt zu verlangsamen. Die Berechnungen zeigen, daß das für die Jahre des Fünfjahrplans vorgesehene Wachstum der Arbeitsproduktivität (39 Prozent in der Industrie, 38 Prozent in der gesellschaftlichen Landwirtschaft, 37 Prozent im Bauwesen usw.) die Möglichkeit schaffen wird, bei Erfüllung der Planaufgaben zur Steigerung des Produktionsvolumens den zusätzlichen Arbeitskräftebedarf der Zweige der materiellen Produktion auf 4,7 Millionen Menschen zu reduzieren, das heißt auf einen Umfang, der durch den natürlichen Zuwachs der arbeitsfähigen Bevölkerung vollauf gedeckt werden kann. Dadurch wird es auch möglich sein, mindestens 5 Millionen Arbeitskräfte für die Zweige der nichtproduzierenden Sphäre bereitzustellen.

Das durchschnittliche jährliche Wachstumstempo der Arbeitsproduktivität wird im laufenden Fünfjahrplan gegenüber dem abgelaufenen beschleunigt (in der Industrie von 5,8 Prozent auf 6,8 Prozent, im Bauwesen von 4,1 Prozent auf 6,5 Prozent usw.). Die neue beträchtliche Erhöhung der Produktivität des Einsatzes der Werktätigen in der Sphäre der materiellen Produktion wird konkreten Ausdruck in der Senkung des Arbeitsaufwands je Erzeugnis- bzw. Leistungseinheit bringen.

Der intensive Charakter der gegenwärtigen Wirtschaftsentwicklung, der die Möglichkeiten zur Erhöhung der Produktivität der Arbeit der Werktätigen und zur Einsparung von Arbeitszeit vergrößert, erfordert ernsthafte Veränderungen in den Verfahren und im Mechanismus dieser Einsparung. Die Verwirklichung des geplanten Programms zur Erhöhung des technischen Ausrüstungsgrades der Produktion wird zu einer beträchtlichen Zunahme der Fondsausstattung der Arbeit, zur Verringerung des Arbeitskräftebedarfs in einzelnen Bereichen der Produktion und zur Verstärkung der Prozesse der Freisetzung und Umverteilung der Arbeitskräfte in der Volkswirtschaft des Landes führen.

Das Wachstum der Fondsausstattung der Arbeit, insbesondere des aktiven Teils der Fonds – der Produktionsausrüstung –, und die Verringerung der Zahl der Werktätigen je 100 000 Rubel Fonds gehören zu den stabilen Gesetzmäßigkeiten des wissenschaftlich-technischen Fortschritts, die sich in allen Zweigen der materiellen Produktion selbst innerhalb eines relativ kurzen Zeitraums (5–10 Jahre) deutlich ausprägen werden.

Die Berechnungen zeigen, daß sich zum Beispiel die Fondsausstattung in der Industrie in den 10 Jahren, die dem neunten Fünfjahrplan vorangingen, um das 1,7fache vergrößert hat und im laufenden Fünfjahrplan noch einmal um 39 Prozent zunehmen wird. Im selben Jahrzehnt sank die Zahl der Werktätigen je 100000 Rubel des aktiven Teils der Produktionsfonds von 45 auf 25. Wenn der technische Ausstattungsgrad der Arbeit auf dem Stand von 1960 stehengeblieben wäre, dann wären zur Inbetriebnahme der in diesen Jahren gewachsenen Produktionsfonds allein im Bereich der Elektroenergetik 380000 zusätzliche Arbeitskräfte erforderlich gewesen, in der Schwarzmetallurgie 900000 und in der chemischen und petrochemischen Industrie über eine Million.

Was die Freisetzung von Arbeitskräften in einzelnen Produktionsbereichen angeht, die eine der Formen zur Realisierung der Einsparung von lebendiger Arbeit darstellt, so hat dieser Prozeß bis in die letzte Zeit keinen so unbedingten Charakter besessen wie die Einsparung, die sich in der Senkung der Beschäftigtenzahl je 100000 Rubel Produktionsgrundfonds oder je eine Million gesellschaftliches Gesamtprodukt ausdrückt. Infolge der historisch entstandenen Verhältnisse zwischen den Wachstumstempi des Produktionsvolumens und der Arbeitsproduktivität in den Zweigen der materiellen Produktion hat die Freisetzung von Arbeitskraft in der UdSSR lange Zeit keine stabile Quelle für die Befriedigung des Arbeitskräftebedarfs der neuen Betriebe und Organisationen gebildet. Die in einzelnen Produktionsbereichen freigesetzten Werktätigen wurden meistens im selben Betrieb weiter eingesetzt (auf freigewordenen oder neugeschaffenen Arbeitsplätzen). Infolgedessen planen die meisten Betriebe bis heute die zu erwartende Zahl eingesparter Arbeitskräfte nicht und lösen die Frage der Arbeitsvermittlung entsprechend der Notwendigkeit entweder selbständig oder gemeinsam mit den bevollmächtigten örtlichen Organen für den Einsatz der Arbeitskräfteressourcen oder den Vertretern der örtlichen Staatsorgane.

In der Volkswirtschaft sind noch immer zwei entgegengesetzte Erscheinungen zu beobachten: der Mangel an Arbeitskräften und das Vorhandensein bedeutender Arbeitskräftereserven in beinahe jedem Betrieb und jeder Organisation. Von solchen Reserven zeugen vor allem die erheblichen Arbeitszeitverluste innerhalb einer Schicht.[3]

[3] Nach Einschätzung sowjetischer Fachleute betragen die Arbeitszeitverluste innerhalb einer Schicht in der Industrie und im Bauwesen des Landes 15 bis 20 Prozent der Schichtzeit, was der Arbeitszeit von 4 Millionen Arbeitern entspricht (vgl. V. G. Kostakov, Proizvodstvo i ljudi, Moskau 1971, S. 19).

Während die Volkswirtschaft also ein Arbeitskräftedefizit verzeichnet, das in einzelnen Jahren 1 bis 1,5 Prozent der geplanten Zahl der Arbeiter und Angestellten beträgt, besteht weiter die Situation, daß die Betriebe über erhebliche innere Arbeitskraftreserven verfügen.

Bei der Intensivierung der Entwicklung der sowjetischen Wirtschaft in der gegenwärtigen Etappe werden zu den zentralen Problemen bei der Nutzung der Arbeitskräfteressourcen in den nächsten Jahren jene Fragen gehören, die mit der Freisetzung und Umverteilung der Werktätigen, mit der Einrichtung eines Mechanismus zur Leitung dieser Prozesse auf allen Ebenen sowie mit der besseren Organisation der Umschulung und Arbeitsvermittlung der Bürger verbunden sind.

Die Notwendigkeit, Arbeitskräfte für neue Arbeitsplätze einzusparen, wird in den nächsten Jahren merklich zunehmen, da sich die Möglichkeiten für den Zufluß von Arbeitskräften in die Zweige der materiellen Produktion verringern. Bereits im laufenden Fünfjahrplan wird eine große Anzahl von neuen Betrieben die Arbeit aufnehmen, darunter auch in Gebieten, in denen große Knappheit an Arbeitskräften herrscht. Die schnelle Inbetriebnahme der projektierten Kapazitäten der neuen Betriebe und die Gewährleistung der vollständigen und effektiven Nutzung der modernen Anlagen setzen voraus, daß in diesen Betrieben nicht nur junge Arbeitskräfte, die ihre Ausbildung gerade abgeschlossen haben, sondern auch hochqualifizierte Facharbeiter arbeiten. Die Verstärkung der Prozesse der Freisetzung von Arbeitskräften in den bestehenden Betrieben erleichtert die Lösung dieser Aufgabe.

Eine Aktivierung der Prozesse der Freisetzung und Umverteilung der Arbeitskräfte ist auch erforderlich, um ein so überaus wichtiges soziales Problem zu lösen, wie es die Beseitigung der körperlich schweren und gesundheitsschädlichen Arbeit, der wenig anziehenden und gesundheitsschädlichen Tätigkeiten und Berufe ist. Die Praxis zeigt, daß es mit der Anhebung des Niveaus der Allgemeinbildung der Arbeiter sowie der Zunahme ihrer materiellen und geistigen Bedürfnisse immer schwieriger wird, Produktionsbereiche und Arbeitsplätze mit schweren und gesundheitsschädlichen Arbeitsbedingungen mit Arbeitskräften zu besetzen. Hier ist die Bindung der Arbeitskräfte an die Arbeitsplätze am geringsten und ihre Fluktuation ist sehr hoch, da die Werktätigen mit ihren Berufen und Arbeitsbedingungen unzufrieden sind (mit schwerer, ermüdender, eintöniger Arbeit, Arbeit in warmen Hallen und unter freiem Himmel).

Die Beschleunigung der Mechanisierung und Automatisierung in Bereichen mit schweren und gesundheitsschädlichen Arbeitsbedingungen und damit die Freisetzung der hier beschäftigten Arbeitskräfte und ihr Einsatz in anderen Produktionsbereichen wird dazu beitragen, die noch bestehenden Elemente sozialökonomischer Ungleichheit zwischen den

Mitgliedern der sozialistischen Gesellschaft zu überwinden, die vorhandenen Widersprüche zwischen den Interessen der Gesellschaft und denen der Einzelperson aufzuheben, die sich aus der Notwendigkeit der Arbeit an Schwere und Schädlichkeit ungleichwertigen Arbeitsplätzen ergeben, und die Produktivität der gesellschaftlichen Arbeit insgesamt zu heben.

Das alles bedeutet, daß es unter den gegenwärtigen Bedingungen außerordentlich wichtig wird, in den Betrieben ökonomisch günstige Bedingungen und das nötige psychologische Klima dafür zu schaffen, daß die Freisetzung und Umverteilung von Arbeitskräften zu normalen Prozessen werden, denen die Formen der Wirtschaftsleitung in den nächsten Jahren angepaßt werden müssen. Dazu ist vor allem die Erhöhung der Interessiertheit der Produktionskollektive an der besseren Nutzung der vorhandenen Arbeitskräfte, an der Produktionssteigerung bei geringerer Zahl von Arbeitskräften, die Erhöhung der Interessiertheit der Werktätigen am Wachstum der Arbeitsproduktivität und der Einsparung von Arbeitszeit zu rechnen.

Im Verlauf der Wirtschaftsreform stellte sich heraus, daß die ursprünglich beschlossenen Richtlinien für die Bildung der Fonds zur ökonomischen Stimulierung der Kollektive – in Abhängigkeit von den Kennziffern des Volumens der realisierten Produktion und der Rentabilitätsrate – die Betriebe nicht wirksam genug zur Einsparung lebendiger Arbeit und zur besseren Nutzung der Arbeitskräfte durch Mobilisierung aller verborgenen Reserven stimulierte. So erreichten die Arbeitskräftereserven in der Industrie und im Bauwesen, die mit der unvollständigen und unrationellen Nutzung der Arbeitszeit zusammenhängen, in den letzten Jahren eine Größe, die der Hälfte des für den Fünfjahrplanzeitraum erwarteten Gesamtzuwachses der Beschäftigtenzahl in der Sphäre der materiellen Produktion entspricht. Die Erschließung dieser Reserve wird es ermöglichen, der Volkswirtschaft eine beträchtliche Zahl von Werktätigen für die Bedienung neuer Arbeitsplätze zur Verfügung zu stellen.

In den letzten Jahren ist viel dafür getan worden, die Formen und Methoden der ökonomischen Stimulierung der Minimierung des Aufwands an lebendiger Arbeit sowie des effektiveren Einsatzes der Arbeitskräfte im Interesse der Steigerung der Arbeitsproduktivität sowie der Effektivität der Produktion zu vervollkommnen. Man kann heute bereits von großen positiven Resultaten der geleisteten Arbeit sprechen. Eine große Gruppe von Betrieben arbeitet nach dem Beispiel des Chemiekombinats von Stschokino. Es wurde die Möglichkeit geschaffen, daß auch die anderen Betriebe zur Arbeit nach diesem Beispiel übergehen (beim Vorhandensein bestätigter Normative für die Zahl der Arbeitskräfte, des Produktionsplans und des Finanzplans für das laufende Jahr sowie der Planaufgaben hinsichtlich der wichtigsten Kennziffern für die Jahre 1971 bis 1975). Um die Interessiertheit der Betriebe an der Einsparung von lebendiger Arbeit zu erhöhen, ist beschlossen worden, im laufenden Fünfjahrplan die fondsbildende Kennziffer „Zuwachs des Volumens der realisierten Produktion (oder des Gewinns)“ durch die Kennziffer „Zuwachs des Volumens der realisierten Produktion (des Gewinns) durch Steigerung der Arbeitsproduktivität“ zu ersetzen. Damit wurde die Berechnung von Stimulierungsnormativen auf stabiler Basis – vom Lohnfonds des Jahres 1970 ausgehend – sowie die Anwendung differenzierter Stimulierungsnormative gewährleistet. Dies bewirkte die Vergrößerung des Volumens der realisierten Produktion durch Steigerung der Arbeitsproduktivität und schränkte die Vergrößerung des Volumens der realisierten Produktion durch Erhöhung der Beschäftigtenzahl ein.

Die Verwirklichung des erwähnten Programms von Maßnahmen erhöht das Interesse der Betriebe an der Verbesserung der Organisation der Arbeit und der Produktion, an der Verbreitung fortschrittlicher Arbeitsmethoden, an der Durchführung der Kleinmechanisierung bei arbeitsintensiven Hilfsarbeiten sowie an der Ausstattung geeigneter Arbeitsplätze mit Mitteln der Organisationstechnik. Auf diese Weise werden günstige Voraussetzungen dafür geschaffen, lebendige Arbeit einzusparen, die Freisetzung von Arbeitskräften für die Bedürfnisse der Volkswirtschaft zu beschleunigen und das Produktionsvolumen bei verminderter Beschäftigtenzahl zu erhöhen.

Mit der Ausdehnung des Prozesses der Einsparung von Arbeitskräften und seiner Verwandlung in eine zunehmend beständiger werdende Quelle zur Deckung des Arbeitskräftebedarfs einzelner Betriebe (insbesondere neuer) zur Bedienung neuer Arbeitsplätze wächst die Bedeutung der planmäßigen Organisation der Prozesse der Umverteilung, der Umschulung und der Arbeitsvermittlung von Werktätigen.

Die Leitung der Prozesse der Verteilung und des Einsatzes der Arbeitskräfteressourcen im staatlichen Rahmen ist in den letzten Jahren bedeutend vollkommener geworden. In den Vordergrund rückten die Aufgaben der planmäßigen Organisation der Umverteilung der Arbeitskräfte, besonders im Maßstab der Städte und Gebiete (bei einer gewissen Verringerung der Rolle der planmäßigen Organisation der Umverteilung der Werktätigen zwischen den Territorien)[4].

[4] Gemeint ist eine gewisse Abnahme des Umfangs der Bevölkerungswanderung, soweit sie auf Grund der organisierten Werbung und gesellschaftlicher Aufrufe erfolgt. Im Jahre 1970 betrug die Zahl der Werktätigen, die durch die organisierte Arbeitskräftewerbung in der RSFSR umgesetzt worden sind, nur 72 Prozent des Standes von 1961. In den letzten 5 Jahren hat auch die Zahl der Werktätigen abgenommen, die auf der Grundlage gesellschaftlicher Aufrufe in Betriebe und auf Baustellen der UdSSR delegiert worden sind.

Die Erhöhung der Planmäßigkeit bei der Leitung der Umsetzung von Werktätigen hängt zusammen mit der 1967 erfolgten Gründung von Staatlichen Komitees für den Einsatz der Arbeitskräfteressourcen bei den Ministerräten der Unionsrepubliken sowie mit der erfolgreichen Entwicklung der Dienste für Arbeitsvermittlung und Information, die ein verzweigtes Netz von örtlichen Organen besitzen. Allein in der RSFSR hat sich die Zahl der Neueinstellungen in Betrieben und Organisationen, die durch diese Dienste vermittelt wurden, von 1968 bis 1971 um das 2,5fache erhöht. Freilich ist die neue Form der Umverteilung der Kader bisher noch wenig mit dem Prozeß der Freisetzung von Arbeitskräften verbunden, sondern mehr der Aufgabe untergeordnet, negativen Folgen der Fluktuation auf dem Territorium der Stadt oder des Gebietes vorzubeugen. Der Anteil entlassener Werktätiger an der Zahl der Eingestellten überschreitet nicht 5 Prozent. Mit der Erweiterung des Prozesses der Freisetzung von Arbeitskräften können die Dienste für Arbeitsvermittlung und Information jedoch auch die Arbeitsvermittlung dieser Werktätigen mit Erfolg gewährleisten.

Die Entstehung der neuen Organisationsform für die Umsetzung von Werktätigen war auf neue Tendenzen in der Bewegung der Arbeitskräfte im letzten Jahrzehnt zurückzuführen. Die Analyse der statistischen Angaben über die Bevölkerungsbewegung der städtischen Bevölkerung der UdSSR in den Jahren 1960 bis 1971 zeigt einen beträchtlichen Rückgang der Migration zwischen den Unionsrepubliken und der Migration zwischen den Verwaltungsgebieten, dafür hat die Migration innerhalb der Verwaltungsgebiete zugenommen. Entfiel 1960 nur die Hälfte des Bevölkerungszuwachses der Städte in der RSFSR auf die Migration innerhalb der Verwaltungsgebiete, so betrug dieser Anteil im Jahre 1971 84 Prozent.

Diese Tendenz ist durch eine Reihe von Umständen objektiv bedingt. Sie hängt einerseits zusammen mit der Erhöhung des Beschäftigtengrades der arbeitsfähigen Bevölkerung, mit der Verringerung der Quellen für die Versorgung der Betriebe mit Arbeitskräften und dem wachsenden Kaderbedarf der Betriebe, mit der darauf zurückzuführenden größeren Möglichkeit der Wahl des Arbeitsplatzes auf dem Territorium der Stadt (bzw. des Verwaltungsgebietes), mit der Verstärkung des volkswirtschaftlichen und kollektiven Interesses an der Verstärkung der Effektivität der Nutzung der örtlichen Arbeitskräfteressourcen sowie an der Vergrößerung des Anteils der organisierten Versorgung der Betriebe und Baustellen mit Arbeitskräften.

Andererseits ist sie das Ergebnis des etwas gesunkenen Interesses der Werktätigen an einem Wechsel des Wohnsitzes und einer Übersiedlung in neu zu erschließende Gebiete, und zwar im Zusammenhang mit der Erhöhung des Lebensniveaus der Bevölkerung sowie der merklichen Verbesserung der Arbeits- und Entlohnungsbedingungen in den besiedelten Gebieten des Landes.

Das alles konnte nicht ohne Auswirkungen auf die Richtungen der Bevölkerungsbewegung, das heißt auf die Kennziffern für die Intensität der Migrationsprozesse bleiben. Die Analyse der statistischen Angaben über die Bevölkerungsbewegung in der UdSSR in den Jahren 1960 bis 1971 zeigt hinsichtlich des Umfangs der in bzw. aus städtischen Siedlungen Zugewanderten bzw. Abgewanderten (nach Unionsrepubliken) eine stabile Tendenz zur Verringerung der Intensität der Migration im letzten Jahrzehnt (s. Tabelle 40).

Bei aller Unterschiedlichkeit der Stärke der Migration in den verschiedenen Unionsrepubliken wird ein für alle gemeinsames Charakteristikum deutlich sichtbar – die Verringerung der Intensität der Bevölkerungswanderung innerhalb des betrachteten Zeitraums. Besonders stark zurückgegangen ist die Intensität der Migration im asiatischen Teil der UdSSR, in der Kasachischen, der Turkmenischen, der Kirgisischen, der Tadshikischen und der Usbekischen Unionsrepublik sowie in den östlichen Wirtschaftsregionen der RSFSR (im Fernen Osten, in Ostsibirien und in Westsibirien).

Die erwähnte Verringerung des Umfangs der organisierten territorialen Umverteilung der Werktätigen ist also eng verbunden mit der beobachteten Abnahme der allgemeinen Intensität der Bevölkerungswanderung und mit der Erhöhung der Planmäßigkeit bei der örtlichen Versorgung der Betriebe und Baustellen mit Arbeitskräften. Unter diesen Bedingungen erweisen sich die traditionellen Organisationsformen und ökonomischen Stimulierungsmethoden der Bevölkerungswanderung in Gebiete, die industriell erschlossen werden und deren Betriebe mit Arbeitskräften versorgt werden müssen, als nicht wirksam genug. Nicht effektiv genug sind beim heutigen Lebensstandard der Bevölkerung auch die vor langen Jahren entstandenen Ausmaße der materiellen Sicherstellung und der Vergünstigungen, die die Werktätigen bei der Übersiedlung zum neuen Arbeitsort erhalten. In diesem Zusammenhang werden in der UdSSR neue Maßnahmen getroffen, um die zugewanderte Bevölkerung in diesen Gebieten seßhaft zu machen und in diesen Gebieten auf der Grundlage der zweiten Generation der Zugewanderten eigene Kader zu entwickeln. Im einzelnen wird besonders der komplexen Entwicklung der Wirtschaft in solchen Gebieten Beachtung geschenkt, und zwar der Entwicklung nicht nur der profilbestimmenden Zweige, in denen vorwiegend die männlichen Arbeitskräfte gebracht werden, sondern auch der Zweige der Leichtindustrie, Nahrungsgüterindustrie und der Dienstleistungssphäre, in denen größere Möglichkeiten bestehen, Frauen im arbeitsfähigen Alter zu beschäftigen. Dies ist deswegen wichtig, weil, wie die Praxis gezeigt hat,

Tabelle 40

Kennziffern für die Intensität der Migration hinsichtlich der städtischen Siedlungen der UdSSR und der Unionsrepubliken in den Jahren 1960 und 1971 (Anzahl der Zu- und Abwanderungen je 1000 Stadtbewohner)

Jahre	UdSSR	RSFSR	Ukrain. SSR	Beloruss. SSR	Usbek. SSR	Kasach. SSR	Georg. SSR	Aserbaids. SSR	Litauische SSR	Moldauische SSR	Lett. SSR	Kirgis. SSR	Tadshik. SSR	Armen. SSR	Turkmen. SSR	Estn. SSR
1960	150	152	147	141	119	239	66	81	120	151	139	215	150	60	177	140
1971	127	133	123	136	91	159	44	66	119	144	111	162	109	43	115	129
Differenz	−23	−19	−24	−5	−28	−80	−22	−15	−1	−7	−28	−53	−41	−17	−62	−11

die hohe Entlohnung der Werktätigen in den führenden Zweigen Sibiriens und des Fernen Ostens nicht die Verluste in den Geldeinnahmen der Familien ausgleichen kann, die sich aus den beschränkten Möglichkeiten der Teilnahme der Frauen an der gesellschaftlichen Produktion ergeben.

Die im Zusammenhang mit der Intensivierung der Produktion zu erwartende Aktivierung der Prozesse der Freisetzung und Neuverteilung der Werktätigen stellt neue Aufgaben auf dem Gebiet der Vervollkommnung der Formen und Methoden zur Umverteilung der Werktätigen zwischen den Rayons und innerhalb der Rayons. Vor allem ergibt sich die Notwendigkeit einer weiteren Breitenentwicklung des Dienstes für Arbeitsvermittlung und Information sowie der Ausarbeitung von Prinzipien und der Festigung der auf der wirtschaftlichen Rechnungsführung beruhenden Beziehungen zwischen den Büros für Arbeitsvermittlung und Information einerseits und den Betrieben andererseits. Große Bedeutung für die Lösung dieser Aufgabe gewinnt die Verbesserung der Planung hinsichtlich der Zahl der freigesetzten Kader durch alle Betriebe und Organisationen. Sie ist sowohl erforderlich zur Klärung der Möglichkeiten der Betriebe, die Beschäftigung der eingesparten Arbeitskräfte selbst zu gewährleisten, als auch zur Ermittlung der Zahl der Personen, denen Arbeit in anderen Betrieben vermittelt werden muß. Das ist außerordentlich wichtig, um insbesondere die regionalen Dienste, die sich mit der Arbeitsvermittlung der Bevölkerung in den Orten befassen, rechtzeitig mit den erforderlichen Informationen zu versehen.

Besondere Bedeutung gewinnt die Frage der Ausarbeitung spezieller normativer Festlegungen, die den freigesetzten Werktätigen bestimmte Vorrechte bei der Arbeitsvermittlung durch die entsprechenden Organe gegenüber den Personen sichern sollten, die die Arbeitsstelle auf eigenen Wunsch wechseln. Wichtig ist ferner, den Umfang der materiellen Sicherstellung der Werktätigen während der Zeit der Umschulung und des Arbeitsplatzwechsels festzulegen und über die Schaffung eines besonderen Systems von Vergünstigungen nachzudenken, um die Verluste auszugleichen, die Arbeitern entstehen, die infolge von technischen und organisatorischen Maßnahmen die Arbeitsstelle wechseln müssen.

Viel muß auch noch getan werden, um die planmäßige Organisation der Umsetzung der Werktätigen zwischen den Unionsrepubliken und zwischen den Rayons zu vervollkommnen. Der Umfang der organisierten territorialen Umverteilung der Arbeitskräfte zugunsten der Gebiete, die industriell neu erschlossen werden und geringe Arbeitskräfteressourcen haben, muß in den nächsten Jahren wesentlich ausgedehnt werden; wobei zu berücksichtigen ist, daß die Vergrößerung des ökonomischen Potentials des europäischen Nordens und der östlichen Regionen des Landes ebenso wie die weitere Vervollkommnung der Standortverteilung der Produktivkräfte und der territorialen Struktur der Produktion von großer Bedeutung für die Entwicklung der Volkswirtschaft sind.

Eine große Rolle bei der Aktivierung der territorialen Umverteilung der Arbeitskräfte wird die Vollendung des im Aufbau befindlichen einheitlichen Informationssystems über den Arbeitskräftebedarf der Betriebe und Baustellen spielen. Dieses System, das sich auf Fernschreibverbindungen gründet, wird die einzelnen Unionsrepubliken, die Regionen und die Gebiete erfassen. Solche Informationssysteme werden es ermöglichen, die Fragen der Arbeitskräfteversorgung der wichtigsten Produktionsobjekte in allen Gebieten des Landes, und vor allem in den Gebieten Westsibiriens und des Fernen Ostens, operativ zu lösen.

In der gegenwärtigen Entwicklungsetappe der Wirtschaft der UdSSR wird also an der Lösung eines ganzen Komplexes wichtiger Aufgaben auf dem Gebiet der weiteren Vervollkommnung der Nutzung der Arbeitskräfteressourcen gearbeitet.

KAPITEL XI

Wege zu einer effektiveren Nutzung der Arbeitskräfteressourcen in der ČSSR

Der XIV. Parteitag der Kommunistischen Partei der ČSSR hat die Bedeutung einer dynamischen und effektiven Entwicklung der Volkswirtschaft als der Bedingung für die immer vollständigere Befriedigung der materiellen und kulturellen Bedürfnisse des Volkes und der Festigung der ökonomischen Grundlagen der sozialistischen Gesellschaft hervorgehoben. Der Parteitag gab eine realistische Einschätzung des erreichten Niveaus, der Ressourcen und der Möglichkeiten des zukünftigen Wachstums. Dabei wurden die neuen Bedingungen und die Aufgaben der bevorstehenden Etappe berücksichtigt, in deren Verlauf die in der Periode der widersprüchlichen Entwicklung der sechziger Jahre entstandenen Probleme gelöst und Disproportionen beseitigt werden müssen und den qualitativen Seiten der Wirtschaftsentwicklung besondere Beachtung gewidmet werden muß. „Der XIV. Parteitag der KPČ ist der Meinung, daß der hauptsächliche und objektiv notwendige Entwicklungsweg die Erhöhung der allgemeinen Effektivität aller Zweige der tschechoslowakischen Volkswirtschaft ist. Den Schlüssel dazu bildet vor allem die Intensivierung aller Faktoren des ökonomischen Wachstums und die Erhöhung der Qualität der Leitung.“ [1] Diese objektive Notwendigkeit ist in nicht geringem Maße durch die für die ČSSR charakteristische Situation auf dem Gebiet der Arbeitskräfte bedingt: den außerordentlich hohen Grad der Ausschöpfung der freien Arbeitskräfteressourcen einerseits, und die Existenz beträchtlicher Reserven hinsichtlich der Effektivität ihrer Nutzung andererseits.

Der Grad der Nutzung der Arbeitskräfteressourcen

Die Zunahme der Beschäftigtenzahl in der ČSSR während der vergangenen zwanzig Jahre war durch eine Konzeption der ökonomischen Entwicklung bestimmt, die sich auf die maximale Einbeziehung der freien Arbeitskräfteressourcen in den Arbeitsprozeß und auf eine beträchtliche Abwanderung von Arbeitskräften aus der Landwirtschaft in andere Zweige stützte.

[1] Smernice XIV sjezdu KSC k 5. petiletemu planu rozvoje narodniko hospodarstvi na leta 1971–1975, Praha 1971, S. 55.

Von 1951 bis 1970 ist die Beschäftigtenzahl in der Volkswirtschaft um fast 1,5 Millionen gewachsen (26 Prozent), darunter in Industrie und Bauwesen um über 1,2 Millionen (60 Prozent) und in der Dienstleistungssphäre (Handel und Zweige der nichtproduzierenden Sphäre) um 1,1 Millionen (79 Prozent). In der Landwirtschaft verringerte sich die Zahl der Berufstätigen um mehr als 850 000 (43 Prozent). Ausführlicher ist die Dynamik der Beschäftigtenzahl in Tabelle 41 dargestellt.

War für die Jahre 1951 bis 1960 vor allem der Wechsel von Werktätigen aus der Landwirtschaft in die Industrie und das Bauwesen kennzeichnend, so erfolgte in den Jahren 1961 bis 1970 eine besonders intensive Einbeziehung der vorhandenen ungenutzten Arbeitskräfteressourcen (vor allem der nicht berufstätigen Frauen) vorwiegend in die Dienstleistungssphäre.

In den Jahren 1951 bis 1970 lag der Gesamtzuwachs der Zahl der ökonomisch aktiven Bevölkerung im arbeitsfähigen Alter über dem natürlichen Zuwachs dieser Bevölkerungsgruppe. Im Ergebnis stieg der Beschäftigtengrad der im arbeitsfähigen Alter befindlichen Bevölkerung von 76 Prozent im Jahre 1950 auf 92 Prozent im Jahre 1970. Diese Zunahme wurde vor allem durch die Einbeziehung vorher nicht berufstätiger Frauen in den Arbeitsprozeß erreicht.

Der Anteil der Frauen am durchschnittlichen jährlichen Zuwachs der ökonomisch aktiven Gesamtbevölkerung im arbeitsfähigen Alter betrug in den Jahren 1951 bis 1970 etwa 70 Prozent, und im Jahre 1970 erreichte der Beschäftigtengrad der im arbeitsfähigen Alter stehenden Frauen nahezu 83 Prozent. Das bedeutet, daß diese Arbeitskräftequelle praktisch voll ausgeschöpft worden ist.

Gegenwärtig stellen die Frauen fast die Hälfte (47 Prozent) der Gesamtzahl der ökonomisch aktiven Bevölkerung, was eine Reihe von sozialen Problemen und Problemen der Produktion aufwirft. Die Aufgabe besteht vor allem darin, den Frauen für die Verbindung ihrer Tätigkeit in der gesellschaftlichen Produktion mit der Erfüllung ihrer Funktionen als Frauen und Mütter bessere Bedingungen zu schaffen. Die in dieser Hinsicht ungelösten Probleme schlagen sich in einer ungünstigen Dynamik der Geburtenrate nieder. Obwohl die niedrige Geburtenrate viele Ursachen besitzt, sind als erstrangige Ursache die ökonomischen Gründe einzuschätzen.

Die Landwirtschaft kann – berücksichtigt man die ungünstige Altersstruktur der Werktätigen in diesem Zweig – bereits nicht mehr die wichtigste Arbeitskräftequelle für die anderen Zweige der Volkswirtschaft bilden. Die in der nächsten Zukunft möglichen Veränderungen in der technischen Ausstattung und Organisation der landwirtschaftlichen Produktion können den geplanten Produktionszuwachs auch gewährleisten, wenn die Beschäftigtenzahl in der Landwirtschaft in dem Umfang zu-

Tabelle 41
Die Dynamik der Zahl der berufstätigen Bevölkerung in der ČSSR

Wirtschaftsbereiche	Beschäftigtenzahl (in 1000 Personen)			Zuwachs der Beschäftigtenzahl					
	1950	1960	1970	1950–1960		1960–1970		1950–1970	
				in 1000 Pers.	in Prozent zu 1950	in 1000 Pers.	in Prozent zu 1950	in 1000 Pers.	in Prozent zu 1950
Volkswirtschaft insgesamt	5577	6063	7034	486	108,7	971	116,0	1457	126,1
Sphäre der materiellen Produktion	4831	5053	5486	222	104,6	433	108,6	655	113,6
davon:									
Industrie und Bauwesen	2026	2764	3251	738	136,4	487	117,6	1225	160,5
Landwirtschaft	2058	1468	1183	–590	71,3	–285	80,6	– 875	57,5
Nichtproduzierende Sphäre	764	1010	1548	264	135,3	538	153,3	802	207,5

rückgeht, wie er durch die bestehende ungünstige Altersstruktur dieser Werktätigen vorherbestimmt ist. Sie können jedoch keine Voraussetzungen für eine erhebliche Umsetzung von Arbeitskräften im arbeitsfähigen Alter aus der Landwirtschaft in andere Zweige schaffen.

Der entscheidende Faktor für die Vergrößerung der Beschäftigtenzahl in der ČSSR wird unter den gegebenen Bedingungen das Übergewicht der Zahl der ins arbeitsfähige Alter eintretenden Jugendlichen gegenüber der Zahl der Werktätigen, die das arbeitsfähige Alter überschreiten. Der demographischen Prognose zufolge wird es jedoch in den Jahren 1971 bis 1975 zu einer Verringerung der Zahl der Fünfzehnjährigen kommen, in den Jahren 1976 bis 1980 zu einer geringfügigen Zunahme der Zahl dieser Altersgruppe, 1981 bis 1985 jedoch wieder zu einer Verringerung. Das Ergebnis wird eine spürbare Verlangsamung des Zuwachstempos der Zahl der Bevölkerung im arbeitsfähigen Alter sein.

Tabelle 42

Dynamik der Zahl der im arbeitsfähigen Alter (Männer von 15 bis 59 Jahren, Frauen von 15 bis 54 Jahren) befindlichen Bevölkerung in der ČSSR

Jahre	Absolute Zahl (in 1000 Pers.)	Zuwachs gegenüber dem letzten Jahr des voraufgegangenen Jahrfünfts	
		in 1000 Pers.	in Prozent
1970	8179	—	—
1975	8524	345	4,2
1980	8746	222	2,6
1985	8811	65	0,7

Quelle: Predbezna projekce obyvatelstva a domacnovti v letech 1970–2000; Federalni statisticky uřad, Prag 1971.

Insgesamt wird in den nächsten fünfzehn Jahren das durchschnittliche jährliche Zuwachstempo der arbeitsfähigen Bevölkerung in der Slowakei etwas höher und in Böhmen und Mähren etwas niedriger sein. Zugleich ist in Rechnung zu stellen, daß sich der Anteil der Lernenden an der Gesamtzahl der arbeitsfähigen Bevölkerung zwangsläufig vergrößern muß. In diesem Zusammenhang ist eine kritische Haltung gegen solche Anforderungen der Praxis angebracht, die manchmal darauf hinauslaufen, angesichts der sehr begrenzten Arbeitskräfteressourcen die fünfzehnjährigen Jugendlichen möglichst schnell in den Produktionsprozeß einzugliedern. Solche Forderungen berücksichtigen nicht, daß bereits heute Werktätige das arbeitsfähige Alter erreichen, die in der Volkswirtschaft bis annähernd zum Jahre 2020 arbeiten werden. Eine Erfüllung dieser Forderungen würde deshalb in Zukunft zu Widersprüchen zwischen Qualifikationsniveau und Qualifikationsstruktur der Kader einerseits und jenen Anforderungen, die die wissenschaftlich-technische Revolution stellt, andererseits führen.

Im laufenden Fünfjahrplan (1971 bis 1975) entfallen vom Gesamtzuwachs der Beschäftigtenzahl, der 300000 Personen beträgt, auf Böhmen und Mähren nur 120000 (durchschnittliches jährliches Zuwachstempo der Beschäftigtenzahl 0,4 Prozent) und auf die Slowakei 180000 Personen (1,7 Prozent).

Analysiert man die Möglichkeiten, die minimalen und ungleichmäßig über das Territorium des Landes verteilten Arbeitskräfteressourcen zu nutzen, dann muß daran gedacht werden, eine bestimmte Reserve an Arbeitskräften ständig zu besitzen, und zwar im Zusammenhang mit der Gewährung von Mutterschaftsurlaub, der eine wichtige soziale Maßnahme darstellt und zugleich eine wichtige Bedingung dafür ist, die bislang ungünstige Dynamik der Geburtenrate zu verändern.

Was die Verteilung der Arbeitskräfteressourcen nach Zweigen angeht, so wird für die Jahre 1971 bis 1975 eine weitere Verringerung der Zahl der Werktätigen in der Landwirtschaft erwartet (um 127000, vor allem durch die Verringerung der Zahl der Bevölkerung im arbeitsfähigen Alter) sowie eine Fortsetzung des Wachstums der Beschäftigtenzahl in Industrie und Bauwesen (wenn auch nur in sehr geringem Umfang – um 123000 Personen, was einem durchschnittlichen jährlichen Wachstum von 0,7 Prozent entspricht, darunter um 97000 in der Slowakei). Der größte Zuwachs wird in der Dienstleistungssphäre erwartet (158000 Personen), wobei die Zahl der Werktätigen hauptsächlich im Handel und im Gaststättenwesen, im Bildungswesen, im Gesundheitswesen sowie im Sozialwesen wachsen wird.

Es wird angenommen, daß der zu erwartende Zuwachs der Zahl der Berufstätigen im laufenden Fünfjahrplan den Arbeitskräftebedarf der Volkswirtschaft decken wird. Damit dieser Bedarf beim zu erwartenden Zuwachs der Arbeitskräftezahl jedoch befriedigt werden kann, sind noch eine Anzahl komplizierter Probleme der zwischenzweiglichen und territorialen Umverteilung der Arbeitskräfte zu lösen.

Die Tatsache, daß die einfache und erweiterte Reproduktion der Arbeitskräfte in den nächsten Jahren nur durch die Jugend gewährleistet werden kann, die ins arbeitsfähige Alter eintritt, und daß zugleich die demographischen Prognosen und das Niveau der Geburtenrate auf die zukünftige Begrenztheit dieser Quelle hinweisen, stellt der tschechoslowakischen Wirtschaft zwei unaufschiebbare Aufgaben:

– Mit Hilfe eines Komplexes von ökonomischen, sozialen und anderen Maßnahmen muß in der Perspektive eine günstigere Dynamik der Geburtenrate gesichert werden. Eine weitere Wirksamkeit der für die sechziger Jahre charakteristischen negativen Tendenzen im Bevölkerungswachstum würde dazu führen, daß die Bevölkerungszahl gegen Ende des Jahrhunderts zu sinken beginnen würde. Die Altersstruktur der Bevölkerung würde sich dadurch weiter verschlechtern. Es muß jedoch hervorgehoben werden, daß auf Grund der ergriffenen Maßnahmen in den letzten Jahren in der ČSSR eine gewisse Zunahme der Geburtenrate zu beobachten ist;

– es muß nach höchster Effektivität bei der Nutzung der Arbeitskräfte in der gesamten Volkswirtschaft gestrebt werden. Gegenwärtig gibt es die widersprüchliche Situation, daß die Betriebe an Arbeitskräftemangel leiden, während zugleich erhebliche Arbeitskräftereserven in der Produktion bestehen.

Einen wichtigen Platz unter den Verlusten und unrationellen Aufwendungen von Arbeitszeit nehmen solche ein, die ohne große Investitionen beseitigt werden können. Gemeint sind z. B. verschiedene Stillstandszeiten, die durch Unzulänglichkeiten in der materiell-technischen Versorgung, durch ungenügende Arbeitsdisziplin, durch Unzulänglichkeiten in der technischen Arbeitsnormung und Arbeitsaufwandsnormung, in der Arbeitsentlohnung, durch unzureichende Qualifikation usw. entstehen.

Eine grundlegende Überwindung der Barriere, die sich aus dem Arbeitskräftedefizit für die tschechoslowakische Wirtschaft ergibt, ist jedoch durch die Mobilisierung der oben aufgezählten Reserven allein nicht möglich. Dazu müssen die von der KPČ gestellten Aufgaben erfüllt werden. Sie sehen eine Revision der Investitionspolitik vor, um den Schwerpunk auf die Modernisierung und Rekonstruktion der Produktion zu verlagern, sowie die Gewährleistung einer ausgeprägteren Strukturpolitik und die bessere Nutzung der wissenschaftlichen und technischen Errungenschaften. Die Lösung dieses Problems verlangt auch, daß die Methoden der planmäßigen Leitung der Volkswirtschaft weiter vervollkommnet werden, um die unrationellen Aufwendungen an lebendiger und vergegenständlichter Arbeit maximal zu begrenzen (Unrationalität des Aufwands an vergegenständlichter Arbeit mindert nicht nur die Effektivität, sondern verstärkt auch die angespannte Situation der Arbeitskräftebilanz).[2]

[2] Die Methoden der Planung und Regulierung des Einsatzes der Arbeitskräfte werden häufig eng verstanden – als Plan für die Zahl der Werktätigen, verschiedene Limits oder Sanktionen für die Nichteinhaltung des Plans. Eine derartig enge Auffassung von der Arbeitskräfteplanung läßt die Tatsache außer acht, daß der Arbeitskräftebedarf auf Grund einer ganzen Reihe von materiellen, wertmäßigen und organisatorischen Beziehungen in der Wirtschaft entsteht und folglich in hohem Grade durch diese Beziehungen bestimmt wird. Die intensive Nutzung der Arbeitskräfteressourcen wird nicht allein durch die Arbeitskräfteplanung bestimmt, sondern ist durch den materiellen Inhalt des Plans und die Methoden der Leitung im ganzen Komplex bedingt. Wenn nun der materielle Inhalt des Plans und die Methoden der planmäßigen Leitung (insbesondere die Bewertungskriterien der Resultate) den Boden für eine extensive Entwicklung schaffen, dann kann der Arbeitskräfteplan allein eine solche Entwicklung nicht abwenden.

Investitionen und Arbeitskräfte

Die Besonderheit der Etappe, in die die Wirtschaft der ČSSR eingetreten ist, besteht darin, daß die Arbeitskräftesituation zu einem der Hauptkriterien für die Auswahl von Entwicklungsvarianten der Volkswirtschaft wird. Das betrifft vor allem die Investitionspolitik.

In den fünfziger und sechziger Jahren, als die ČSSR ungenutzte Arbeitskräfteressourcen besaß oder doch jedenfalls große Möglichkeiten der Umsetzung von Werktätigen aus der Landwirtschaft, konnte das Wachstum der Produktionsfonds zur Vergrößerung des Nationaleinkommens nicht nur vermittels des Substitutionseffekts (des Einflusses der Fonds auf die Arbeitsproduktivität) führen, sondern in gewissem Maße auch durch eine entsprechende Vergrößerung der Zahl der Werktätigen bei gleichbleibendem Niveau von Technik und Technologie, also auf extensive Weise. Gegenwärtig und in der Perspektive jedoch kann der Einfluß des Wachstums der Produktionsfonds auf die Vergrößerung des Nationaleinkommens allein durch den Substitutionseffekt verwirklicht werden, da die verfügbaren Arbeitskräfteressourcen ausgeschöpft sind. Die extensive, nicht mit dem Substitutionseffekt verbundene Erweiterung der Fonds würde auf einen Mangel an Arbeitskräften treffen, wodurch ein Teil der Fonds ungenutzt bleiben würde. Bei extensiver Erweiterung der Produktionsfonds wäre das Wachstumstempo des Nationaleinkommens durch das Wachstum der Beschäftigtenzahl in der Sphäre der materiellen Produktion limitiert. Nur technisch vollkommenere Produktionsfonds erhöhen die Arbeitsproduktivität, was es ermöglichen wird, die Arbeitskräfte umzuverteilen, um neue Fonds in Betrieb zu nehmen oder bisher ungenügend ausgelastete Fonds vollständiger zu nutzen.

Daraus leiten sich zwei Aufgaben ab. Erstens ist es erforderlich, in maximalem Umfang das intensive Wachstum der Produktionsfonds zu fördern, das heißt eine solche Erweiterung der Fonds, die mit der Ersetzung lebendiger Arbeit durch vergegenständlichte bei gleichzeitiger allgemeiner Arbeitseinsparung einhergeht. Zweitens ist es nötig, daß die Inbetriebnahme neuer Kapazitäten mit der Aussonderung der veralteten Kapazitäten verbunden wird. Der zu langsame Ersatz physisch verschlissener Produktionsfonds führt dazu, daß in der Struktur der Fonds der Anteil der alten, verschlissenen Maschinen mit ihrem hohen Arbeitskräftebedarf und ihrer geringen Effektivität zunimmt.

Tabelle 43 zeigt den Anteil der ausgesonderten Produktionsfonds (im Neuwert) an den neu in Betrieb genommenen Produktionsfonds. Die Tabelle 44 zeigt die Menge der stillgelegten Produktionen und die Zahl der Werktätigen, die hier beschäftigt waren.

In den letzten Jahren betrug in der ČSSR das Volumen der stillgelegten

Tabelle 43
Anteil der ausgesonderten Produktionsfonds (zum Neuwert) an den neu in Betrieb genommenen Produktionsfonds in der ČSSR (in Prozent)

1966	1967	1968	1969	1970	1971
45	32	22	22	16	16

Produktionsfonds jährlich etwa 2 Prozent des Gesamtwertes der Produktionsfonds. Eine derartige Entwicklung könnte beim Vorhandensein beträchtlicher Arbeitskräftereserven gerechtfertigt sein, sie ist bei ihrem Fehlen jedoch unannehmbar. Um eine Situation zu vermeiden, in der die Betriebe ohne Arbeitskräfte sind, muß der Bau von Betrieben mit der Rekonstruktion oder Liquidierung der veralteten Kapazitäten einhergehen.

Tabelle 44
Umfang der stillgelegten Produktionsfonds und Zahl der Werktätigen, die in ihnen beschäftigt waren, in der ČSSR

	1966	1967	1968	1969	1970
Umfang der stillgelegten Produktionsfonds (in Einheiten)	204	81	62	73	31
Zahl der in ihnen beschäftigten Werktätigen (in Personen)	6152	3469	2185	990	395

Eine solche Situation ist jedoch in der ČSSR bereits eingetreten, und sie zeigt sich vorwiegend in der Kennziffer der Schichtauslastung. In der tschechoslowakischen Industrie ist die Schichtarbeit in den letzten Jahren ständig zurückgegangen und befindet sich gegenwärtig auf einem der letzten Plätze im Vergleich zu den anderen ökonomisch entwickelten Ländern. Der Schichtkoeffizient in der Industrie, der 1960 1,385 betrug, sank bis 1970 auf 1,351 und betrug 1971 1,345. Diese Tatsache widerspiegelt vor allem den Umstand, daß es bei den existierenden Produktionskapazitäten, die noch genutzt werden, und angesichts der existierenden Arbeitskräftesituation keine Arbeitskräfte für die Arbeit in der zweiten und dritten Schicht gibt. So entsteht die paradoxe Situation, daß veraltete Produktionsausrüstung weiter genutzt wird, während an den modernsten Anlagen infolge des Arbeitskräftemangels nur eine Schicht arbeitet.

Im Investitionsbau müssen also die Rekonstruktion und Modernisierung der in ihrem technischen Niveau zurückgebliebenen Betriebe größere Bedeutung gewinnen. Das betrifft hauptsächlich einige Zweige der Massenbedarfsgüter-Industrie sowie einige Zweige des Maschinenbaus, in denen der unzureichende Umfang der Rekonstruktions- und Modernisierungsmaßnahmen zur Vergrößerung des Anteils der veralteten Arbeitsmittel geführt hat, die eine große Menge von Arbeitskräften in Anspruch nehmen, an denen es in den neu errichteten Kapazitäten mangelt.[3]

Insgesamt kann gesagt werden, daß angesichts der nicht ausreichenden Arbeitskräfteressourcen und der Notwendigkeit ihrer Umverteilung das frühere Vorgehen bei den Investitionen, vor allem in der Industrie, grundlegend geändert werden muß. In den Direktiven des XIV. Parteitags der KPČ zum Fünfjahrplan wurde festgestellt: „Investiert werden darf nur dort, wo real die Ressourcen der benötigten Arbeitskräfte vorhanden sind, oder dort, wo eine Einsparung von Arbeitskraft erzielt werden kann."[4] Jede wirtschaftliche Maßnahme muß die Bedingungen für eine konsequente intensive Entwicklung schaffen und Tendenzen ausschließen, die dahin gehen, neu entstehende Bedürfnisse der Wirtschaft der ČSSR vorwiegend auf „traditionelle" Weise abzusichern, das heißt durch den Bau neuer Kapazitäten, die häufig ungenügend hohe technisch-ökonomische Kennziffern aufweisen und nur auf die inneren Bedürfnisse der tschechoslowakischen Wirtschaft ausgerichtet sind.

Forderungen nach Investitionen, die sich daraus ergeben, daß nur geringe Arbeitskräfteressourcen vorhanden sind, muß eine klare Vorstellung von den gewünschten Veränderungen in der Produktionsstruktur und von den Perspektiven der progressiven Zweige zugrunde liegen. Es ist offensichtlich, daß man nicht alle Zweige gleichzeitig entwickeln kann, sondern die vorhandenen Mittel und Arbeitskräfte auf die entscheidenden Zweige konzentrieren muß. Dabei müssen nicht nur jene Bereiche ermittelt werden, wohin zusätzliche Arbeitskräfte zu delegieren sind, sondern auch jene, aus denen diese Arbeitskräfte kommen sollen. Es geht darum, die Richtungen und Verfahren zur Einschränkung der uneffektiven und zukunftslosen Produktionsarten auszuarbeiten. Diese Forderung ergibt sich auch aus den Aufgaben der ökonomischen Integration der RGW-Länder. Eine solche Umgruppierung der Arbeitskräfte wird ein komplizierter Prozeß sein, der eine ganze Reihe von Betrieben erfassen wird. Aber nur dieser Weg wird es ermöglichen, das geplante Wachstumstempo der

[3] Im Jahre 1971 betrug die Zahl der unbesetzten Arbeitsplätze in der Industrie mehr als 200000, und im fünften Fünfjahrplan ist vorgesehen, bis 1975 noch 180000 bis 250000 Arbeitsplätze in Betrieb zu nehmen. Dabei soll die Beschäftigtenzahl in der Industrie während des fünften Fünfjahrplans um kaum 100000 zunehmen. Es geht deshalb darum, mit Hilfe der Investitionspolitik eine allmähliche Verringerung und Beseitigung der übermäßig großen Zahl von Arbeitsplätzen zu sichern und andererseits die effektivere Nutzung der neuen Produktionsfonds zu gewährleisten.

[4] Smernice XIV sjezdu KSC k 5. petiletemu planu rozvoje narodniko hospodarstvi na leta 1971–1975, Praha 1971 S. 56.

Produktion sicherzustellen. Die Ausarbeitung der Programme für die strukturellen Veränderungen (darunter auch der Konzeption und des Programms für die Einbeziehung der ČSSR in die internationale Spezialisierung im Verlauf der sozialistischen ökonomischen Integration) muß auf wissenschaftlich begründeten Kriterien basieren – nicht aber auf bloßer Erfahrung – und darf sich nicht übermäßig dem Druck der ökonomischen Realität fügen, wie das in der Vergangenheit häufig zu beobachten war. Eine gründlichere wissenschaftliche Ausarbeitung wird es ermöglichen, effektive Programme für progressive Strukturveränderungen, für die allmähliche Einschränkung der zukunftslosen und uneffektiven Produktionsarten aufzustellen und dabei alle volkswirtschaftlichen Wechselbeziehungen zu berücksichtigen.

Einige Probleme der Vervollkommnung der planmäßigen Leitung der Volkswirtschaft unter Berücksichtigung der Aufgaben einer besseren Nutzung der Arbeitskräfte

Die Erweiterung der Quellen für das intensive Wachstum ist undenkbar ohne die Vervollkommnung der Beziehungen zwischen den zentralen Leitungsorganen und den Betrieben sowie zwischen den Betrieben selbst und ohne die Vervollkommnung der Planung und der effektiven Formen der ökonomischen Integration der sozialistischen Länder.

Die Aufgabe, die Arbeitskräfte effektiver zu nutzen, ist sowohl mit einigen allgemeinen Problemen der Effektivität der Volkswirtschaft verbunden, als auch mit einer Reihe von spezifischen Problemen.

Wenn man von den Effektivitätsproblemen spricht, dann muß gesagt werden, daß die tschechoslowakische Wirtschaft nicht den nötigen Nutzen vom Einsatz eines beträchtlichen Teils der Arbeitskräfte erhält, und zwar infolge der Uneffektivität dieser oder jener materiellen Aufwendungen, im Ergebnis des teilweise zunehmenden Umfangs der nicht zweckmäßigen Kooperation sowie des Wachstums der Vorräte und der unzureichenden Verwirklichung der Errungenschaften des wissenschaftlich-technischen Fortschritts. Dabei werden diese Verluste bei der Nutzung des Arbeitspotentials durch die Vergrößerung der Volumenkennziffern der Produktion verschleiert. Es gibt viele Gründe für diese Situation, im allgemeinen liegen sie jedoch in der Auswahl der Kriterien für die Einschätzung der Tätigkeit der Betriebe.

Die Ausarbeitung und Anwendung solcher Kriterien für die Bewertung der Arbeit der Betriebe, die bei den Betrieben das für die Gesellschaft wünschenswerte Interesse an der Planerfüllung stimulieren, ist mit der optimalen Nutzung der Wertkategorien zu verbinden, vor allem auf dem

Gebiet der Preise, der Finanzierung, Besteuerung usw. Es geht darum, daß die Erhöhung der Intensität des Prozesses der sozialistischen erweiterten Reproduktion eine wirksame Anwendung der Kriterien erfordert, die mit der Nutzung der Wertkategorien verknüpft sind, und zwar bei den ökonomischen Berechnungen und der Auswahl der Varianten sowohl im Verlauf der Ausarbeitung der Pläne, als auch bei der Einschätzung ihrer Erfüllung und bei der Stimulierung der Betriebe.

Die konkreten Bedingungen der tschechoslowakischen Wirtschaft, insbesondere die grundlegenden Strukturveränderungen, die im laufenden Fünfjahrplan vorgesehen sind, und die Notwendigkeit der schnellsten Überwindung des Zurückbleibens einiger Zweige erfordern es, auf der Grundlage des Plans und mittels der Leitung und Planung in beträchtlichem Umfang die materiellen und finanziellen Mittel der Sektoren, Vereinigungen und Betriebe neu zu verteilen. Das verleiht dem gegenwärtig existierenden System der planmäßigen Leitung in der ČSSR auch solche Züge der Zentralisation, die von den Interessen der Lösung dieser strukturellen und regionalen Probleme bestimmt sind und dabei die operative Selbständigkeit der Betriebe partiell einschränkt sowie ihr Interesse an einer hohen Effektivität der Produktion unter dem Aspekt der Wertkennziffern verringert.

Zu den spezifischen Problemen des Systems der planmäßigen Leitung und der materiellen Interessiertheit im Hinblick auf die effektive Nutzung der Arbeitskräfte ist folgendes zu sagen: Die Ergebnisse der Steigerung der Arbeitsproduktivität in den Betrieben zeigen sich entweder in der Vergrößerung des Produktionsvolumens oder aber in der Verringerung der Zahl der Arbeitskräfte, also ihrer Freisetzung für andere Betriebe. Welcher dieser beiden Richtungen in der Praxis der Vorzug gegeben wird, hängt von den benutzten Methoden der planmäßigen Leitung und insbesondere von den Methoden zur Sicherstellung der materiellen Interessiertheit der Betriebe und der Werktätigen ab.

Die gegenwärtig in der ČSSR benutzten Methoden der planmäßigen Leitung schaffen ein erhöhtes Interesse der Produktionskollektive an der Einsparung lebendiger Arbeit zum Zwecke der Erweiterung des Produktionsvolumens. Sie schaffen jedoch keinen genügenden Anreiz für die Herstellung der Produkte mit einer geringeren Zahl von Werktätigen, also für die Freisetzung von Arbeitskräften. Dies wäre gerechtfertigt und kein so wichtiges Problem, wenn es erhebliche Arbeitskräftereserven gäbe; in der gegenwärtigen Etappe aber ist es zu einem Hindernis für die Umverteilung der Arbeitskräfte zwischen den Betrieben im Interesse der Erfüllung der Perspektivprogramme geworden.

Unserer Ansicht nach muß die Weiterentwicklung der Planung und ökonomischen Stimulierung jene Betriebe, denen die Aufgabe der schnellen

Produktionserweiterung gestellt ist, darauf orientieren, die Steigerung der Arbeitsproduktivität zur Vergrößerung des Produktionsvolumens zu nutzen, die Betriebe aber, denen diese Aufgabe nicht gestellt ist, dazu anregen, die Steigerung der Arbeitsproduktivität zur Freisetzung eines Teils der Werktätigen zu nutzen. Das wird zu einem Teil die gegenwärtig festzustellende Situation zu überwinden helfen, in der die Betriebe die Steigerung der Arbeitsproduktivität dazu benutzen, bewußt innerbetriebliche Arbeitskräftereserven zu bilden, um den Plan in Zukunft leichter erfüllen zu können und ihn auch dann erfüllen zu können, wenn es zu Störungen des rhythmischen Produktionsablaufs und zu Stillstandszeiten infolge von Unzulänglichkeiten in der Produktions- uud Arbeitsorganisation, in der materiell-technischen Versorgung, in der Arbeitsdisziplin usw. kommen sollte. Durch die Existenz dieser Reserven erklärt sich (wenngleich sie nicht die einzige Ursache sind) auch die Tatsache, daß der mit der Einführung der neuen Technik verbundene Substitutionseffekt häufig nur potentiell bleibt und sich nicht im entsprechenden Maße in den ökonomischen Resultaten widerspiegelt.

Das Problem der differenzierten Nutzung des Wachstums der Arbeitsproduktivität zur Umverteilung der Arbeitskräfte ist unmittelbar mit dem Bedürfnis der ČSSR verbunden, intensiver an der internationalen sozialistischen ökonomischen Integration teilzunehmen. Lebenswichtig für die Effektivität der tschechoslowakischen Wirtschaft ist der Übergang zur Vergrößerung der Produktionsserien und der Massenproduktion bei allmählicher Einschränkung des produzierten Sortiments auf der Grundlage der Spezialisierung. Diese Notwendigkeit bedeutet, daß gewisse Produktionsprogramme eingeschränkt und andere bevorzugt werden müssen, und das macht eine differenzierte Stimulierung der Betriebe im Hinblick auf die Nutzung der Steigerung der Arbeitsproduktivität unumgänglich (zugunsten des Produktionswachstums im jeweiligen Betrieb oder zugunsten der Umverteilung der Arbeitskräfte in solche Betriebe, die erweitert werden sollen).

Das Problem der selektiven Entwicklung der Produktion gewinnt noch größere Aktualität, wenn man an die Einbeziehung der nationalen Wirtschaft der ČSSR in die internationale Arbeitsteilung im Rahmen des RGW denkt. Die Berücksichtigung der Möglichkeiten und Erfordernisse der internationalen Arbeitsteilung verändert in der Regel wesentlich die endgültige Effektivitätsbewertung der Entwicklung und solcher Produktionsarten, die bei der Orientierung allein auf die Bedingungen der nationalen Wirtschaft als effektiv gelten.

Probleme der Nutzung des Lohns für die Umverteilung der Arbeitskräfte unter den Bedingungen ausgeschöpfter Arbeitskräftereserven

Bei der Vervollkommnung des Systems der Arbeitsentlohnung muß vor allem die Aufgabe gelöst werden, die materielle Interessiertheit der Werktätigen an der Ausführung einer konkreten Arbeit zu verstärken, das heißt, die Abhängigkeit der Zunahme des Lohns von der Zunahme der Quantität und Qualität der aufgewendeten Arbeit zu verstärken. Daneben muß die Vervollkommnung des Lohnsystems zur gewünschten Umverteilung der Werktätigen auf die Zweige und Betriebe beitragen. Die praktischen Erfahrungen zeigen, daß unter den Bedingungen der Erschöpfung der Arbeitskräftereserven und eines Arbeitskräftedefizits Faktoren entstehen, die zu einem Hindernis dafür werden, daß das Lohnsystem seine allgemeinen Funktionen erfüllt. Es ist einerseits eine Schwächung der Beziehung zwischen Arbeitslohn und ausgeführter Arbeit, zwischen dem Wachstum des Lohns und der Steigerung der Arbeitsproduktivität zu beobachten, und andererseits äußert sich die Funktion der Stimulierung der Umverteilung der Arbeitskräfte in einer Weise, die in Widerspruch zu den Interessen der Volkswirtschaft steht.

Der ersten Funktion des Lohnsystems zufolge kann der Werktätige einen Zuwachs des Nominallohns nur durch eine entsprechende Vergrößerung der Quantität und Erhöhung der Qualität der Arbeit erzielen. Der zweiten Funktion zufolge kann der Werktätige einen Lohnzuwachs ohne zusätzliche Anstrengungen nur durch den Wechsel des Arbeitsplatzes erreichen. Die normale Erfüllung beider Funktionen durch das Lohnsystem gewährleistet im allgemeinen einen ausgeglichenen Stand der Arbeitskräftebilanz. Unter dieser Bedingung bildet die Verteilungsfunktion 'des Lohns ein Instrument zur Beseitigung eines partiellen Ungleichgewichts zwischen der Nachfrage nach einer bestimmten Art von Arbeit und ihrem Angebot. Mit anderen Worten heißt das, daß die Störung der Übereinstimmung zwischen dem Lohnzuwachs und dem Zuwachs an konkreter Arbeit damit verbunden ist, daß so die gewünschte Umverteilung der Arbeitskräfte, die Umsetzung eines Teils der Arbeitskräfte an jene Arbeitsplätze erreicht wird, an denen die Arbeitskräfte mit größerer Effektivität genutzt werden. (Hierbei lassen wir die Frage beiseite, ob in jedem Fall der Betrieb, der einen höheren Lohn zahlen kann, auch die Arbeitskräfte effektiver nutzt.) Die Verteilungsfunktion des Lohnsystems, die in der Schaffung der materiellen Interessiertheit der Werktätigen am Übergang zu einer anderen Arbeitsstelle besteht, ist folglich den Funktionen der Schaffung einer engen Beziehung zwischen der aufgewendeten Arbeit und der Vergütung für sie untergeordnet. Die Verteilungsfunktion des Lohnsystems trägt dazu bei, daß die Interessiertheit der Werktätigen an der Ausführung einer bestimmten konkreten Arbeit zu einer höheren Effektivität dieser Arbeit führt (wenn diese Arbeit in einem Betrieb geleistet wird, der mit größerer Effektivität arbeitet).

Wenn jedoch die partielle Unausgeglichenheit der Arbeitskräftebilanz zu einer ständigen Unausgeglichenheit und zu einem weit verbreiteten Arbeitskräftedefizit wird, dann wirkt das Lohnsystem, indem es in Richtung auf die Wiederherstellung des Gleichgewichts zwischen Angebot und Nachfrage wirkt, gleichzeitig auch in Richtung der Störung der Übereinstimmung zwischen dem Lohnzuwachs und dem Zuwachs der aufgewendeten konkreten Arbeit. Die Verteilungsfunktion des Lohnsystems beginnt gegenüber der Funktion zu überwiegen, die in der Schaffung einer engen Beziehung zwischen der aufgewendeten Arbeit und der Vergütung für sie besteht.

In der Praxis bedeutet das, daß der Zuwachs des Nominallohns einerseits durch die Rivalität der Betriebe in der Heranziehung von Arbeitskräften hervorgerufen wird, wenn die Betriebe sich bemühen, durch höhere Löhne neue Arbeitskräfte zu gewinnen, und dem Weggang eigener Arbeitskräfte vorzubeugen, und andererseits durch eine Verstärkung der Fluktuation. Dabei wächst der Nominallohn besonders in jenen Betrieben, in denen die Beziehung zwischen Arbeitsleistung und Arbeitsentlohnung am schwächsten ist. Anstelle der Gewinnung der Arbeitskräfte für anspruchsvollere Arbeitsplätze oder Arbeitsplätze, an denen die Arbeitskräfte effektiver genutzt werden, kann es also unter den Bedingungen des Arbeitskräftedefizits in Wirklichkeit zu einer relativen Verringerung des Arbeitsangebots bei gleichzeitigem Rückgang der Arbeitsdisziplin und der Arbeitsintensität kommen. Das Lohnwachstum hingegen, das durch das allgemeine Ungleichgewicht in der Arbeitskräftebilanz hervorgerufen wurde und das Bestreben nach Beseitigung dieses Ungleichgewichtes widerspiegelt, kann so lange nicht zu einem stabilen Gleichgewicht führen, wie andere Kräfte wirken, die dieses Ungleichgewicht hervorrufen. Daraus ergibt sich die Notwendigkeit einer strengen Kontrolle über den Arbeitslohn, weil anderenfalls das allgemeine Ungleichgewicht in der Arbeitskräftebilanz ein Wachstum des Nominallohns hervorrufen würde, das nicht mit der Steigerung der Arbeitsproduktivität verbunden ist.

Die Wiederherstellung des Gleichgewichts der Arbeitskräftebilanz setzt also voraus, daß eine Reihe von Maßnahmen auf verschiedenen Gebieten der Wirtschaftstätigkeit getroffen wird, vor allem auf dem Gebiet des Einsatzes der Investitionen und der Liquidierung uneffektiver Produktionsarten. Von der Schaffung des Gleichgewichts der Arbeitskräftebilanz nach Zweigen und Berufen ist in hohem Maße das erfolgreiche Funktionieren des Systems der materiellen Interessiertheit abhängig.

Wir reduzieren die Ursachen für den genannten Widerspruch zwischen beiden Funktionen des Lohnsystems keineswegs allein auf die Erschöpfung der Arbeitskräftereserven. Analogen Einfluß kann zum Beispiel auch das ungleichmäßige Wachstum der Arbeitsproduktivität in den einzelnen Zweigen und den einzelnen Betrieben bei Notwendigkeit der Aufrechterhaltung der erforderlichen zwischenzweiglichen und zwischenbetrieblichen Korrelationen im Arbeitslohn sowie eines gleichmäßigen Wachstums des Lohns ausüben. Jedoch ist die Erschöpfung der Arbeitskräftereserven die Hauptursache.

Es muß hervorgehoben werden, daß die Erschöpfung der Arbeitskräftereserven der Wirtschaft wesentliche neue Züge verleiht, ihren Charakter beträchtlich verändert und spezifische Methoden der Leitung der Produktion erfordert. Man muß deshalb unterscheiden zwischen Unzulänglichkeiten im Funktionieren der Wirtschaft, die aus einer ungenügenden Zusammenarbeit zwischen den Betrieben und den zentralen Organen, aus unvollkommenen Methoden der Planung und der Preisbildung, ungenügender Wirksamkeit der Hebel der materiellen Interessiertheit und ähnlichen herrühren, und Unzulänglichkeiten, die sich aus der Unausgeglichenheit in der Arbeitskräftebilanz ergeben.

Die Schwierigkeiten bei der Gewährleistung eines rationellen Einsatzes der Arbeitskräfte im gesamtstaatlichen Maßstab werden durch solche Faktoren vertieft wie den Wohnungsmangel, das ungleichmäßige kulturelle und soziale Entwicklungsniveau der Regionen, die ungleichmäßige Standortverteilung der Zweige, in denen vorwiegend Frauen oder Männer arbeiten, und dergleichen mehr. Alle diese Gründe haben neben anderen Schwierigkeiten eine nur schwache Migration der Arbeitskräfte zwischen den Gebieten zur Folge. Daher haben die territorialen Organe der ČSSR entscheidende Vollmachten bei der Erörterung der Investitionsprogramme und überhaupt aller Maßnahmen, die in Verbindung mit der territorialen Arbeitskräftebilanz stehen, erhalten. Ihre Befugnisse kommen nahezu einem Vetorecht gleich. Der Arbeitskräftemangel bildet also einen Faktor, der die Fortschritte in der Volkswirtschaft wesentlich hemmt, darunter auch die langfristigen Veränderungen, da eine Anzahl vielversprechender Investitionsprojekte aus diesem Grunde nicht oder nur mit geringerer Effektivität realisiert werden können, da ihre Verwirklichung stark von der momentanen Standortverteilung der Arbeitskräfte abhängig ist.

Das System zur Regulierung der Berufstätigkeit und der Standortverteilung der Arbeitskräfte, das in der ČSSR für den gegenwärtigen Fünfjahrplanzeitraum gilt, wird dadurch gekennzeichnet, daß die Investitionspläne der Betriebe einer strengen Kontrolle der territorialen Planungsorgane unterliegen. Damit die Staatliche Plankommission eine bestimmte Investitionsmaßnahme in den Plan aufnimmt, bedarf es der Bestätigung des entsprechenden territorialen Organs über das Vorhandensein der entsprechenden Zahl von Arbeitskräften (sowohl für den Bau als auch – und insbesondere – für die Inbetriebnahme des zukünftigen Investitionsobjekts). Außerdem haben die territorialen Organe dafür zu sorgen, daß kein Investitionsbau dort begonnen wird, wo vorhandene Kapazitäten, deren Nutzung effektiv ist, nicht voll ausgelastet werden können.

Ungeachtet der Tatsache, daß das eingeführte System zur Regulierung der Berufstätigkeit unter den gegebenen Umständen absolut notwendig ist (der größte Engpaß in der Wirtschaft ist tatsächlich der Arbeitskräftemangel), hat es nur die Folgen der entstandenen Situation beseitigt. Es kann die Ursachen der angespannten Arbeitskräftebilanz nicht beseitigen, und diese Aufgabe ist ihm auch nicht gestellt. Dieses System kann sogar eine Tendenz zur ungenügend effektiven Verteilung der Ressourcen hervorrufen, und zwar eben deshalb, weil die Entscheidung über Investitionen von der Arbeitskräftesituation, nicht aber von der Effektivität der Investitionen abhängig gemacht wird. Im Zusammenhang mit dem Arbeitskräftemangel können hocheffektive Investitionen in einem Gebiet abgelehnt werden, während in einem anderen Gebiet weniger effektive Investitionen deshalb erlaubt werden können, weil hier die benötigten Arbeitskräfte vorhanden sind. Aber gerade in den Gebieten, die über eine entwickelte Infrastruktur und industrielle Traditionen verfügen, besteht der größte ungedeckte Arbeitskräftebedarf.

In der sozialistischen Wirtschaft hat eine Form zur Deckung der allgemeinen Kosten der Reproduktion der Arbeitskräfte weite Verbreitung gefunden, bei der ein beträchtlicher Teil dieser Kosten, der die gesellschaftlichen Konsumtionsfonds bildet, im allgemeinen nicht durch die Lohnkosten des Betriebes beglichen wird. Quelle der gesellschaftlichen Ausgaben für die Reproduktion der Arbeitskräfte ist das zentralisierte Reineinkommen, und nur eine Form dieses zentralisierten Reineinkommens, die Beiträge der Betriebe zur Sozialversicherung, bilden einen Bestandteil der mit den Arbeitskräften in Beziehung stehenden Aufwendungen des Betriebes. So wird ein Teil der Reproduktionskosten der Arbeitskräfte nicht Gegenstand der Kalkulation in den Betrieben, was die Aufwendungen der Betriebe für die Arbeitskräfte im Vergleich zu den Aufwendungen der Gesellschaft insgesamt senkt.

Überschlagsberechnungen[5] zeigen zum Beispiel, daß selbst nach Einführung der 25 Prozent betragenden Lohnsteuer der Betriebe im Jahre 1970 in der ČSSR die gesamten Aufwendungen der Betriebe für die Arbeitskräfte um annähernd 15 bis 20 Prozent geringer bleiben als alle direkten und indirekten Kosten, die mit der Nutzung der Arbeitskräfte ver-

[5] F. Nevaril, Ceny zakladnick faktoru vyroby, in: Finance a uver, Nr. 7/1970, S. 465.

bunden sind. In den Zweigen, in denen diese Abgabe nicht erhoben wird, erreicht diese Differenz bis zu 45 Prozent, und in der Landwirtschaft, in der nicht einmal von den Werktätigen selbst Lohnsteuer erhoben wird, ist dieser Unterschied am größten und erreicht annähernd 60 Prozent der wirklichen Kosten für die Arbeitskräfte.

Es ist freilich hervorzuheben, daß die Bewertung der Differenzen zwischen den Aufwendungen der Betriebe und den Aufwendungen der Gesellschaft für die Reproduktion der Arbeitskräfte bei verschiedenen Autoren unterschiedlich ist; das hängt vor allem mit einer unterschiedlichen Definition der Kategorie der gesellschaftlichen Aufwendungen im Zusammenhang mit der Reproduktion der Arbeitskräfte zusammen. Die Tatsache jedoch, daß ein wesentlicher Teil der Kosten für die Reproduktion der Arbeitskräfte nicht zum Bestandteil der betrieblichen Kalkulation, der Rentabilitätsberechnungen und der Bewertung der ökonomischen Effektivität der verschiedenen ökonomischen Entscheidungen wird, bildet eine der Ursachen, die den Kampf um eine rationelle Nutzung der Arbeitskräfte und einen effektiven Ersatz der lebendigen durch vergegenständlichte Arbeit behindert.

In diesem Zusammenhang empfiehlt eine Reihe von Ökonomen, die Aufwendungen der Betriebe, die mit dem Einsatz lebendiger Arbeit verbunden sind, zu erhöhen und dazu die Form von Gewinnabführungen proportional der Beschäftigtenzahl des Betriebes oder der Lohnsumme (Abführungen, die der Gesamtlohnsumme proportional sind, ermöglichen es, sowohl den Durchschnittslohn als auch die Beschäftigtenzahl zu berücksichtigen) oder andere Formen zu benutzen, zum Beispiel die Erhöhung der Beiträge der Betriebe zur Sozialversicherung.

Das Ziel dieser Vorschläge besteht darin, die Unterschätzung der lelebendigen Arbeit in den Berechnungen der Betriebe gegenüber dem Niveau der Gesamtkosten für die Reproduktion der Arbeitskräfte teilweise zu kompensieren und auf dieser Grundlage günstigere ökonomische Bedingungen für eine rationelle Nutzung der Arbeitskräfte und für den Ersatz lebendiger Arbeit durch vergegenständlichte zu schaffen.

In der ČSSR führen die Betriebe zur Zeit 25 Prozent der Gesamtlohnsumme als Beitrag an die Sozialversicherung ab und zugleich eine progressive Steuer vom Lohnzuwachs. (Der Hauptzweck dieser Abführung ist die Regulierung des Wachstums des Durchschnittslohns. Da jedoch ihre Grundlage die Lohnsumme ist, so führt sie in gewissem Maße auch zur Erhöhung der Aufwendungen des Betriebes für die Arbeitskräfte.) Der Beitrag zur Sozialversicherung und die Abführungen vom Zuwachs des Durchschnittslohns erhöhen zusammen die Kosten des Betriebes um annähernd 30 Prozent der Lohnsumme.

Diese Methode der höheren Aufwendungen für die Arbeitskräfte leidet jedoch unter gewissen Mängeln, die hauptsächlich dadurch bedingt sind, daß sich der Grad der höheren Aufwendungen in großer Abhängigkeit von der Dynamik des Durchschnittslohns befindet. Dennoch wurde für den Zeitraum des laufenden Fünfjahrplans dieser Methode der Vorzug gegeben. Das wurde vor allem mit den Gefahren einer möglichen Störung der Tendenz zur weiteren Verbesserung der Proportionen zwischen Einnahmen und Ausgaben der Bevölkerung und der weiteren Stabilisierung der Situation auf dem inneren Markt motiviert. Gleichzeitig wird jedoch in der ČSSR relativ umfassend ein Experiment mit Abführungen vom Gewinn der Betriebe in Abhängigkeit von der Beschäftigtenzahl durchgeführt, um die Möglichkeiten zu klären, die Abführungen an die Sozialversicherung und die Abführungen vom Zuwachs des Durchschnittslohns durch diese Gewinnabführung zu ersetzen.

Das Grundprinzip der experimentellen Abführungen, die der Zahl der Arbeitskräfte proportional sind, besteht in der Festlegung einer bestimmten Summe in Kronen, die der Betrieb für jeden Werktätigen zu zahlen hat (eine sogenannte Beschäftigtenbesteuerung). Je weniger Werktätige auf eine Einheit des Produkts entfallen, desto geringer sind folglich die Abführungen und desto höher ist der Gewinn, der dem Betrieb verbleibt.

Die festen Abführungssätze je Arbeitskraft sind differenziert festgelegt worden (nach der Höhe des Durchschnittslohns für 1970), damit die Abführungen in Betrieben mit unterschiedlichem Niveau des Durchschnittslohns in ihrem Umfang den Abführungen nahekommen, die auf der Grundlage des gegenwärtig geltenden Systems vorgenommen werden müßten. Die der Zahl der Arbeitskräfte proportionalen Abführungen werden außerdem unter Berücksichtigung des angenommenen durchschnittlichen Lohnwachstums für die einzelnen Jahre des Fünfjahrplans differenziert, damit sich das Verhältnis zwischen Abführungen und Lohn nicht ändert. Konkret betragen die Abführungssätze etwa 30 Prozent des Lohnfonds unter der Bedingung der jährlichen Steigerung des Durchschnittslohns um 3 Prozent. Der Abführungssatz wird jedoch im voraus festgelegt, das heißt, er hängt nicht vom wirklichen Wachstum des Durchschnittslohns im betreffenden Betrieb ab. Bei einem höheren (oder geringeren) Zuwachs des Durchschnittslohns als 3 Prozent sinkt (bzw. erhöht sich) folglich für jedes Prozent die Intensität der Besteuerung der für die Lohnzahlung bestimmten Mittel unterhalb (bzw. oberhalb) der 30 Prozent-Grenze um 0,3 Prozent.

Die angeführten Abführungssätze je Werktätigen decken natürlich nicht die gesamten gesellschaftlichen Aufwendungen der Reproduktion der Arbeitskräfte, aber sie ermöglichen es immerhin, die Aufwendungen der Betriebe diesen Kosten anzunähern. Die Kompliziertheit der Lösung dieses Problems besteht darin, daß bei der Festlegung des Umfangs der

Tabelle 45

Abführungssätze in Abhängigkeit von der Zahl der Arbeitskräfte in der ČSSR (in Kronen)

Höhe des Durchschnitts-lohns 1970 von/bis	Jährlicher Abführungssatz je Werktätiger 1972	1973	1974	1975
1401–1500	5570	5740	5920	6090
1501–1600	5950	6140	6320	6510
1601–1700	6340	6530	6730	6930
1701–1800	6720	6930	7140	7350
1801–1900	7100	7330	7550	7770
1901–2000	7490	7720	7960	8190
2001–2100	7870	8120	8360	8610
2101–2200	8260	8510	8770	9030
2201–2300	8640	8910	9180	9450
2301–2400	9020	9310	9590	9870
2401–2500	9410	9700	10000	10290
2501–2600	9790	10100	10400	10710
2601–2700	10180	10490	10810	11130
2701–2900	10750	11090	11420	11760
2901–3100	11520	11880	12240	12600

Abführungen nicht nur die gesellschaftlichen Aufwendungen der Reproduktion der Arbeitskräfte zu berücksichtigen sind, sondern auch die Möglichkeiten der Betriebe, sich daran zu beteiligen; diese Möglichkeiten werden durch die Rentabilitätsrate, das Preisniveau sowie durch die anderen Zahlungsverpflichtungen der Betriebe begrenzt. Die Anwendung der Abführungen je Arbeitskraft darf natürlich nicht zu einer Erhöhung des Niveaus der Preise, der Stützungen usw. führen. Bei einer Preiserhöhung würde die Erhöhung der Abführung nicht zur Ersetzung der lebendigen Arbeit durch neue technische Mittel beitragen, sondern lediglich zu Versuchen der Betriebe, die zusätzlichen Ausgaben durch Preiserhöhung auszugleichen.

Ein relativ selbständiges Problem besteht darin, wie sich Einsparungen bei den Abführungen durch die Einsparung von Arbeitskräften im Wachstum des Durchschnittslohns niederschlagen. In den experimentierenden Betrieben ist diese Möglichkeit recht erheblich; das Wachstum des Durchschnittslohns für je 1 Prozent Arbeitskräfteeinsparung gegenüber dem Plan kann 0,3 Prozent erreichen. Aber das ist nur die Erhöhung, die durch die Einsparung der Arbeitskräfteabgabe erreicht wird. Außerdem erhält der Betrieb auf der Grundlage des gültigen Systems zur Regulierung des Lohnfonds für die absolute Einsparung von 1 Prozent der Arbeitskräfte gegenüber dem Plan 1 Prozent des Lohnvolumens. Da bei der relativen Einsparung von Arbeitskräften (das heißt bei der Überschreitung des geplanten Produktionsvolumens) der Durchschnittslohn nur um 0,3 Prozent bis 0,6 Prozent erhöht werden darf und in der Praxis absolute und relative Arbeitskräfteeinsparung kombiniert werden, so bleibt auch in den experimentierenden Betrieben das Wachstum des Durchschnittslohns hinter der Steigerung der Arbeitsproduktivität zurück.

Was die Effektivität der in der ČSSR experimentell eingeführten „Beschäftigtenbesteuerung" angeht, so ist es für endgültige Schlußfolgerungen noch zu früh. Allerdings kann schon jetzt eine Anzahl von positiven Momenten dieser Methoden verzeichnet werden, insbesondere im Vergleich zu dem bis jetzt allgemein geltenden System. Die neue Methode beseitigt zum Beispiel die Unzulänglichkeiten, die durch die progressive Besteuerung des Zuwachses des Durchschnittslohnes bedingt sind. Es muß aber noch überprüft werden, ob sich die Logik des Experiments auch in der Praxis bewährt, und es muß geklärt werden, welche Probleme noch bis zu seiner möglichen allgemeinen Einführung gelöst werden müssen.

Zum Schluß ist zu unterstreichen, daß bei aller Wichtigkeit der Besteuerung im Zusammenhang mit der Nutzung der Arbeitskräfte die Bedeutung dieser Maßnahme für eine effektivere Nutzung der lebendigen Arbeit und für ihre Ersetzung durch vergegenständlichte Arbeit nicht überschätzt werden darf. Die Effektivität der Vergrößerung des Aufwands der Betriebe ist nicht nur mit einer solchen Nutzung der Arbeitskräfte verknüpft, sondern auch durch die Wirkung einer Reihe anderer Faktoren bedingt. In allgemeiner Sicht geht es vor allem darum, daß dieser Maßnahme auch das System der persönlichen materiellen Interessiertheit entsprechen muß, einschließlich der Lohngestaltung und der Stimulierung der innerbetrieblichen Leitung; nur auf der Grundlage ihrer Koordinierung zu einem harmonischen Komplex kann die Erreichung positiver Ergebnisse erwartet werden. Zweitens darf auch die Tatsache nicht ignoriert werden, daß bei den gegenwärtigen Methoden der planmäßigen Leitung immer noch eine Reihe von Faktoren wirkt, die Tendenzen zu einer Verschleierung von Reserven auf dem Gebiet der Arbeitskräfte und in anderen Bereichen stimulieren. Unter diesem Aspekt sind Abführungen, die mit der Nutzung der Arbeitskräfte verbunden sind, oder irgendeine andere Form solcher Aufwendungen des Betriebes sicherlich wünschenswert, bilden aber dennoch nur eine Teilmaßnahme, die die Resultate nur unter der Bedingung erbringen wird, daß die Arbeit an der Lösung der anderen Probleme einer effektiveren Nutzung der lebendigen Arbeit und ihrer Ersetzung durch vergegenständlichte Arbeit fortgesetzt wird.

KAPITEL XII

Die Zusammenarbeit der Mitgliedsländer des RGW bei der Nutzung der Arbeitskräfteressourcen

Im Komplexprogramm der sozialistischen ökonomischen Integration sind die Wege für die weitere Vertiefung und Vervollkommnung der ökonomischen und wissenschaftlich-technischen Zusammenarbeit zwischen den Mitgliedsländern des RGW vorgezeichnet. Möglichkeit und Notwendigkeit der Entwicklung der sozialistischen Integration werden, wie es im Komplexprogramm heißt, bestimmt durch das von den RGW-Ländern erreichte hohe Entwicklungsniveau der Produktivkräfte, durch die großen Strukturveränderungen in der Sphäre der Produktion und Konsumtion, durch die Aktualität der Aufgaben zur Verwirklichung der wissenschaftlich-technischen Revolution, zur allseitigen Beschleunigung des wissenschaftlich-technischen Fortschritts, der Steigerung des Nutzeffekts der gesellschaftlichen Produktion und zur Erhöhung des Wohlstands der Völker. Vielfalt und Kompliziertheit der Aufgaben und Ziele, die zu lösen und zu erreichen sind, determinieren die Vielfalt der Formen und Methoden der Zusammenarbeit zwischen den sozialistischen Ländern, die dem RGW angehören. Eine spezielle Analyse verdient in diesem Zusammenhang die Frage nach den möglichen und zweckmäßigen Richtungen, Formen und Größenverhältnissen der Zusammenarbeit der RGW-Länder bei der Nutzung der Hauptproduktivkraft der Gesellschaft: der Arbeitskraft.

Die große Bedeutung der ökonomischen Zusammenarbeit der RGW-Länder bei der Vervollkommnung der Nutzung der Arbeitskräfteressourcen jedes Landes und bei der Erhöhung der Effektivität der gesellschaftlichen Arbeit ist vor allem durch die weitere Vertiefung der Arbeitsteilung zwischen ihnen bedingt. Bei der Entwicklung der internationalen Spezialisierung und Kooperation der Produktion berücksichtigen die RGW-Länder neben anderen Faktoren die Bilanz der Arbeitskräfteressourcen jedes Landes, die Zweigstruktur sowie die Berufs- und Qualifikationsstruktur der berufstätigen Bevölkerung und dergleichen mehr. Damit wird eine rationellere Nutzung der Arbeitskräfteressourcen sowohl im Rahmen der einzelnen Länder als auch im Rahmen der gesamten RGW-Regionen erreicht. Die planmäßige Entwicklung der internationalen sozialistischen Arbeitsteilung und die koordinierte Nutzung der Produktionspotentiale der RGW-Länder führen zu einer effektiveren Nutzung der Arbeitskräfteressourcen dieser Länder, zur Erhöhung der gesellschaftlichen Arbeitsproduktivität.

Das wird in der Regel erreicht, ohne die Arbeitskräfte bei ihrem Einsatz international umzusetzen. Daneben gehört zur Praxis der Zusammenarbeit der RGW-Länder auch eine solche Form der gegenseitigen Unterstützung der Länder bei der Lösung verschiedener volkswirtschaftlicher Probleme wie der Einsatz bestimmter Kontingente von Arbeitskräften für eine gewisse Zeit in anderen sozialistischen Ländern, die dem Rat angehören.

Das Problem der internationalen Migration der Arbeitskräfte im Sozialismus gehört zu den am wenigsten erforschten Formen der Integrationsprozesse. Es gibt in der Literatur der RGW-Länder kaum Arbeiten, die speziell dieser Frage gewidmet sind. Auch die nicht sehr umfangreichen, aber wertvollen Erfahrungen bei der Umsetzung von Arbeitskräften zwischen den RGW-Ländern, die bis heute gesammelt worden sind, sind noch nicht im nötigen Maße verallgemeinert und analysiert worden. Auf ihre Ausarbeitung warten auch viele theoretische Fragen hinsichtlich der Rolle und Bedeutung der internationalen sozialistischen Migration der Arbeitskräfte, der Klassifikation ihrer möglichen Formen, ihres international-rechtlichen Mechanismus usw.

Die ersten zwischenstaatlichen Umsetzungen von Arbeitskräften fallen bereits in das Jahr 1946, als zwischen Bulgarien und der ČSSR eine Vereinbarung über den Einsatz von Arbeitskräften geschlossen wurde, derzufolge drei Jahre lang 11000 bulgarische Landarbeiter zur Arbeit in die ČSSR kamen. Im Jahre 1957 wurde eine neue Vereinbarung geschlossen, deren Gültigkeitsdauer dreimal verlängert wurde.[1]

Außerdem nimmt die ČSSR seit 1948 in Form der grenznahen Migration, hauptsächlich als Pendler, Arbeitskräfte aus der VRP auf. Gegenwärtig nehmen an dieser Form des Austauschs von Arbeitskräften zwischen der VRP und der ČSSR über 8000 polnische Werktätige teil.[2] Eine grenznahe Migration von Arbeitskräften gibt es auch zwischen der Ungarischen Volksrepublik und der ČSSR sowie zwischen der VR Polen und der DDR.[3]

In den letzten Jahren ist die Erweiterung der internationalen sozialistischen Migration der Arbeitskräfte mit der Vertiefung der Zusammenarbeit der sozialistischen Länder, mit der Lösung neuer Aufgaben der wirtschaftlichen Entwicklung verbunden. Gegenwärtig arbeiten über 10000 junge Ungarn in Betrieben der DDR[4], und in der Sowjetunion sind 12000 bulgarische Bauarbeiter und Forstarbeiter tätig[5]. Polnische Arbeiter und Ingenieure beteiligten und beteiligen sich am Bau eines Kraftwerks in

[1] Vgl. M. Minkov, Problemi na migracijata na rabotnata sila meždu stranitečlenki na SIV, Sofia 1970, S. 83.

[2] Vgl. Acta Oeconomica, Bd. 4, Budapest 1969, S. 103.

[3] Vgl. Figyelö, Nr. 26/1972; Zycie Gospodarcze, Nr. 12/1973.

[4] Vgl. Népszabadság v. 1. 11. 1973.

[5] Vgl. Socialističeskaja industrija v. 10. 1. 1973.

Thierbach (DDR), einer Erdölleitung von Schwedt/Oder zum Kombinat Leuna II (DDR), eines metallurgischen Werkes in Kladno (ČSSR), zweier Zuckerfabriken in der ČSSR usw.[6]

Jedoch hat die internationale Migration der Arbeitskräfte zwischen den sozialistischen Ländern bislang nur einen unbedeutenden Umfang.

In den letzten Jahren nimmt das Interesse der Wissenschaftler und Praktiker der RGW-Länder an diesem Problem zu. Davon zeugen insbesondere die internationalen wissenschaftlichen Konferenzen, die 1968 in Budapest und 1972 in Moskau stattfanden und der Nutzung der Arbeitskräfteressourcen in den sozialistischen Ländern gewidmet waren. Auf diesen Konferenzen fand ein Meinungsaustausch über die Möglichkeiten statt, Arbeitskräfte aus einem sozialistischen Land in ein anderes umzusetzen. In den Arbeiten zur ökonomischen Zusammenarbeit der RGW-Länder wird die internationale Migration der Arbeitskräfte immer häufiger als eine aussichtsreiche Form dieser Zusammenarbeit genannt. Viele Ökonomen der RGW-Länder sind der Ansicht, daß eine breitere Nutzung dieser Form der Zusammenarbeit durch die interessierten sozialistischen Länder ein spürbarer positiver Faktor der ökonomischen Entwicklung dieser Staaten werden kann, der zur Lösung zeitweilig entstehender Unausgeglichenheiten in der Arbeitskräftebilanz, zur beschleunigten Überleitung der neuesten Ergebnisse von Wissenschaft und Technik in die volkswirtschaftliche Praxis, zur gemeinsamen wissenschaftlichen und Produktionstätigkeit usw. beiträgt.[7] Zugleich ist offensichtlich, daß das Problem der internationalen Migration der Arbeitskräfte außerordentlich kompliziert ist; es erfordert eine besonders sorgfältige Berücksichtigung vieler ökonomischer, politischer, historischer und anderer Faktoren, die sich auf verschiedene Weise auf die Einstellung zu diesem Problem insgesamt, auf die Wahl der Formen der Migration und anderes auswirken können.

Um den möglichen Platz und die Rolle der internationalen sozialistischen Migration der Arbeitskräfte im System der Maßnahmen zur weiteren Entwicklung der Zusammenarbeit der RGW-Länder und bei der Lösung der vor ihnen stehenden Aufgaben richtig einschätzen zu können, ist es

[6] Vgl. Voprosy ėkonomiki, Nr. 7/1969.

[7] Vgl. zum Beispiel die Artikel folgender Ökonomen in verschiedenen Zeitschriften: K. I. Mikul'skij, in: Voprosy ėkonomiki, Nr. 7/1969; M. Minkov, in: Problemi na truda, Nr. 2/1969; St. Šarenkov, in: Ikonomičeska mis-l, Nr. 3/1971; P. Mátyás, in: Munkaügyi szemle, Nr. 2/1969; J. Fekete, in: Munkaügyi szemle, Nr. 8/1969; A. Balassa, in: Közgazdasági szemle, Nr. 3/1970; P. Iván, Zs. Mausecz, in: Figyelö, Nr. 47/1971; M. Dobroczynski, in: Gospodarka planowa, Nr. 1/1972; I. Čech, in: Plánované hospodárstvi, Nr. 12/1969; J. Jirova, in: Hospodárské noviny, Nr. 51/52/1971 und in: Perspektywy, Nr. 5/1971.

unserer Meinung nach notwendig, vor allem die allgemeinsten ökonomischen Faktoren zu ermitteln, die verschiedene sozialistische Länder dazu anregen können, die internationale Migration der Arbeitskräfte zu entwickeln.

An erster Stelle ist hier der ungleiche Versorgungsgrad der einzelnen RGW-Länder mit Arbeitskräften zu nennen, der einen wichtigen Faktor ihrer auf die effektivere Nutzung der Arbeitskräfte gerichteten Zusammenarbeit bildet. Die heutigen Unterschiede im Versorgungsgrad der Volkswirtschaften der einzelnen Länder mit Arbeitskräften sind im Laufe einer langen Zeit unter dem Einfluß unterschiedlicher historischer, demographischer, ökonomischer und sozialer Faktoren entstanden. Unterschiedlich waren die Tempi der Mobilisierung der Arbeitskräftereserven, das Verhältnis zwischen dem Wachstumstempo der Bevölkerungszahl im arbeitsfähigen Alter und der Beschäftigtenzahl in der Volkswirtschaft, ungleich war der Zuwachs der Zahl der Jugendlichen, die in den geburtenstarken Nachkriegsjahren geboren wurden und heute in das arbeitsfähige Alter treten, usw.

Der unterschiedliche Versorgungsgrad der Länder mit Arbeitskräften kann jedoch schon in der gegenwärtigen Etappe nicht die Rolle eines erstrangigen Faktors bei der Entwicklung ihrer Zusammenarbeit in Form der Kooperation hinsichtlich der Nutzung der Arbeitskräfteressourcen spielen, und in der Perspektive wird sein Einfluß auf die Entwicklung dieser Form der Zusammenarbeit noch geringer sein. Das wird auch nicht durch den Umstand berührt, daß in den nächsten 10 bis 15 Jahren das Problem des Ausgleichs der Arbeitskräftebilanz in einzelnen Ländern offenbar weiterbestehen wird. Außerdem muß die Möglichkeit berücksichtigt werden, daß in einzelnen Perioden der Entwicklung dieser oder jener Länder spezifische Probleme bei der Aufrechterhaltung der Übereinstimmung zwischen dem Arbeitskräftebedarf der Volkswirtschaft und der Nachfrage der Bevölkerung nach Arbeitsplätzen in einzelnen Zweigen oder Regionen entstehen können. Sie können entstehen im Prozeß der grundlegenden Veränderung der Zweigstruktur der Volkswirtschaft, durch die Freisetzung von Arbeitskräften im Verlauf des wissenschaftlich-technischen Fortschritts, durch die Vervollkommnung des Leitungsmechanismus der Wirtschaft, aber auch im Ergebnis der Entstehung eines „demographischen Echos", das heißt einer gewissen Wiederholung bereits erlebter demographischer Situationen.

Dabei ist natürlich zu berücksichtigen, daß der Vergleich der Kennziffern des Beschäftigtengrades der Gesamtbevölkerung ebenso wie der Kennziffern für den Beschäftigtengrad der Bevölkerung im arbeitsfähigen Alter zwischen den einzelnen Ländern noch kein Urteil über Unterschiede in der Versorgung dieser Länder mit Arbeitskräfteressourcen zuläßt, da die Größe dieser Kennziffern durch eine Reihe von Umständen beeinflußt wird.

Vor allem besitzen die verschiedenen Länder eine unterschiedliche Geschlechts- und Altersstruktur der Bevölkerung und folglich ungleiche Möglichkeiten, den Beschäftigtengrad zu erhöhen. Eine der hauptsächlichen und überaus wesentlichen Reserven für die Vergrößerung der Beschäftigtenzahl in der VRP in den siebziger Jahren bildet zum Beispiel der Zuwachs der das arbeitsfähige Alter erreichenden Jugend, dessen Tempo das höchste der gesamten Nachkriegsperiode erreicht. In der SR Rumänien gibt es erhebliche Arbeitskräftereserven in der Hauswirtschaft (die Frauen stellen nur 32,2 Prozent aller Arbeiter und Angestellten der SRR).

Noch größeren Einfluß als die demographischen Faktoren üben auf die Kennziffer des Beschäftigtengrades der Bevölkerung die Unterschiede in der Zweigstruktur der Volkswirtschaft aus, vor allem im Anteil der Landwirtschaft und der nichtlandwirtschaftlichen Zweige an der Gesamtzahl der Berufstätigen. Die Möglichkeiten des Einsatzes bestimmter Arten von Arbeit (nichtqualifizierter Arbeit, Frauenarbeit, Arbeit von heranwachsenden und von älteren Menschen) sind in der Landwirtschaft weitaus größer als in fast allen anderen Zweigen der Volkswirtschaft. Darum ist der Beschäftigtengrad der Landbevölkerung meistens höher als derjenige der Stadtbevölkerung, und daher ist unter sonst gleichen Bedingungen in Ländern mit einem höheren Anteil der Landbevölkerung auch der Beschäftigtengrad der Bevölkerung höher. Mit der Veränderung der Proportionen zwischen städtischer und ländlicher Bevölkerung zugunsten der ersteren kann, bei Nichtveränderung der sonstigen Faktoren, der Beschäftigtengrad sinken. Eben dieser Umstand bildete eine der Ursachen für das Absinken des Beschäftigtengrades zum Beispiel in der VRB, der im Verlauf einer bestimmten Periode bei intensiver zwischenzweiglicher und territorialer Migration der Bevölkerung zu beobachten war.

Selbst ein gleicher Beschäftigtengrad der Bevölkerung kann also das Vorhandensein unterschiedlich großer Arbeitskräftereserven oder ihr Fehlen in einzelnen Ländern einschließen. Infolgedessen reicht die Analyse allein des Beschäftigtengrades der Bevölkerung nicht aus, um die Möglichkeiten zur Entwicklung der internationalen Migration der Arbeitskräfte unter dem Aspekt der Versorgung der Volkswirtschaft der einzelnen RGW-Länder mit Arbeitskräfteressourcen zu klären. Sie muß ergänzt werden durch die Untersuchung der qualitativen Charakteristika der Arbeitskräftebilanzen der einzelnen Länder.

Es ist bekannt, daß die Störung des Gleichgewichts nach der einen wie auch nach der anderen Seite zu bestimmten ökonomischen Schwierigkeiten und unerwünschten sozialpolitischen Erscheinungen führt. So ruft eine angespannte Situation der Arbeitskräftebilanz einen Rückgang des Schichtkoeffizienten hervor, was eine geringere Effektivität der Nutzung der Anlagen zur Folge hat. Überschreitet der Arbeitskräftebedarf der Wirtschaft die Arbeitskräfteressourcen, so wirkt sich das negativ auf die Überleitung der Ergebnisse des wissenschaftlich-technischen Fortschritts in die Volkswirtschaft aus und verlangsamt die Erneuerung der Produktionsfonds.

Die vorliegenden Erfahrungen zeigen, daß einige RGW-Länder die internationale Migration als eine zusätzliche Maßnahme zur Regulierung der Arbeitskräftebilanz genutzt haben. Das angeführte Beispiel der Zusammenarbeit zwischen der VRB und der ČSSR im Jahre 1946 verfolgte den Zweck, einerseits das Arbeitskräftedefizit in den westlichen Gebieten der ČSSR etwas zu verringern, und andererseits zur Lösung des aus der Vergangenheit übernommenen Problems der Arbeitslosigkeit und agrarischen Übervölkerung in der VR Bulgarien beizutragen.

Weitgehendere Aufgaben stellten sich die DDR und die Ungarische Volksrepublik, als sie 1967 die Vereinbarung über die Kooperation bei der Nutzung der Arbeitskraft schlossen. Hauptziel dieser Zusammenarbeit für die UVR war die Sicherung der Berufsausbildung und Qualifizierung der ungarischen Jugend, besonders im Zusammenhang mit der zu jener Zeit eintretenden Vergrößerung der Zahl der Jugendlichen, die das arbeitsfähige Alter erreichten. Außerdem konnte die Ungarische Volksrepublik dank der Verwirklichung dieser Vereinbarung zum Beispiel ohne Schwierigkeiten einen Teil der veralteten Produktionsausrüstung aussondern.

Obwohl in einzelnen Perioden der Austausch von Arbeitskräften zwischen den sozialistischen Ländern in bezug auf einzelne Zweige der Volkswirtschaft und Berufsgruppen eine gewisse praktische Bedeutung für die Arbeitskräftebilanz gewinnen kann, kann in der gegenwärtigen Entwicklungsetappe der sozialistischen Zusammenarbeit der Austausch von Arbeitskräften keinen wesentlichen Einfluß auf die Herausbildung des Verhältnisses zwischen dem zusätzlichen Arbeitskräftebedarf der Volkswirtschaft und dem Vorhandensein von Arbeitskräftereserven in den einzelnen Ländern ausüben. Davon zeugt zum Beispiel die Tatsache, daß die Zahl der in der DDR tätigen ungarischen Werktätigen im ganzen 0,3 Prozent aller in der ungarischen Volkswirtschaft beschäftigten Werktätigen entspricht und ihr Anteil an der Gesamtzahl der Berufstätigen in der DDR nicht einmal 0,2 Prozent erreicht. Trotzdem kann diese Form der Zusammenarbeit in gewissem Maße zur rationelleren Nutzung der Arbeitskräfteressourcen sowie zur teilweisen Lösung zeitweilig entstehender Probleme bei der Aufrechterhaltung der Übereinstimmung zwischen den Arbeitskräfteressourcen und dem Arbeitskräftebedarf in einzelnen Ländern beitragen. Obwohl also insgesamt das Problem des Gleichgewichts der Arbeitskräftebilanz nicht durch die internationale Migration der Arbeitskräfte gelöst werden kann, vermag eine solche Migration in einzelnen Bereichen der Volkswirtschaft eine bestimmte positive Rolle zu spielen.

Zugleich kann die Lösung einer Reihe von konkreten Produktionsaufgaben in einigen Zweigen der Volkswirtschaft des einen oder anderen Landes durch den Einsatz von Arbeitskräften der Bruderländer wesentlich erleichtert und beschleunigt werden. Das trifft vor allem auf die Errichtung von Großanlagen zu. Im Komplexprogramm der sozialistischen ökonomischen Integration wird die Aufgabe gestellt, „in den Jahren 1971–1975 etappenweise in Abhängigkeit vom Bedarf und den Möglichkeiten jedes Landes die Spezialisierung und Kooperation bei der Errichtung von Spezialobjekten und einzelnen Bauarbeiten (Untergrundbahnen, Hauptrohrleitungen, Autostraßen, Kühltürme, hohe Schornsteine, mehrschiffige Hallen, Tiefbauarbeiten und anderem) durchzuführen“[8]. Der gemeinsame Bau neuer Bewässerungssysteme durch die interessierten Länder kann ebenfalls durch die Heranziehung nicht nur der Mittel, sondern auch der Arbeitskräfte des anderen Landes erfolgen. Der Import von „Bau-Dienstleistungen“ ermöglicht zum Beispiel der DDR und der ČSSR die Errichtung einiger wichtiger Objekte[9], und in der MVR spielt er eine besonders große Rolle beim Bau sowohl von Betrieben als auch von Wohnungen. Auch ein Saisoneinsatz von Werktätigen aus den Bruderländern bei Erntearbeiten in der Landwirtschaft ist möglich, wenn die Erntetermine nicht mit den Ernteterminen des Landes zusammenfallen, aus dem die Werktätigen kommen.

Wir betonen jedoch noch einmal, daß, wie die Ökonomen der RGW-Länder mit voller Berechtigung feststellen, das Bedürfnis nach dem Ausgleich der Arbeitskräftebilanz keine entscheidende Rolle in der Entwicklung der internationalen Migration der Arbeitskräfte zwischen den RGW-Ländern spielen kann.

Das ist hauptsächlich darauf zurückzuführen, daß für diejenigen RGW-Länder, die über bestimmte Arbeitskräftereserven verfügen, das natürliche Bestreben charakteristisch ist, diese Reserven vor allem in der nationalen Wirtschaft zu nutzen. Auch in Zukunft wird die prinzipielle Position aller RGW-Länder sicher das Bestreben sein, nach wie vor jedem Bürger des Landes das Recht auf einen Arbeitsplatz innerhalb der Grenzen seines Staates zu garantieren. Eben deshalb wird sich auch in der überschaubaren Perspektive der Austausch von Arbeitskräften zwischen ihnen zwar erwei-

8 Dokumente RGW. Über die Vertiefung und Vervollkommnung der Zusammenarbeit und Entwicklung der sozialistischen ökonomischen Integration, Berlin 1971, S. 114f.

9 Gegenwärtig errichten Baufachleute aus der VRP in der ČSSR 16 Investitionsobjekte.

tern, jedoch nach wie vor begrenzten Charakter besitzen, wobei die Fragen der Arbeitsvermittlung in der Entwicklung der Migration eine immer geringere Rolle spielen werden.

Dennoch sind mit dem Problem der Arbeitskräftebilanz längst nicht alle Faktoren genannt, die eine Entwicklung der internationalen Kooperation bei der Nutzung der Arbeitskräfteressourcen anregen. Ein zweiter Faktor, der zur Erweiterung der Migration der Arbeitskräfte beiträgt und dessen Bedeutung zunehmen wird, ist die Forderung nach der Erhöhung der Effektivität der Produktion. Es muß jedoch unterstrichen werden, daß ein richtiges Verständnis dieses Faktors jede simplifizierte Behandlung ausschließt und daß die RGW-Länder die Erfordernisse der Effektivität der Produktion nicht verabsolutieren und entsprechend die Richtungen und Formen der Migration der Arbeitskräfte allein diesen Forderungen unterordnen und die Migration in diesem Sinne weitgehend nutzen können. Es geht vor allem darum, daß die Möglichkeiten für die Umsetzung von Arbeitskräften aus einem Land in ein anderes zum Zwecke ihres effektiveren Einsatzes in der Praxis äußerst begrenzt sind. Die Bemühungen der RGW-Länder – und das ist völlig gesetzmäßig – sind nicht darauf gerichtet, die Arbeitskräfte international in den bestehenden Zentren der hochentwikkelten Industrie zu konzentrieren, sondern darauf, die Bedingungen für die Steigerung der Arbeitsproduktivität in jedem Land zu schaffen. Die internationale Migration der Arbeitskräfte kann für die Steigerung der Effektivität der Produktion im allgemeinen nur als eine Form der Zusammenarbeit benutzt werden, die die internationale Spezialisierung der Produktion ergänzt, sie begleitet. Die führende Rolle gehört der Spezialisierung der Produktion, die auch den hauptsächlichen ökonomischen Nutzen erbringt, und die Migration der Arbeitskräfte wird dabei nur so weit eingesetzt, wie sie als notwendig für die reibungslose Durchführung der Spezialisierung erkannt wird, wie sie die Voraussetzungen für die letztere schafft. In der Perspektive wird dieser Aspekt der Migration sich deutlicher ausprägen. So wird in der UdSSR die Produktion von Roheisen und Papier für die Bedürfnisse der VR Bulgarien erweitert, was weitaus zweckmäßiger als der Export der entsprechenden Rohstoffe nach der VR Bulgarien ist. Angesichts der angespannten Arbeitskräftebilanz in der UdSSR entsendet die VR Bulgarien Werktätige in die UdSSR für die Schaffung zusätzlicher Kapazitäten in der metallurgischen Industrie, der Zellulose- und Papierindustrie und einigen anderen Industriezweigen. Die Hauptsache ist in diesem Falle, wie schon erwähnt, die Arbeitsteilung in der Produktion; die Umsetzung der Arbeitskräfte schafft nur die Bedingungen für die Vertiefung dieser Arbeitsteilung.

Nicht geringere Bedeutung besitzt die Migration der Arbeitskräfte für die Vertiefung der internationalen Spezialisierung in der extraktiven Industrie.

Schon heute kann man eine Reihe von Beispielen dafür anführen, daß Länder, die über gewisse Arten von Naturschätzen nicht verfügen, diese mit eigenen Arbeitskräften in einem anderen Land fördern. Gemeint ist hier insbesondere die Tatsache, daß die VR Bulgarien durch den Einsatz der Arbeit ihrer Werktätigen in Holzgewinnungsbetrieben in der ASSR der Komi die Möglichkeit besitzt, den benötigten Rohstoff für ihre holzverarbeitende Industrie aus der Sowjetunion zu beziehen. In der Udorsker Taiga sind drei gemischte sowjetisch-bulgarische Holzgewinnungsbetriebe geschaffen worden. Die sowjetische Seite lieferte die Projektierungsdokumentation, die Produktionsfonds und die Transportmittel, die bulgarische Seite stellte die Arbeitskräfte. Gegenwärtig arbeiten in den Holzgewinnungsbetrieben in der ASSR der Komi mehr als 5000 bulgarische Arbeiter; bis 1975 wird ihre Zahl 15000 bis 20000 erreichen.

Die Erweiterung einer derartigen Zusammenarbeit sieht das Komplexprogramm beim „Einsatz von Bau- und Montageorganisationen, Arbeitskräften und erforderlichen materiellen Ressourcen der Importländer für den Bau von Objekten für die Produktion (den Transport) der Erzeugnisarten, an deren Bezug diese Länder interessiert sind“ [10], vor. Außerdem ist die Errichtung und der Betrieb gemeinsamer Betriebe für die Förderung von Brennstoffen und Rohstoffen sowie für die Produktion von Elektroenergie vorgesehen, in denen Arbeitskräfte aus den Bruderländern beschäftigt werden können.

Ein dritter Faktor, der die Zweckmäßigkeit der internationalen Migration der Arbeitskräfte bedingt, ist die Notwendigkeit des Austauschs von Kenntnissen und Produktionserfahrungen. Gemeint sind nicht nur kurzfristige Dienstreisen, die man offenbar kaum zur Migration der Arbeitskräfte wird zählen können, sondern auch relativ langfristige Arbeit in einem anderen Land. So hat zum Beispiel der Abschluß der erwähnten Vereinbarung zwischen der DDR und der UVR es den jungen ungarischen Arbeitern ermöglicht, Arbeitserfahrungen in Betrieben zu erwerben, die mit modernster Ausrüstung ausgestattet sind und eine moderne Technologie benutzen. Es gibt große, noch nicht voll genutzte Möglichkeiten einer weiteren Verbreitung der fortschrittlichen Erfahrungen jener Länder, deren Kader auf bestimmten Gebieten besonders hervorragende Fertigkeiten auf Ergebnisse erreicht haben, durch die zeitweilige Entsendung von Werktätigen anderer Länder in die erwähnten Länder. Offensichtlich ist es außerdem unzweckmäßig, in jedem Land die Ausbildung von Fachleuten für Gebiete zu organisieren, in denen in den einzelnen Ländern nur ein geringer Bedarf an solchen Fachleuten besteht. In solchen Fällen ist es wünschenswert, daß die Ausbildung von Fachleuten der verschiedenen sozialistischen Länder

[10] Dokumente RGW, a. a. O., S. 80.

in dem Land, in dem die Ausbildung bestimmter Fachleute auf dem höchsten Niveau erfolgen kann, weiter ausgedehnt wird.

Im Zusammenhang mit der Notwendigkeit, die wissenschaftlichen Potentiale mehrerer Länder bei der Ausarbeitung von grundlegenden Fragen des wissenschaftlich-technischen Fortschritts zu vereinigen, wird zunehmend die Schaffung eines weiten Kreises von gemeinsamen wissenschaftlichen Forschungsinstituten, Projektierungs- und Konstruktionsinstituten, internationalen Laboratorien und anderen Einrichtungen mehrerer oder aller RGW-Länder praktiziert. Schon heute vereinigen auf einigen der wichtigsten Wissensgebiete die Wissenschaftler der Bruderländer ihre Anstrengungen. Das ist zum Beispiel im Vereinigten Institut für Kernforschung in Dubna, im Internationalen Institut für ökonomische Probleme des sozialistischen Weltsystems in Moskau, im internationalen Laboratorium für starke Magnetfelder und tiefe Temperaturen in Wrocław, im Internationalen mathematischen Zentrum „Stefan Banach" in Warschau und in einer Reihe ähnlicher Einrichtungen der Fall.

Es muß betont werden, daß in der Praxis häufig die Verflechtung, das Zusammenwirken der genannten Faktoren der Erweiterung der internationalen Kooperation bei der Nutzung der Arbeitskräfteressourcen zu beobachten ist. Das Ziel der Migration für die Ausführung von Bauarbeiten besteht zum Beispiel nicht nur darin, den Mangel an Arbeitskräften im Bauwesen des einladenden Landes zu mildern, sondern auch darin, die Erfahrungen der Bauarbeiterkollektive des anderen Landes zu nutzen. So wurde der Bau des metallurgischen Betriebes in Kladno von einer polnischen Bauorganisation ausgeführt, die Erfahrungen beim Bau des polnischen metallurgischen Kombinats „W. I. Lenin" gesammelt hatte. Außerdem besitzt die Errichtung von Objekten zur Produktion und zum Transport bestimmter Produkte in einem Land Bedeutung nicht nur hinsichtlich der Nutzung der Erfahrungen der Baufachleute des anderen Landes, sondern auch für die Erweiterung der Möglichkeiten zum Export der betreffenden Erzeugnisart in das Land, das für die Entwicklung der Exportproduktion seine Arbeitskräfte zur Verfügung gestellt hat.

Unter dem Einfluß der Gesamtheit der genannten Faktoren ist insbesondere eine wesentliche Entwicklung der grenznahen Pendlermigration der Arbeitskräfte zu erwarten, die zur vollständigeren und rationelleren Nutzung der Arbeitskräfteressourcen in den grenznahen Kreisen der Nachbarländer beitragen wird und gegenüber der langfristigen Umsetzung von Arbeitskräften des einen Landes in ein anderes eine Reihe von Vorzügen aufweist. Eine solche Wanderung der Arbeiter erfordert keine oder doch nur wenige Aufwendungen für den Bau von Wohnungen und Dienstleistungseinrichtungen für die ausländischen Werktätigen. Häufig wird in solchen Fällen auch die Sprachbarriere leichter überwunden.

Der Austausch von Arbeitskräften zwischen den sozialistischen Ländern innerhalb rationeller Größenverhältnisse und Formen ist also durchaus möglich und ökonomisch zweckmäßig. Das wird begünstigt durch die Entwicklung der mannigfaltigen Formen der Zusammenarbeit der sozialistischen Länder auf dem Gebiet der Produktion, bei der Entwicklung von Wissenschaft und Technik, der Kaderausbildung usw., aber auch durch die Festigung ihrer politisch-ideologischen Einheit sowie die Entwicklung verschiedenartiger Kontakte zwischen den gesellschaftlichen Organisationen und den einzelnen Bürgern der Bruderländer. Ihrerseits ermöglicht es die Zusammenarbeit auf dem Gebiet der Nutzung der Arbeitskräfte, in größerem Umfang die Anstrengungen einer Reihe von Ländern zur Lösung konkreter Aufgaben der Produktionsentwicklung, der Erschließung der Naturschätze usw. zu vereinen, die Berufs- und Qualifikationsstruktur der Werktätigen zu verbessern, die Überwindung einzelner Engpässe in der Volkswirtschaft zu gewährleisten und fördert die Lösung einzelner Fragen des rationelleren Einsatzes der Arbeitspotentiale der RGW-Länder.

Es muß dabei unterstrichen werden, daß es keinen Widerspruch zwischen dem Prinzip der Gewährleistung der Vollbeschäftigung der Bevölkerung in jedem Lande und der zeitweiligen Umsetzung von Arbeitskräften aus einem sozialistischen Land in ein anderes gibt. Es geht nicht um den Export von überzähliger, überflüssiger Arbeitskraft, die das Land in der Heimat zu beschäftigen nicht imstande ist, sondern um die effektivere Nutzung der Arbeitskraft und um die Befriedigung gewisser wichtiger Bedürfnisse dieses Landes (zum Beispiel des Bedarfs an Rohstoffen und Brennstoffen). Die Entwicklung dieser Form der Zusammenarbeit ist jedoch mit einer ganzen Reihe von komplizierten Problemen verknüpft, die sich den einzelnen Ländern stellen. Von diesen – häufig ungenügend untersuchten – Problemen nennen wir das Problem der Verteilung des Mehrprodukts, das von den Werktätigen im Ausland geschaffen wird. Obgleich die Entsendung von Werktätigen aus einem Land in ein anderes in Form unentgeltlicher Hilfeleistung nicht ausgeschlossen ist, kann sich doch der Austausch von Arbeitskräften zwischen den sozialistischen Ländern umfassender nur auf der Grundlage des Prinzips des gegenseitigen Vorteils der an dieser Form der Zusammenarbeit teilnehmenden Länder entwickeln. Die Einhaltung dieses Grundsatzes kann ohne die richtige Lösung des Problems der Verteilung des Mehrprodukts nicht gewährleistet werden.

In diesem Zusammenhang ergeben sich zwei Fragen. Die erste Frage: Mit welchem Kriterium soll man an die Ermittlung der Größe des Mehrprodukts herangehen? Soll man dabei von der durchschnittlichen Mehrproduktrate der Volkswirtschaft des Landes ausgehen, in dem der Werktätige arbeitet, der des Landes, aus dem er gekommen ist, oder soll man von der Rate des Mehrprodukts des Zweiges in diesem oder dem anderen Land ausgehen? Die Antwort auf diese Frage berührt wesentlich die Interessen der zusammenarbeitenden Länder. Grundlage für die Lösung dieses Problems ist das Prinzip des gegenseitigen Vorteils und der gegenseitigen Hilfe der zusammenarbeitenden Länder. Dominieren kann unserer Ansicht nach ein Vorgehen, das das faktische Volumen des Mehrprodukts berücksichtigt, das der Werktätige in seinem Aufenthaltsland schafft. Nicht ausgeschlossen ist jedoch, daß in einer Reihe von Fällen die zusammenarbeitenden Länder es für zweckmäßig erachten werden, bei den gegenseitigen Verrechnungen andere Faktoren zu berücksichtigen, so den Investitionsaufwand des Landes, das die Arbeitskräfte aufnimmt, für die Schaffung der entsprechenden Arbeitsplätze usw.

Die zweite Frage ist bereits unmittelbar die Frage nach der Verteilung des Mehrprodukts, das vom Werktätigen geschaffen wird. Es darf nicht außer acht gelassen werden, daß das Entsenderland die Kosten für die Ausbildung des Werktätigen getragen hat; es trägt die Kosten für die soziale Betreuung seiner Familie, wenn diese in der Heimat geblieben ist; es wird ihm Altersrente zahlen usw. Diese und einige andere Umstände können als Begründung dafür angesehen werden, dem Land, aus dem der Werktätige gekommen ist, einen bestimmten Teil des Mehrprodukts zu überlassen. Es kann jedoch kaum als voll gerechtfertigt angesehen werden, diesem Land das gesamte Mehrprodukt zur Verfügung zu stellen. Das hängt insbesondere damit zusammen, daß das Land, in dem der Werktätige arbeitet, seine soziale Betreuung gewährleistet, darunter auch aus den gesellschaftlichen Konsumtionsfonds; es hat auch die materiellen Möglichkeiten (die Arbeitsplätze) dafür geschaffen, daß der Werktätige seine Arbeit anwenden kann und zu diesem Zweck ein bestimmter Teil des Akkumulationsfonds aufgewendet wird.

Es gibt auch andere Probleme, die mit dem Lohnniveau im Ausland, den Arbeitsbedingungen (zum Beispiel der Dauer des Arbeitstages, wenn sie in den betreffenden Ländern unterschiedlich ist), mit der Sozialversicherung, Valutafrage usw. zusammenhängen. Am einfachsten werden diese Probleme in den Fällen gelöst, in denen alle Abrechnungen auf zwischenstaatlicher Ebene erfolgen und der im Ausland tätige Werktätige unmittelbar von einer Organisation seines Heimatlandes entlohnt wird. Diese Praxis ist in bestimmten Fällen üblich, besonders wenn ganze Kollektive ins Ausland entsandt werden und dort relativ isolierte Produktionsfunktionen ausüben. Dennoch kann eine solche Praxis nicht in allen Fällen geeignet sein.

Die Möglichkeiten einer gewissen Erweiterung der Migration basieren in den sozialistischen Ländern vor allem auf dem von der kapitalistischen

Migration prinzipiell verschiedenen sozialen Inhalt. Die internationale sozialistische Migration der Arbeitskräfte erfolgt unter neuen sozialen Bedingungen, sie gründet sich auf die Prinzipien des sozialistischen Internationalismus, der Gleichberechtigung und des gegenseitigen Vorteils der beteiligten Länder, auf die Berücksichtigung der nationalen Interessen der einzelnen Länder und der Interessen jeder Persönlichkeit, und sie dient der Verbesserung der Bedingungen der erweiterten sozialistischen Reproduktion in allen an ihr beteiligten Ländern. Die Kooperation der sozialistischen Länder beim Einsatz der Arbeitskräfte hat nichts gemein mit den kapitalistischen Methoden der Ausnutzung der Arbeitskräfteressourcen. Die internationale sozialistische Migration der Arbeitskräfte ist durchdrungen vom Geist des sozialistischen Internationalismus und verläuft in Übereinstimmung mit den Gesetzmäßigkeiten des sozialistischen Wirtschaftssystems. Sie gründet sich nicht auf die Ausbeutung der weniger entwickelten Staaten durch die entwickelteren, nicht auf die Zwangslage der Arbeiter, auf Arbeitsuche von einem Land in ein anderes zu ziehen. In den ökonomisch entwickelten kapitalistischen Ländern bildet der „Import" oder die Vertreibung ausländischer Arbeiter eines der Mittel, mit deren Hilfe der Kapitalismus den Arbeitsmarkt zum Zwecke der verstärkten Ausbeutung der Werktätigen reguliert und versucht, ökonomische und sozialpolitische Krisen zu mildern sowie den Kampf des Proletariats um seine Rechte zu behindern, indem er die einheimischen Arbeiter gegen die zugewanderten ausspielt.

Die internationale sozialistische Migration der Arbeitskräfte besitzt einen prinzipiell anderen sozialen Inhalt. Sie bildet eine der Formen der Zusammenarbeit der RGW-Länder und fördert die Verwirklichung des Komplexprogramms für die weitere Vertiefung und Vervollkommnung der Zusammenarbeit und die Entwicklung der sozialistischen ökonomischen Integration der Mitgliedsländer des RGW.

Sachregister

FSC
www.fsc.org
MIX
Papier | Fördert gute Waldnutzung
FSC® C083411

Kolibri 360 GmbH
Ferdinand-Jühlke-Straße 7
99095 Erfurt, Deutschland
produktsicherheit@kolibri360.de